TRANSFORMANDO A CULTURA DO AMBIENTE DE TRABALHO

A perspectiva do Great Place to Work® Institute, 25 primeiros anos

Organizado por Robert Levering

PRIMAVERA EDITORIAL

Organizado por Robert Levering, Cofundador

Jennifer Amozorrutia
Prasenjit Bhattacharya
Horacio Bolaños
Leslie Caccamese
Trish Dagg
Gilberto Dondé
Palle Ellemann
Ana Maria Gubbins
Frank Hauser
Williams Johnson
José Tolovi Jr.
Michael Katz
Sandrine Lage
Amy Lyman, Cofundadora
Milton Moskowitz
Lisa Ratner
Tobias Schmidtner
Ruy Shiozawa
Raciel Sosa
Adriana Souza
Chris Taylor
Andrea A. Veras

GREAT
PLACE
TO
WORK®

Create Yours

Construir uma sociedade melhor, ajudando empresas a transformar seu ambiente de trabalho.

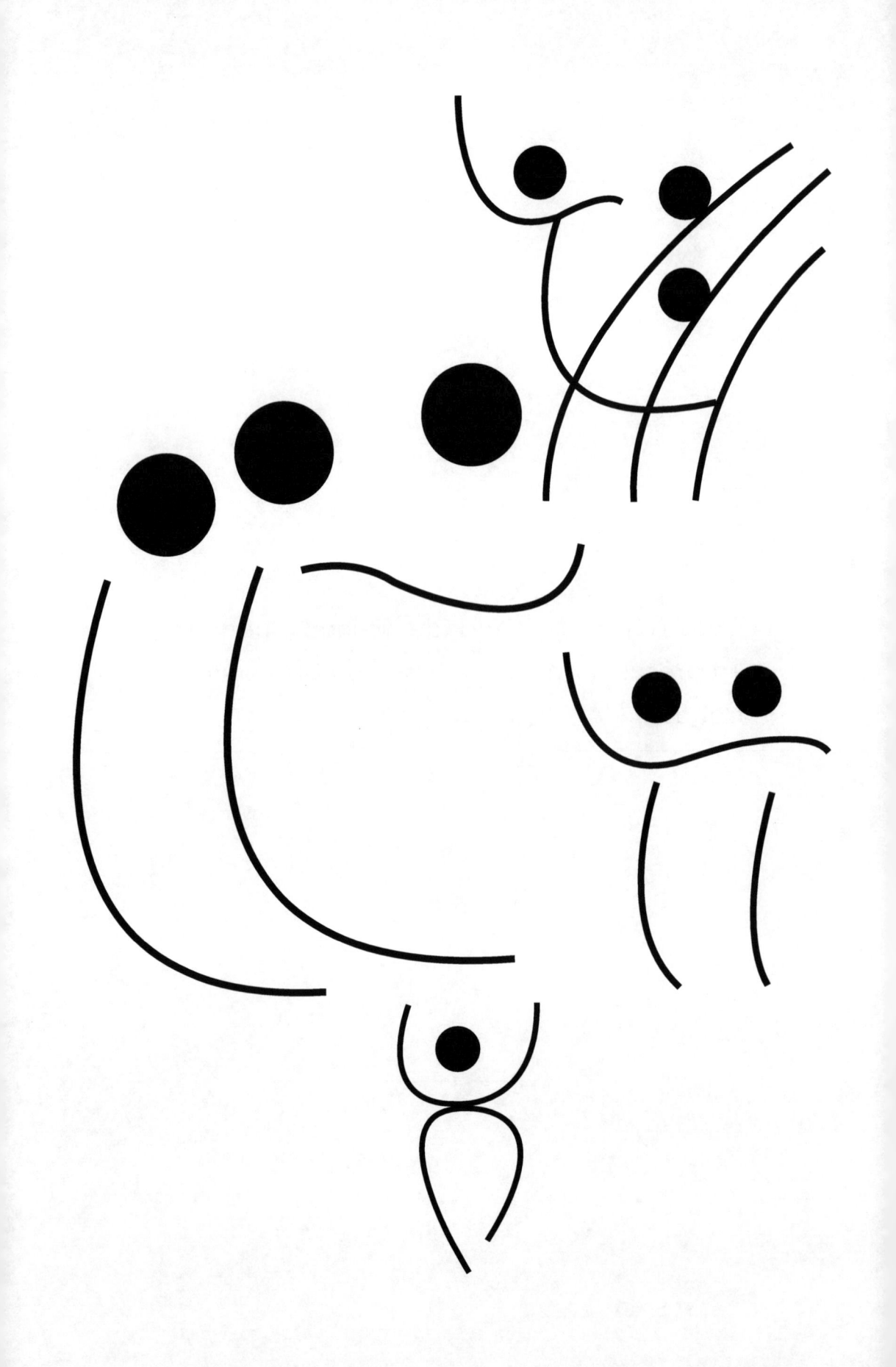

ESTE LIVRO É DEDICADO

Àquelas pessoas que criaram incríveis
ambientes de trabalho que são uma inspiração
para nós e muitos outros ao redor do mundo

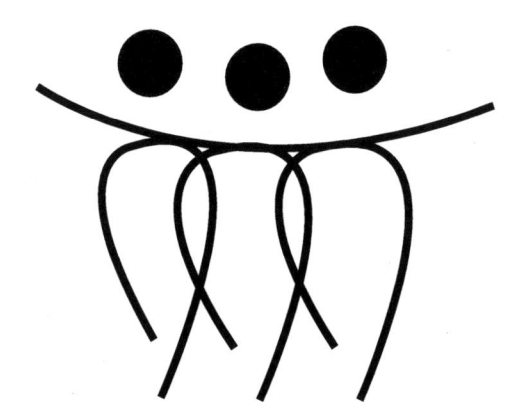

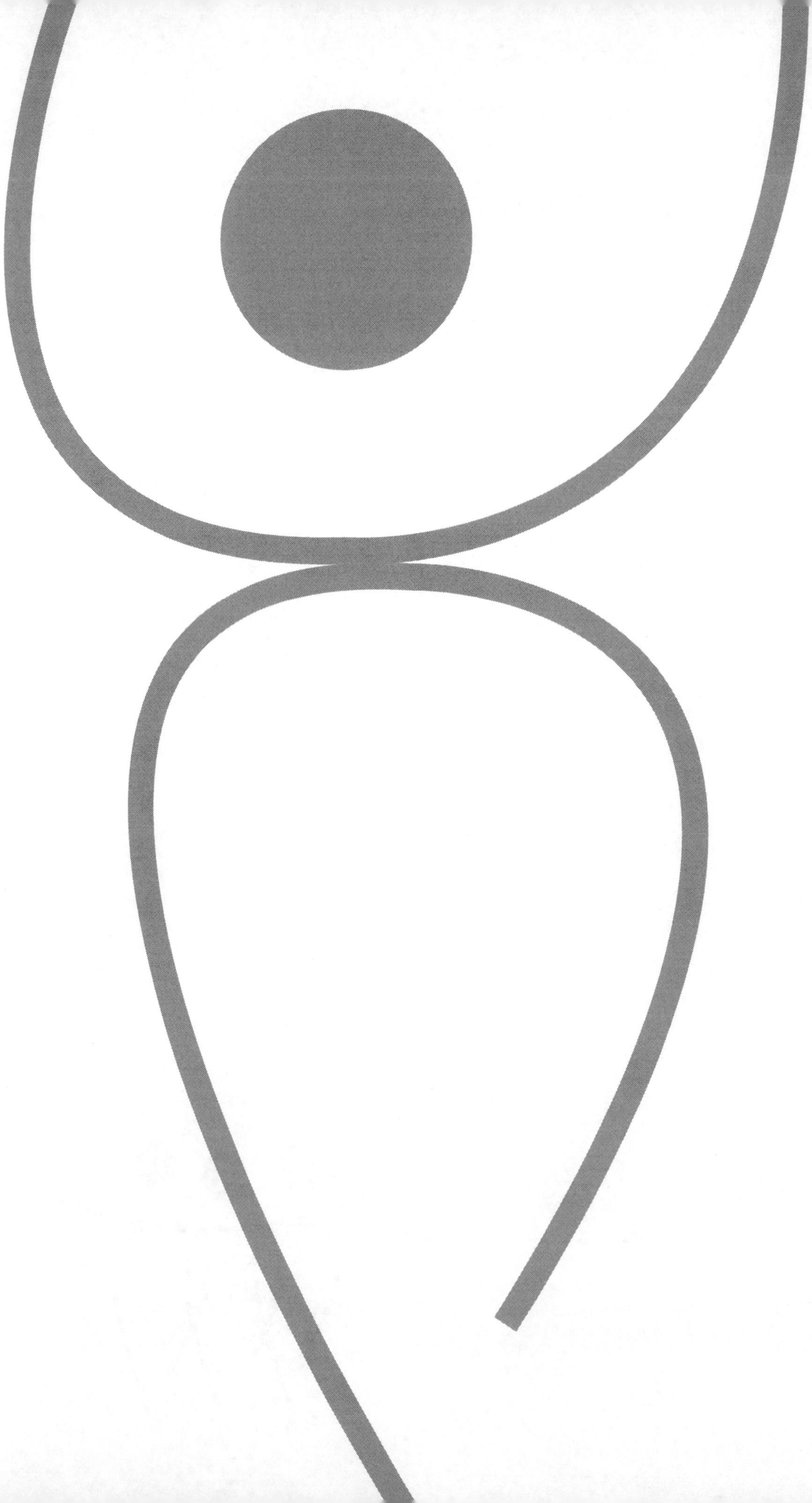

O MOVIMENTO
GREAT PLACE TO WORK® INICIA UMA **NOVA DÉCADA**

Subtítulos de livros geralmente enganam os leitores porque às vezes as editoras preferem sacrificar a precisão em prol de maiores vendas. Felizmente, o subtítulo deste livro comunica exatamente o que esperar: "A perspectiva do Great Place to Work® Institute, 25 primeiros anos". É realmente uma compilação de trabalhos escritos no período de um quarto de século de uma organização cujo nome descreve seu enfoque. O que o subtítulo não revela é a natureza global do livro. Seus 22 autores trazem as perspectivas dos quatro diferentes continentes.

Acreditamos que você encontrará nesses ensaios ideias instigantes. Mas também esperamos, sinceramente, que você encontre algumas ideias que possa aproveitar. O livro terá cumprido seu propósito se você aplicar alguns desses exemplos em seu próprio ambiente de trabalho. Isso significaria que este livro ajudou a realizar a *raison d'etre* do Instituto, como enunciado em nossa missão: "Construir uma sociedade melhor, ajudando empresas a transformar seu ambiente de trabalho".

Percebemos que os textos de missão corporativa normalmente são recebidos com ceticismo, se não com franco cinismo. Via de regra, eles representam tentativas bem intencionadas, mas em geral aparentemente irrelevantes, de convencer os funcionários e/ou clientes de que a organização tem um propósito mais elevado do que obter lucros mais altos (veja o perspicaz artigo de Milton Moskowitz "Trombeteando os Novos Valores", escrito em 1983, quando tais textos começaram a entrar em voga). Mas acreditamos que o texto da missão de nosso Instituto represente realmente com precisão quem somos e o que fazemos hoje, muitos anos depois de a cofundadora Amy Lyman e eu termos colocado-o no papel.

Nossa organização não tem apenas uma missão social, nós nos vemos como estando a serviço de um movimento de mudança social — um movimento com a audaciosa meta de tornar cada organização um excelente lugar para trabalhar. Achamos que tivemos um papel importante no lançamento desse movimento ao introduzir as listas das Melhores Empresas para Trabalhar em todo o mundo. Porém hoje, esse movimento vai muito além de nossos esforços e, abarcando agora muitos defensores, especialmente pessoas associadas às centenas de empresas que selecionamos para nossas listas todos os anos.

Por muito tempo, a experiência no ambiente de trabalho da maioria das pessoas tem sido de alienação e insatisfação. É verdade que a maioria dos funcionários normalmente gosta de pelo menos algumas das tarefas realizadas durante seus dias de trabalho. E frequentemente encontram prazer ao se socializar com seus colegas de trabalho. Mesmo assim, a experiência geral no ambiente de trabalho raramente é edificante, pois as pessoas sentem-se regularmente tratadas como se fossem partes substituíveis de uma máquina, como se fossem números, autômatos. Por vezes, os funcionários fazem protestos individuais ou até mesmo formam sindicatos. Mas na maioria das vezes eles simplesmente aceitam um ambiente de trabalho desumanizado como se fosse normal, como se assim fossem as coisas, como um pacto com o diabo no qual você vende sua alma em troca de um salário. Assim, para muitas pessoas, a vida começa após a saída do trabalho, quando o dia de trabalho termina e se pode estar com a família ou os amigos e fazer atividades percebidas como enriquecedoras.

O ambiente de trabalho não precisa ser assim, e nos orgulhamos de fazer parte de um movimento de pessoas dedicadas a mudar aquilo que é uma realidade desmoralizante para muitos e muitos trabalhadores. Somos incentivados pelo progresso que alcançamos desde o início da década de 1980, quando eu e meu colega jornalista, Milton Moskowitz, embarcamos na senda de escrever um livro intitulado *100 Melhores Empresas para Trabalhar nos USA*. Achávamos que este era um ótimo título para um livro, mas imaginávamos que apenas conseguiríamos identificar 100 empresas que fossem as melhores de um grupo um tanto desprezível.

Ficamos surpresos com o que descobrimos. Nossas viagens nos levaram a empresas que não eram simplesmente melhores do que outras. Encontramos alguns lugares verdadeiramente excelentes para trabalhar — organizações notáveis onde as pessoas que entrevistamos elogiavam com entusiasmo seus ambientes de trabalho e falavam com paixão sobre os relacionamentos entre gerência e funcionários. Nós nos sentimos como exploradores que haviam tropeçado em um novo território. Ninguém nunca havia escrito sobre esses lugares, tampouco havia sido feita qualquer tentativa de investigar o que fazia seus corações baterem.

Olhando para trás, eu penso que a publicação daquele livro em 1984 marcou o início do movimento "Great Place to Work®". O livro foi um sucesso, figurando na lista dos mais vendidos do *The New York Times* quase da noite para o dia. As pessoas estavam genuinamente curiosas para ler sobre o que se passava dentro das 100 Melhores Empresas. Muito mais importante que isso, o livro levou muitas pessoas a fazer mudanças nas suas próprias empresas. Depois de satisfazerem sua curiosidade inicial sobre outras empresas, as pessoas começam a fazer perguntas sobre seus próprios ambientes de trabalho. Elas passaram a refletir de que forma suas próprias empresas se comparam com "As Melhores". Em alguns casos, animaram-se a aplicar algumas das políticas ou práticas que conheceram. Em outros casos, administradores decidiram comparar suas práticas no ambiente de trabalho com "As Melhores". Ainda em outros casos, líderes decidiram que suas próprias empresas seriam candidatas de peso e participaram pessoalmente do processo de inclusão na lista.

Ouvimos muitas histórias como esta toda vez que produzimos uma lista em qualquer lugar do mundo (atualmente, em mais de 40 países).

Temos certeza de que existem incontáveis exemplos dos quais nunca ouvimos falar. Nós descobrimos que, uma vez que começam a trilhar esse caminho, as pessoas dentro das empresas têm um apetite insaciável para tornar seus ambientes de trabalho melhores. Elas querem saber se a criação de um excelente ambiente de trabalho ajudará no resultado financeiro. Elas querem se juntar a outros que foram mordidos pela "mosca" do excelente ambiente de trabalho (vemos isso pela popularidade de nossos eventos de premiação e conferências e constantemente ficamos sabendo de muitos outros esforços de networking que as empresas fazem entre si). Sobretudo, como acontece com executivos de todo o mundo, elas querem conselhos práticos de como fazer isso.

Neste livro, você encontrará não ideais abstratos, mas sim histórias inspiradoras e dicas práticas de entusiasmados adeptos de excelentes ambientes de trabalho desde Portugal a Austrália, dos Estados Unidos a Argentina, do México a Índia. Jose Tolovi Jr., do Brasil, conta como os excelentes ambientes de trabalho lidam com as crises. Gilberto Dondé, da Itália, fala do impacto da cultura no ambiente de trabalho sobre a criatividade e a inovação e Trish Dagg e Chris Taylor, da Austrália, explicam como as melhores empresas daquele país mantêm a lealdade dos funcionários durante tempos difíceis.

Por que essas listas provocam tais reações? Afinal de contas, são produzidas dezenas de *rankings* de negócios todos os anos que não têm outro impacto senão o de possivelmente melhorar as vendas de revistas. Acho que há três fatores inter-relacionados, cada um dos quais contribui para a criação desse peculiar movimento de mudança social:

Primeiro, nossas listas assumem uma abordagem popular e inclusiva. Ao invés de olhar para o negócio de cima para baixo, elas observam as organizações de baixo para cima. Ou seja, nossas pesquisas adotam a perspectiva dos funcionários, em vez daquela dos investidores ou administradores, que é o ponto de vista de 99,9% dos outros artigos ou livros sobre corporações. Significativamente, nossa "perspectiva dos funcionários" inclui tanto gestores como funcionários operacionais. Afinal, gestores também são funcionários das organizações. A qualidade do ambiente de trabalho afeta os administradores profissional e pessoalmente tanto quanto afeta os não administradores. Ao romper a costumeira linha divisória entre administração e trabalho operacional, nossa abordagem incentiva as pessoas a verem suas organizações com um novo olhar. Para mergulhar em qualquer tipo do processo de mudança, as pessoas precisam modificar sua maneira habitual de olhar o mundo. É exatamente isso o que acontece após nossa pesquisa.

Segundo, embora olhemos para o ambiente de trabalho do ponto de vista dos funcionários, pouco temos em comum com outros que também olham para as organizações a partir dessa mesma perspectiva. Jornalistas especializados em negócios, organizadores de sindicatos e acadêmicos quase sempre se concentram no que há de errado em ambientes de trabalho particularmente ruins. Em contraste, contamos histórias positivas do que há de certo em casos exemplares. Os movimentos de mudança social normalmente reagem aos males percebidos, sendo que a maioria busca erradicar tais problemas chamando a atenção para eles. Isso frequentemente envolve confrontos com aqueles em posição de autoridade que são considerados responsáveis por criá-los. Os movimentos sindicais, por exemplo, produziram grandes mudanças ao enfocar os salários baixos ou exploradores e as precárias condições de trabalho e ao fazer exigências à direção ou aos donos. No entanto, também pode ocorrer mudança social dando ênfase ao que há de positivo e tentando fazer com que todas as partes interessadas se movimentem nessa direção. É isso o que, de modo geral, acontece com o movimento ecológico atual, que busca envolver o público em geral a se tornar "verde". Nosso movimento para criar excelentes lugares para trabalhar está posicionado nessa tradição.

Finalmente, qualquer movimento de mudança social precisa oferecer esperança, uma visão para a mudança. Nossas listas enfocam tremendamente As Melhores Empresas para Trabalhar, proporcionando um alvo tangível para o qual todos podem dirigir seus esforços. As pessoas geralmente reagem dizendo: "Se essas empresas, que abrangem praticamente todas as áreas de atuação, todos os tamanhos e todas as nacionalidades conseguem fazer isso, por que não nós?" Nosso Instituto aumentou ainda mais a aposta ao oferecer um modelo de um ambiente de trabalho ideal, ao qual chamamos de "Great Place to Work", tendo a confiança como sua característica determinante. Vários artigos neste livro deixam claro esse modelo e a importância da confiança.

Como esse movimento gira em torno de um ideal, aqueles que participam dele percebem que sempre podem fazer melhorias em seus ambientes de trabalho. É sempre possível atuar para aumentar o nível de confiança.

Este livro tem por objetivo ajudá-lo a unir-se a nós no movimento de excelentes lugares para trabalhar.

Robert Levering

SUMÁRIO

17 ONDE TUDO COMEÇOU

71 IMPORTÂNCIA DA CONFIANÇA

135 MODELOS PARA A MUDANÇA E PERSPECTIVAS GLOBAIS

136 Modelo do Great Place to Work®
214 Giftwork®
228 Perspectivas Globais

271 A CONFIANÇA TORNA AS EMPRESAS MAIS FORTES E MAIS CAPAZES PARA ENFRENTAR OS TEMPOS DIFÍCEIS

272 O Resultado Final
332 Gerenciamento em Tempos Difíceis

361 CONSTRUINDO UMA SOCIEDADE MELHOR

403 ÍNDICE DOS ARTIGOS

ONDE TUDO COMEÇOU

1984

AS 100 **MELHORES EMPRESAS** PARA TRABALHAR NOS **USA**

Por **Robert Levering, Milton Moskowitz** e **Michael Katz**

[ADDISON-WESLEY]

Encontrar um bom lugar para trabalhar não é fácil. Não é fácil para um headhunter e também não era fácil para nós.

Ao longo dos anos, todo mundo ouve falar sobre excelentes lugares para trabalhar. Ouvimos que esta ou aquela empresa tem um clube de campo para os funcionários, que uma determinada companhia tem um plano fantástico de distribuição de lucro, um encarregado de armazém que ganhava US$5 por hora aposentou-se com meio milhão de dólares ou algumas corporações tratam seu pessoal tão bem que os recrutadores de executivos acham impossível demovê-los. Mas como se faz para encontrar excelentes empregadores nos USA?

Tínhamos algumas ideias de como começar. Um de nós cobrira a cena dos negócios por mais de 25 anos. Nós três trabalhamos juntos para produzir o livro *Everybody's Business: An Almanac, publicado pela* Harper & Row em 1980, o qual delineava o perfil de 317 grandes empresas.

As raízes do Great Place to Work® Institute podem ser rastreadas diretamente até a primeira edição de As 100 Melhores Empresas para Trabalhar nos USA, publicada em 1984. Esta é a introdução original daquele livro, que foi a primeira tentativa de classificar empresas com base na qualidade de suas culturas no ambiente de trabalho.

Nossas pesquisas prévias nos conscientizaram, não sem dor, de que estávamos adentrando em um território inexplorado. É estranho, mas compreensível, que as empresas americanas sejam raramente examinadas do ponto de vista de seus funcionários. A literatura de negócios é rica em histórias sobre empresas e na análise de suas operações. O *Wall Street Journal* registra tão bem em crônicas essas atividades que se tornou o maior e mais vendido jornal diário dos USA. Durante o curso de um ano, a *BusinessWeek, a Forbes e a Fortune* publicaram 103 edições abarrotadas de listas, tabelas e quadros traçando o progresso de empresas em uma variedade de categorias. Existem centenas de revistas especializadas que classificam, *dão* notas e avaliam de todas as formas as empresas em seus setores industriais: os maiores hotéis, os maiores confeiteiros, as maiores companhias aéreas e assim por diante.

Contudo, nenhuma dessas fontes coloca regulamento a condição humana em evidência dentro do negócio regularmente. Elas, via de regra, não contam como os funcionários são tratados. Não discutem quais empresas têm os melhores programas de benefícios. Raramente fazem comparações entre empresas de seus ambientes de trabalho.

Sabíamos que teríamos de jogar uma rede mais ampla para confirmar nossas intuições e inspirar outras novas. Quando uma empresa é um bom lugar para trabalhar, seus funcionários não fazem segredo disso. Conversar sobre o lugar onde se trabalha é um dos passatempos mais comuns nos USA (e quem pelo menos não fica curioso para saber se a grama do vizinho é mais verde?). Os melhores empregadores normalmente adquirem uma boa reputação dentro de suas comunidades e de suas áreas de atuação. Percebemos que, a priori, a reputação teria de ser nosso guia, então recorremos ao campo.

– Pedimos a todos os tipos de pessoas para recomendar excelentes lugares para trabalhar: amigos, parentes, recrutadores de executivos, consultores de gestão, pesquisadores de mercado, editores, assessores de imprensa, professores de faculdades de administração, repórteres de jornais, redatores de revistas, membros do staff de noticiários de rádio e TV, funcionários de agências de propaganda. Nós literalmente solicitamos as perspectivas de todos aqueles que encontramos pelo caminho, inclusive médicos e dentistas que visitamos. Um anúncio de que estávamos procurando por ambientes de trabalho superiores foi estampado em três publicações de negócios de grande circulação. Raramente conduzimos entrevistas dentro de uma empresa sem pedir recomendações adicionais às pessoas com quem estávamos conversando.

Depois de compilar uma lista de 350 candidatas, escrevemos para todas pedindo informações sobre elas próprias e sobre suas políticas para os funcionários. Recebemos uma grande variedade de respostas. Algumas enviaram descrições elaboradas de sua filosofia em relação aos funcionários; no extremo oposto estava uma carta concisa, mas polida informando-nos que a empresa já estava assoberbada com candidatos a empregos e que a última coisa que precisava era de mais atenção desse tipo; outra ainda, suspeitando de uma especulação da vaidade, disse-nos que preferiam "não participar".

Peneirando todo esse material e ouvindo o que as pessoas nos contavam, reduzimos nossa lista de candidatas a 135 empresas. Mas logo percebemos que o material era rarefeito e bastante sem vida, e que a única maneira de obter informações mais profundas e trazer substância ao "disse-me-disse" era procurarmos, por nós mesmos, em cada empresa incluída em nossa lista. Respiramos fundo e telefonamos para nossos agentes de viagem.

Atravessamos o país durante a maior parte do ano, visitando 114 empresas em 27 estados diferentes – desde uma fábrica de tecidos na Carolina do Sul até uma cooperativa de madeira compensada no Oregon, desde bancos na Wall Street até companhias de petróleo no Texas. Entre um prato de plástico e outro das refeições de avião, sentamos com funcionários, desde o chão de fábrica até o escritório executivo, para longas conversas. Normalmente, entrevistávamos pelo menos meia dúzia de pessoas em cada empresa e, às vezes, conversávamos com várias outras dezenas. Fizemos questão de pedir às empresas que marcassem entrevistas com pessoas que já haviam trabalhado em outros lugares. Descobrimos que as entrevistas em grupo eram especialmente úteis, pois os comentários de uma pessoa estimulavam a reação de outra.

Foi animador descobrir como eram merecidas as reputações das empresas em nossa lista; as pessoas realmente gostam de trabalhar nesses lugares. A satisfação dos funcionários é um fator impossível de ser medido apenas lendo os panfletos da empresa. Uma coisa é ouvir os presidentes ou *chairmen* falarem sobre as grandes empresas que eles dirigem; eles fazem isso o tempo todo. Outra coisa é conversar, como fizemos, com o chefe da sala de correspondências na Time Inc., ou um porteiro no estádio do Los Angeles Dodgers e ver o orgulho que eles sentem em trabalhar para essas empresas.

As pessoas sentem orgulho de trabalhar para empresas que as tratam bem. Elas se vinculam a essas empresas de uma forma mais profunda do que simplesmente o relacionamento entre empregador e funcionário. É a presença desse sentimento, talvez mais do que qualquer outro, que separam essas 100 empresas da grande massa de empresas nos USA.

Nossos métodos eram jornalísticos, e não científicos. Não tentamos impor um conjunto preconcebido de padrões. As empresas se diferenciam muito para se fazer uma comparação sistemática. Trabalhar em um banco no sul da Califórnia é muito diferente de trabalhar em uma siderúrgica em Indiana. E a IBM, com mais de 20 mil funcionários norte-americanos, é um mundo à parte daquele da Celestial Seasonings, com cerca de 200 trabalhadores.

Apesar da descoberta, quase todas as "100 Melhores" têm algo de diferente a oferecer a seus funcionários. Em algumas, os benefícios são bastante tangíveis, desde enormes fortunas possíveis de serem adquiridas na Trammell Crow até os 25 cents pagos pelo almoço gourmet preparado por um chef francês na Merle Norman Cosmetics, passando pelo milionário centro recreativo para funcionários com piscinas, jacuzzi e quadras de handebol na ROLM. Outros lugares, como por exemplo, a Gore e Kollmorgen, oferecem estilos incomuns de gestão. Cada empresa é única, mas havia alguns temas que ouvíamos repetidamente, e o impulso para desenhar um tipo de quadro composto da empresa ideal é irresistível. Além de bons salários e fortes benefícios, uma empresa assim deve:

• Fazer com que as pessoas sintam que fazem parte de uma equipe ou, em alguns casos, de uma família.

• Incentivar a comunicação aberta, informando seu pessoal sobre os novos desenvolvimentos e encorajando-os a fazer sugestões e queixas.

• Promover de dentro para fora; permitir que seus próprios funcionários se candidatem para cargos antes de contratar pessoas de fora.

• Qualidade do stress, possibilitando que as pessoas se orgulhem dos produtos e serviços que estão fornecendo.

• Permitir aos funcionários compartilhar dos lucros, por meio de distribuição de lucros, posse de ações ou ambas.

• Reduzir a diferenciação de níveis entre a direção e aqueles em posições iniciais; chamar a todos pelo primeiro nome; vetar salas de jantar para executivos e cafés executivos para as pessoas do alto escalão.

• Dedicar atenção e recursos para a criação do ambiente de trabalho mais agradável possível.

• Encorajar seus funcionários a serem ativos no serviço comunitários fazendo doações a organizações das quais os funcionários participem.

• Ajudar os funcionários a economizar.

• Tentar não dispensar pessoas sem antes fazer um esforço para recolocá-las em outros cargos seja na própria empresa ou em algum outro lugar.

• Importar-se com a saúde de seus funcionários o bastante para fornecer academias de ginástica e programas médicos e de exercícios regulares.

• Ampliar as habilidades de seu pessoal por meio de programas de treinamento e de reembolso ou pagamento de cursos externos.

Descobrimos que, de modo geral, as pequenas empresas são melhores do que as grandes – em termos de lugares para trabalhar. Pode ser, então, que você encontre aqui algumas empresas das quais nunca ouviu falar, como a Odetics ou a Moog. As grandes empresas em nosso *rol* mantiveram muitas das características das pequenas empresas: elas dividem suas operações em pequenas unidades, delegam responsabilidades aos diferentes níveis de cargo. Também ficamos felizes em encontrar três divisões de grandes empresas que se qualificaram (embora suas empresas controladoras não tenham se qualificado): a Bell Labs (American Telephone & Telegraph), a Physio-Control (Eli Lilly) e o Westin Hotels (United Airlines).

Durante nosso processo, o livro de Thomas Peters/ Robert Waterman, *In Search of Excellence*, foi publicado. Examinamos a lista deles de "excelentes" empresas com interesse para ver de que forma se relacionava com nossas "100 Melhores". Tendo encontrado algumas sobreposições, mas também significativas divergências, nós observamos que gerenciar lucros, crescimento e acionistas satisfeitos nem sempre produz um bom lugar para trabalhar. Rejeitamos muitas empresas que eles elogiaram: Boeing, National Semiconductor, Frito-Lay e McDonald's (veja o próximo artigo), para citar apenas algumas.

Quando concluímos nossa pesquisa, havíamos adquirido um melhor entendimento da diferença entre o tradicional relacionamento empregador/ funcionário, que muitas vezes é de oposição, e os tipos de práticas com as quais nos deparamos em nossa jornada. Sentimos que as "100 Melhores" podem fazer parte da primeira onda de uma mudança maior que afetará para melhor a maneira como todos nós pensamos sobre nossos empregos e como conduzimos nossos negócios. Uma frase que expressa bem essa mudança é "para além da técnica". Não importa se uma técnica é tirada de um manual de gerenciamento ou elaborada por um psicólogo organizacional, a estrutura toda tende a ser manipuladora: "nós" estamos buscando uma maneira para fazer com que "eles" trabalhem mais ou façam algo que queremos que eles façam (um dos grupos de funcionários mais alienados que encontramos foi um círculo de qualidade no estilo japonês em uma fábrica de bombas da Honeywell, em Minneapolis). Entre as "100 Melhores", encontramos muitas empresas que transcenderam essa estrutura manipuladora e perceberam que "estamos todos no mesmo barco". Esse pacto não documentado entre os funcionários geralmente começa com um ou mais indivíduos-chave que verdadeiramente se importam com a qualidade da experiência de todos na empresa.

Pode-se argumentar que tanto as técnicas gerenciais convencionais como as práticas inovadoras descritas neste livro aumentam a produtividade e criam uma economia saudável. Mas as "100 Melhores" oferecem um benefício a mais de valor que é difícil de colocar na mesma escala: uma vida profissional para milhares de pessoas que realmente vale a pena viver e esperar por um novo dia.

1984

INDO ALÉM DE **BOAS POLÍTICAS** E **PRÁTICAS**

Por **Robert Levering**, **Milton Moskowitz** e **Michael Katz**

[ADDISON-WESLEY]

Como uma empresa que tem um vice-presidente de individualidade pode *não* ser um bom lugar para trabalhar? O McDonald's, o maior negócio em restaurantes do mundo, tem esse cargo, ocupado pelo ex-diretor de pessoal da empresa, James Kuhn, que é descrito como um "espírito livre". Sua missão é ajudar os funcionários a escaparem das garras mortais da burocracia. Ele tenta deixar tudo mais descontraído. Kuhn trabalha fora da sede do McDonald's em Oak Brook, Illinois, um subúrbio a 68 quilômetros a oeste de Chicago, no caminho de Aurora. Ter um vice-presidente de individualidade não é o único aspecto incomum na sede do McDonald's. É um lugar altamente agitado onde as pessoas parecem gostar de trabalhar por longas horas, uma empresa para *workaholics*. E essas pessoas sabem que não precisam de um MA ou MBA. Não precisam de PhD para chegar ao topo. O McDonald's não recruta em faculdades de administração. A trilha para o topo começa na linha de fogo em uma loja do McDonald's, servindo Big Macs, colocando batatas fritas nos saquinhos, fazendo milkshakes. Fred L. Turner e Michael R.

Neste epílogo à primeira edição do livro das 100 Melhores, os autores explicam como ser um excelente lugar para trabalhar requer mais do que ter boas políticas e práticas. O exemplo que eles escolheram – o McDonald's – fez mudanças significativas desde que o livro foi escrito e conquistou lugares relevantes em várias listas de Melhores Lugares para Trabalhar do Instituto: na Dinamarca em 2002, na Noruega e no Chile em 2004, na Irlanda em 2005, no Peru e na Dinamarca em 2006, na Noruega e no Reino Unido em 2008, no Equador, Holanda, México e Brasil em 2007.

Quinlan, que foram, respectivamente, *chairman* e presidente em 1983, realmente começaram de baixo: Turner na grelha e Quinlan na sala de correspondências.

Visitamos o McDonald's porque pessoas que já haviam trabalhado em posições de staff em Oak Brook nos recomendaram fortemente a empresa. As pessoas que conhecemos a elogiaram efusivamente. Ray Mines, um dos negros de posição mais alta dentro da empresa (em 1983 ele era um dos nove dirigentes das operações nacionais), nos contou como é trabalhar no McDonald's: "Primeiro, você tem de ser "McDonaldizado". Eles sugam todo o sangue de suas veias e injetam ketchup nelas. Essa é a verdade. Se você der duro, você pode se dar bem aqui. O McDonald's é uma corporação muito grande, mas você não é um número. Eles sabem seu nome".

Helen Farrell ingressou no McDonald's em 1973 depois de ter sido professora em uma faculdade com cursos de dois anos em Nebraska. Contratada como membro da equipe de assistência jurídica, ela lembra que em seu primeiro mês no McDonald's tinha um problema logístico para transportar seus dois filhos do Texas, onde estavam com o pai, para Chicago. Não dava para pagar as passagens aéreas e os horários dos ônibus e trens eram complicados. Ela soube por uma correspondência interna que o avião do McDonald's faria a viagem do Texas para Chicago e, então, telefonou para o escritório de Ray Kroc (Kroc fundou o McDonald's) para perguntar se seus filhos poderiam pegar uma carona. Vinte minutos depois, o próprio Kroc retornou a ligação para perguntar: "Mas afinal, o que essas crianças estão fazendo no Texas?" Depois de ela explicar a situação, ele disse: "Peça para eles irem para Love Field, o avião os pegará lá". Farrell soube, mais tarde, que havia tido mudanças no plano de voo e o avião iria diretamente da Flórida para Chicago sem parar no Texas. Mas Kroc rearranjou a rota para buscar as crianças. "Faço tudo por uma empresa que faz uma coisa dessas por um 'Zé ninguém'", Farrell nos disse.

O McDonald's faz muito pelas pessoas que vestem a camisa da empresa. Eles têm uma forte gama de programas de benefícios: distribuição de lucros (que normalmente incrementa o salário em mais de 10% ao ano); um plano de poupança em investimentos; um exame físico gratuito a cada dois anos para quem tem menos de 35 anos e todos os anos para quem tem mais; uma licença de três meses após 10 anos de serviços. Cerca de 50 funcionários são homenageados anualmente por suas realizações de destaque. Eles recebem o *President's Awards* que, além do prestígio ligado a ele, vem com um bônus em dinheiro equivalente a um terço do salário.

Tudo bem, se é tão boa, por que o McDonald's não é uma das 100 melhores empresas para trabalhar nos USA? Ela certamente faz parte de toda lista das empresas mais bem administradas da nação. Ela não conseguiu se qualificar porque, ao verificar localmente onde a maioria dos funcionários trabalha, descobrimos que um emprego no McDonald's não é uma experiência enriquecedora; com certeza não é um lugar onde "as pessoas são colocadas em primeiro lugar".

O McDonald's é o maior empregador de adolescentes do país, sendo o lucro espremido do negócio da corporação controladora e dos franqueados que possuem três quartos dos pontos de revenda depende crucialmente de baixos salários (os mais baixos possíveis) e de uma linha de montagem que deixa os funcionários com pouco ou nenhum tempo livre para pensar. Veja alguns dos comentários feitos pelos adolescentes que trabalham nas lojas do McDonald's na Califórnia:

• "O McDonald's é um lugar onde você trabalha muito por pouco dinheiro. Na loja onde trabalhei, eram permitidos apenas um saquinho pequeno de batatas fritas, uma bebida pequena e um hambúrguer grande por seis horas de trabalho".

- "O salário inicial é de $3,35 por hora. A cada três meses, o funcionário é avaliado para ver se consegue um aumento de cinco, dez ou quinze cents".

- "Eles fazem você trabalhar até o limite por uma ninharia".

- "Os garotos odeiam o emprego, mas precisam do dinheiro".

- "As pessoas saem o tempo todo porque o salário é baixo e ridículo para a quantidade de trabalho a qual você é submetido".

As pessoas do McDonald's em Oak Brook não negam que o pagamento no nível operacional é baixo. Nem negam que os adolescentes tenham de trabalhar em uma rotina e sejam vigiados de perto por seus supervisores. Em sua defesa, o que eles dizem é que esse emprego é na verdade a primeira experiência de trabalho para esses adolescentes e que a disciplina os tornará úteis. Eles alegam que muitos adolescentes trabalham no McDonald's durante o ensino médio e voltam mais tarde como funcionários em período integral. Insistem que se você fizer todo o trabalho duro no começo e ficar bastante tempo, as recompensas serão ótimas. E há, então, esta justificativa máxima: o McDonald's gera empregos. Lee Dunham, na operação de seis lojas do McDonald's na área do Harlem, na cidade de Nova York, diz: "Empregamos 400 pessoas que, de outra forma, não teriam empregos".

Debatemos entre nós se o McDonald's pertencia ao nosso rol e, por fim, decidimos que para a maioria das pessoas que trabalham para a empresa e de seus franqueados (bem mais de 250 mil) é degradante, semelhante à experiência com a qual Charlie Chaplin se deparou em *Tempos Modernos*. Acreditamos também ser verdade que para a maioria deles, isso não leva a lugar nenhum. Peggy Stinnett, membro do conselho escolar em Oakland, Califórnia, resumiu o que os adolescentes tiram do McDonald's em uma entrevista com Seth Rosenfeld do Pacific News Service: "Ao final do semestre, eles terão uma pequena experiência no McDonald's que não vai convencê-los muito".

Na busca por bons lugares para trabalhar, queríamos selecionar empresas que fossem boas tanto para as pessoas nos níveis mais baixos como para aquelas na direção. Evidentemente, não exploramos todas as posições de cada empresa neste livro, mas todas aquelas que finalmente selecionamos realmente eram voltadas para as pessoas, com a intenção de fluir por todos os níveis, de cima a baixo. O McDonald's, por outro lado, parecia adotar um sistema voltado para a exploração das pessoas nas posições mais inferiores.

1984

TRABALHANDO PARA AS **MELHORES**

Por **Robert Levering** e **Milton Moskowitz**

[SAN FRANCISCO FOCUS]

É extraordinário ler as descrições dessas empresas incluídas na edição de 1984 de As 100 Melhores Empresas para Trabalhar nos USA. Não somente alguns dos privilégios listados aqui, mas também o clima geral nessas empresas são tão atraentes hoje quanto eram há um quarto de século. Três dessas empresas – ROLM, Tandem Computers e Viking Freight – foram posteriormente adquiridas por outras empresas — IBM, HP e Fedex, respectivamente — que também apareciam em nossas listas.

Este é um momento de busca de alma nos negócios norte-americanos. Foi-se o tempo em que um executivo podia calcular o desempenho de uma empresa simplesmente controlando seus livros contábeis. E, embora o lucro continue sendo, literalmente, o resultado final, as empresas hoje estão buscando melhores maneiras de trabalhar com seus funcionários e começando a entender que os lucros em si podem depender parcialmente da satisfação com o trabalho.

Isso significa que podemos esperar para breve uma sauna em cada prédio comercial, piqueniques nas montanhas e férias nos Alpes, igualdade no ambiente de trabalho e segurança à moda das corporações japonesas? Não necessariamente, uma vez que a definição de "condições ideais de trabalho" difere entre as pessoas, além das velhas maneiras de tratar os funcionários são difíceis de serem vencidas. Mas uma tendência é evidente, indicada pela recente abundância de livros, artigos e palestras. A coroação veio, claro, com *In Search* of Excellence, de Thomas J. Peters e Robert H. Waterman Jr. Lançado no ano passado, um livro de $19,95 que se manteve na lista de mais vendidos por mais de um ano e imediatamente chegou ao topo da lista de mais vendidos em livros de bolso quando surgiu em uma versão a $8,95 na última primavera.

As faíscas produzidas sobre a bigorna continuam a se espalhar. Há dois anos, a Fortune, renomada por sua lista Fortune 500 que classifica empresas por meio de fatores tão mundanos quanto os de vendas e lucros, vem fazendo pesquisas com milhares de executivos para produzir os rankings das "corporações mais admiradas nos USA". E o Tarrytown Center em Tarrytown, Nova York, presidido por Robert L. Schwartz, chegou ao conceito do "Tarrytown 100", uma coletânea de pessoas, quase todas elas no mundo dos negócios, que são não convencionais, inovadoras ou socialmente conscientes.

A crescente onda de novas listas e nova literatura reflete um desapontamento e uma insatisfação disseminados com o desempenho corporativo na sociedade norte-americana. In Search of Excellence tocou em um ponto nevrálgico, pois seus muitos exemplos de excelência nos negócios nitidamente contrastavam com a mediocridade difusa que caracteriza muitos aspectos do comportamento corporativo norte-americano. Assim, os conselheiros e presidentes por todo o país deram ordens para que seus subordinados lessem o livro, na esperança de que algumas das lições fossem aprendidas.

Da forma como vemos, duas pontas estão agora sendo unidas na nova literatura. Sempre houve um forte esforço de autoaperfeiçoamento na vida norte-americana. Produzimos um fluxo contínuo de pregadores, visionários, animadores e políticos que falam sobre o que as pessoas poderiam fazer para se aperfeiçoarem. Vendedores, desde os itinerantes até os garotos-propaganda nos comerciais de TV

> **A crescente onda de novas listas e nova literatura reflete um desapontamento e uma insatisfação disseminados com o desempenho corporativo na sociedade norte-americana.**

têm seduzido os consumidores norte-americanos com a mensagem de que "é bom para você". E, do outro lado da moeda, temos uma longa história de protestos sociais dirigidos contra a criação de negócios, especialmente do "grande negócio". As empresas são percebidas como exploradoras da classe trabalhadora e das comunidades de trabalhadores. São ridicularizadas, satirizadas e atacadas (e reguladas) por perseguirem seus objetivos particulares egoístas com total desrespeito pelo interesse público.

Assim, a nova mensagem é a de que os americanos podem se aperfeiçoar mudando os negócios de uma relação hierárquica e fria para uma arena humanística e aberta na qual as pessoas são valorizadas e encorajadas a serem empreendedoras. E o gancho é que, se não quiserem ser relegados à poeira da história industrial pelos japoneses e outros concorrentes com mais recursos, é melhor os negócios dos Estados Unidos optarem por essas mudanças.

Enquanto essas misturas azedas de descontentamento fermentavam, nós e Michael Katz, trabalhávamos em nossa própria contribuição para a literatura. Uma sequela de nosso trabalho anterior, *Everybody's Business: An Almanac*, a este demos o nome de *100 Melhores Empresas para Trabalhar nos USA* (publicado durante esta primavera pela Addison-Wesley). Nossa sede ficava na área da Baia de São Francisco, porque é onde moramos, mas vasculhamos o país em busca de candidatas – e visitamos bem mais do que cem empresas em vinte e nove estados antes de chegarmos ao nosso rol final.

Um ponto a se ter em mente sobre os livros que precederam o nosso é que em geral foram escritos por consultores de gestão. Isso não significa que sejam livros ruins; pelo contrário, nós os consideramos bons e, com certeza, eles estimularam nosso modo de pensar. Mas nossos métodos eram jornalísticos e abordamos a questão do que constitui uma boa empresa do ponto de vista dos funcionários, e não da gerência.

Acreditamos que uma frase que expressa habilmente nossa abordagem é "para além da técnica". Não importa se uma técnica é tirada de um manual de gestão ou elaborada por um psicólogo organizacional, a estrutura toda tende a ser manipuladora: "nós" estamos buscando uma maneira para fazer com que "eles" trabalhem mais ou façam algo que queremos que eles façam. Nessa estrutura, claro, esse "nós" representa a direção e o "eles" representa a grande massa de funcionários. Tínhamos a esperança de encontrar empresas que transcendessem a estrutura tradicional, empresas onde um pacto não documentado dissesse "estamos todos no mesmo barco". Mais simplesmente, queríamos localizar empresas onde os funcionários não apenas estivessem felizes, mas se orgulhassem intensamente de trabalhar para elas.

Selecionamos uma empresa na área de São Francisco, a Hewlett-Packard em Palo Alto, para nossa lista das dez melhores Empresas para Trabalhar nos Estados Unidos. Fundada em 1938 em uma proverbial garagem por dois bacharéis em engenharia, na época, recém-formados pela Universidade de Stanford, a Hewlett-Packard cresceu e se tornou a maior fabricante de instrumentos de testes e medição eletrônica é a segunda maior fabricante de minicomputadores. Suas vendas anuais ultrapassaram $3 bilhões e empregam mais de setenta mil pessoas em todo o mundo. Seu sucesso financeiro, porém, não ocorreu à custa de seu ambiente profissional. Na verdade, muitos dos que trabalham lá dizem que seu sucesso deve-se, e não em pequena parte, ao modo como os funcionários são tratados. A HP proporciona um ambiente de trabalho superlativo por quase todos

In Search of Excellence **tocou em um ponto nevrálgico porque seus muitos exemplos de excelência nos negócios nitidamente contrastavam com a mediocridade difusa que caracteriza muitos aspectos do comportamento corporativo norte--americano.**

os padrões: altos salários, super benefícios, um ambiente descontraído igualitário e segurança no, emprego, originários de uma política não escrita de não demissão.

Em termos de pagamentos, por exemplo, a HP visa pagar de 5% a 10% mais do que empresas de alta tecnologia semelhantes ou, a grosso modo, o equivalente às cinco a dez empresas principais de qualquer tipo nos Estados Unidos. Além do salário-base, a HP oferece um plano de distribuição de lucros em dinheiro, equivalente a mais ou menos 12% dos lucros antes dos impostos da empresa. Nos últimos anos, isso tem significado um adicional de 7% na renda para cada funcionário por ano. A HP também assume 100% do convênio médico e dentário de cada funcionário. Para aqueles que desejam comprar ações da HP, a empresa contribui com um dólar por cada três dólares colocados pelos funcionários.

Os funcionários da HP também têm acesso a uma dúzia de áreas diferentes de recreação em todo o mundo – um fruto do tradicional piquenique anual da empresa. Para acomodar o piquenique, a HP comprou o parque Little Basin nas Montanhas Santa Cruz em 1962. Desde então, a empresa comprou mais três áreas de recreação no Colorado, uma nas Montanhas Pocono da Pensilvânia, um resort em um lago na Escócia e um complexo de chalés de esqui nos Alpes alemães. Os funcionários da HP podem fazer reservas para férias em qualquer um desses lugares.

Em algumas empresas, os funcionários não precisam viajar para ter recreação. Um dos vizinhos da HP no Vale do Silício, a ROLM, criou uma área de recreação em sua sede corporativa. A ROLM fabrica equipamentos para centrais telefônicas. Alguns descreveram a sede da empresa em Santa Clara (a uns poucos quarteirões do Marriott's Great América) como um cruzamento de campus universitário e um clube de campo. A meio caminho entre o complexo administrativo e os edifícios de manufatura fica o centro de recreação de um milhão de dólares da ROLM. No dia de nossa visita, estava acontecendo uma aula de aeróbica no centro, enquanto outros funcionários estavam passeando em volta de uma das duas piscinas. Os funcionários também estavam aproveitando a jacuzzi e a sauna do centro, enquanto outros estavam jogando raquetebol.

Tornar um ambiente profissional é uma meta corporativa explícita na ROLM. A empresa é a única nos Estados Unidos com um departamento de "Great Place to Work®". Além da academia, a ROLM oferece um programa insuperável de licença. Após seis anos de trabalho, os funcionários da ROLM podem tirar três meses de licença com salário integral. A essa licença paga soma-se o programa de férias regulares.

Outra empresa do Vale do Silício com licença paga é a Tandem Computers, fabricante de sistemas computacionais seguros contra falhas para grandes empresas com base em Cupertino. Os funcionários da Tandem se qualificam para seis semanas de licença com salário integral apenas após quatro anos de serviço. A Tandem promove um clima igualitário. O fundador e *chairman* da empresa, Jimmy Treybig, uma vez explicou a filosofia por trás das políticas da empresa: "Estamos tentando criar uma condição de igualdade entre as pessoas daqui". Não há vagas de estacionamento reservadas para os altos executivos nem relógios de ponto ou organogramas. É oferecido um prêmio sobre a flexibilidade. Um programador de software que trabalhou com várias outras empresas aprecia a falta de burocracia da Tandem. "As pessoas não ficam em cima de mim aqui", diz ele. "Não gosto de reuniões nem de memorandos. Na Tandem, eu não recebo nenhum memorando e vou apenas a uma reunião por semana".

Existem outros fatores além de boas comunicações, bom salário e benefícios que atraem as pessoas. Os funcionários sentem orgulho em trabalhar para empresas que fazem esforços para serem ativas em suas comunidades.

A Intel, por outro lado, acredita em reuniões. Fabricante de chips semicondutores que compõem as partes internas dos computadores pessoais e outros produtos eletrônicos, a Intel é militantemente igualitária, como a Tandem e muitas outras empresas do Vale do Silício. Não há vagas de estacionamento reservadas para os altos executivos nem qualquer sala de refeições específicas para executivos. Mas a Intel não é a favor do espírito livre. Não há horário flexível na Intel. Todos devem estar no trabalho às 8 horas da manhã. Dr. Robert Noyce, cofundador da empresa, uma vez explicou: "É outra maneira de dizer às pessoas que elas são valiosas para nós. Como podemos fazer nosso trabalho se elas não estiverem aqui? A Intel é o único lugar onde já trabalhei em que uma reunião às 8 horas da manhã começa às 8 horas da manhã".

É um ambiente de alta pressão para aqueles que gostam de bater cabeças com outros cérebros. A Intel atrai pessoas que gostam de ser desafiadas. Como disse um ex-executivo da Intel, "não existem maricas na Intel". A empresa recompensa aqueles que conseguem acompanhar o ritmo. Durante a recessão de 1981-82, a Intel preferiu não demitir ninguém quando muitas das outras fabricantes de chips estavam demitindo centenas de funcionários. Ao invés disso, a Intel pediu a todos para assumirem cortes de salários graduados pela renda. A Intel também permite que os funcionários com sete anos no emprego se candidatem a uma dispensa de seis meses, com salário, para realizar serviço público, ensinar ou oportunidades excepcionais de educação.

A Apple Computer é considerada por muitas pessoas mais jovens no Vale do Silício como um ambiente de trabalho soberbo, em parte por causa de sua reputação de cultura anticorporativa. Os vice-presidentes geralmente aparecem no escritório de jeans e camiseta. Eles falam sobre como os novos administradores contratados vindos de outras empresas devem passar por um processo de "Appleização", o que significa aprender a se relacionar com os outros funcionários de uma maneira não tradicional e igualitária. Como explicou um vice-presidente da Apple, "procuramos pessoas que sejam treinadores e construtores e ampliadores de equipes, e não controladores de pessoas".

As crenças da empresa estão resumidas nos "Valores da Apple", um depoimento da filosofia da empresa entregue a todos os funcionários. Uma seção diz: "Qualidade/Excelência. Nós nos importamos com o que fazemos. Damos aos produtos Apple um grau de qualidade, desempenho e valor que conquistarão o respeito e a lealdade de nossos clientes". Outro valor Apple declara: "Oferecemos produtos superiores que satisfazem necessidades e proporcionam valor duradouro. Estamos genuinamente interessados em resolver os problemas dos clientes e não comprometeremos nossa ética ou integridade em nome do lucro".

A Apple oferece um benefício único a todos os funcionários: um computador Apple 11e. Após dois meses no emprego, a máquina é emprestada aos funcionários (com disk drive e monitor). Quando completam um ano na empresa, o computador é deles, sem nenhum vínculo.

O Apple 11e é um bom benefício, mas a verdadeira mina de ouro para muitos dos funcionários da Apple são as opções de ações. Enquanto muitas corporações oferecem opções de ações somente para seus altos executivos, a Apple as oferece a todos. Dizem que uns trezentos dos primeiros funcionários da Apple ficaram milionários com as ações da Apple que possuem.

A alguns quilômetros da sede da Apple fica a casa em Cupertino da Advanced Micro Devices, fabricante de semicondutores cujo presidente representa o típico milionário do Vale do Silício que se fez sozinho. Jerry Sanders é um dos heróis folclóricos da área, com tudo que os compõem: roupas chamativas, correntes de ouro, um monte de carros extravagantes, inclusive um Rolls Royce Corniche conversível e uma Ferrari.

Assim como outros empregadores admirados, Sanders acredita em distribuição de riqueza. A festa de natal anual da AMD, por exemplo, é algo notável. A do ano passado aconteceu no Centro Moscone, em São Francisco. *The Examiner* disse que deixou para trás "até mesmo o tributo em Hollywood à Rainha da Inglaterra" que acontecera naquele ano. O centro de convenções foi enfeitado com 24 mil balões gigantes e centenas de árvores de natal e bicos-de-papagaio. A festa, para cerca de quatro mil pessoas da AMD e seus convidados, incluiu quatro mil quilos de frutos do mar, uma tonelada e meia de rosbife, 16 mil doces e mais de duas toneladas de sorvete. O próprio Sanders entrou no centro em um trenó. Disseram que ele justificou a enorme despesa dizendo: "O resultado final é que as pessoas não são simplesmente máquinas. Acredito que as pessoas fazem a diferença. E acredito que elas farão um trabalho extraordinário se forem tratadas de maneira justa".

Nem todas as empresas locais incluídas em nossos livros são de alta tecnologia. Os caminhões da Viking Freight System fazem fretes por toda a região oeste. Diferentemente da maioria das grandes transportadoras, os motoristas da Viking não fazem parte do sindicato Teamsters. A empresa conseguiu manter-se longe das "rédeas" do sindicato ao pagar na escala dos sindicatos e oferecer benefícios comparáveis. Os funcionários recebem bônus com base nos lucros no mês anterior. Os cheques dos bônus geralmente variam de $15 a $200 por mês sobre os salários regulares. Além disso, a empresa oferece bônus por comparecimento e pontualidade. Assim, aqueles que não se atrasam ou faltam mais de três vezes em seis meses, por exemplo, recebem bônus que variam de 30 a 40 cents por hora.

Os cheques dos bônus são entregues em reuniões mensais realizadas em cada um dos 30 terminais de caminhões da empresa. Essas reuniões são cruciais para a Viking manter um sentimento de pequena empresa/família, segundo o fundador e presidente Richard Bangham. Bangham ou um dos altos executivos preside os encontros mensais. "Discute-se quase qualquer coisa, desde a queixa de um motorista sobre um aquecedor defeituoso em um caminhão até alguém que tem um problema para receber os benefícios do convênio de saúde", explica Bangham.

Existem outros fatores além de boa comunicação, bom salário e benefícios que atraem as pessoas. Os funcionários sentem orgulho em trabalhar para empresas que fazem esforços para serem ativas em suas comunidades. A Levi Strauss de São Francisco há muito tempo tem demonstrado um senso de responsabilidade social e sido generosa no apoio às necessidades sociais e culturais de comunidades nas quais suas fábricas estão presentes. Eles também têm um plano incomum para incentivar os funcionários a serem ativos em suas comunidades pelo seu Programa de Benefícios Sociais. Se um funcionário participar de uma organização comunitária por pelo menos um ano, a empresa pode contribuir com o grupo por meio da Fundação Levi Strauss. Aqueles que prestam serviço na diretoria do grupo comunitário podem conseguir doações que variam de $500 a $1.500 para a organização.

A consciência social da Levi's estende-se até mesmo para seus vizinhos. O complexo da sede corporativa ocupa 8,2 acres ao pé de Telegraph Hill, perto de Embarcadero. Os cinco prédios baixos (eles têm no máximo sete andares) de tijolo à vista são lugares em um cenário de gramados verdes, uma imensa praça aberta, riachos, cachoeiras e flores do campo. Costuma ser chamado de "Universidade da Levi Strauss". Como cortesia aos moradores das colinas acima da Plaza da Levi's, as persianas voltadas para o oeste são puxadas todos os dias às 16 horas para evitar que qualquer reflexo interfira na vista dos moradores da baia.

Assim, os novos "caçadores" de almas corporativas continuam a ampliar o significado da "excelência" nos negócios. Podemos apenas esperar para ver quais formas essa ampliação podem tomar nas próximas décadas.

1985

AS 100 MELHORES EMPRESAS PARA TRABALHAR: UM ANO DEPOIS

Por **Robert Levering** e **Milton Moskowitz**

[CALIFORNIA BUSINESS]

As empresas nunca ficam paradas. Elas mudam todos os dias e, desde a publicação em maio de 1984 de nosso livro *As 100 Melhores Empresas para Trabalhar nos USA*, temos monitorado cuidadosamente os avanços e reveses das empresas em nosso rol original.

Compilamos nosso rol original depois de cruzarmos o país por dois anos, visitando empresas em 27 estados diferentes – desde as siderúrgicas em Ohio até as empresas petrolíferas no Texas, de um banco de investimentos em Wall Street até um fabricante de lingeries em Los Angeles. Toda a viagem e as centenas de entrevistas individuais foram essenciais, pois descobrimos que enveredamos por um território inexplorado. Apesar da explosão de notícias sobre negócios, muito pouco se escreveu sobre a condição humana dentro das paredes corporativas.

Em 1985, Milton e Robert escreveram este artigo para a California Business, uma publicação regional de negócios, descrevendo porque adicionaram seis novas empresas — e retiraram seis outras — na edição em brochura do livro. Especialmente instrutiva é sua discussão sobre o porquê de a Walt Disney não ter entrado novamente na lista.

Ao compilar nosso rol, classificamos as empresas em cinco fatores: salários, benefícios, segurança no emprego, chances de subir e ambiência. Os quatro primeiros são autoexplicativos e o quinto era nossa palavra-código para qualidades singulares que uma empresa tem – estilos de trabalhar (ou de brincar) que a destacava de todas as outras. Tínhamos um sistema de classificação que ia de uma estrela (classificação mais baixa) a cinco estrelas (classificação mais alta). Mas a "medição" que tinha maior significado para nós era intangível. Tínhamos de ouvir dos próprios funcionários que eles gostavam de trabalhar nessas empresas. Nosso resultado final era, portanto, a opinião dos funcionários.

Parece que nosso livro suscitou lembranças. Logo após sua publicação, recebemos uma avalanche de cartas de todas as partes do país, a maioria delas aprovando nossas escolhas, mas algumas questionando porque sua empresa não foi incluída, enquanto outras contestando algumas de nossas seleções e ainda outras nos parabenizavam por não ter incluído suas empresas (duas cartas de funcionários da American Broadcasting Cos. se destacaram nesta última categoria).

Também recebemos de bom grado as indicações de novas candidatas. Havíamos feito especificamente o convite para tais indicações nas linhas finais de nosso livro. E recebemos muitas.

Assim, depois que a New American Library adquiriu os direitos de nosso livro em brochura e planejava editá-lo como uma edição Plume em maio de 1985, decidimos que em vez de ajustar a edição em capa dura, linha a linha e palavra a palavra, faria sentido reformulá-la à luz das novas informações diante de nós. E foi exatamente o que fizemos.

A edição brochura da Plume que se encontra nas livrarias neste momento, então, não é o mesmo livro que saiu um ano antes. Além de atualizarmos todos os fatos e números, fizemos mudanças substanciais, com base nas visitas que fizemos às empresas novas e antigas.

Substituímos seis de nossas escolhas originais por outras novas. As empresas que apareciam na primeira edição, mas não conseguiram entrar novamente foram: Borg-Warner, Walt Disney Productions, Hospital Corps. of América, Merck, Philip Morris e Ralston Purina. As empresas que as substituíram foram: Federal Express, Fischer-Price Toys, Northrop, Recreational Equipment (REI), Remington Products e Steelcase.

Das 100 empresas em nosso rol original, 82 eram sociedades anônimas. As seis que foram retiradas são todas empresas desse grupo. Suas ações são negociadas em bolsa. Das seis adições, duas (a Federal Express e a Northrop) são sociedades anônimas e duas (a Remington Products e a Steelcase) são sociedades limitadas. Uma, a Fischer-Price, é subsidiária da Quaker Oats, que foi rejeitada por nós. Não nos surpreendeu o fato de que uma empresa pudesse ter uma cultura diferente de sua controladora. Em nossa primeira rodada, o Westin Hotel em Seattle entrou em nossa lista, mas não sua controladora, a UAL (que também é dona da United Airlines); a Physio-Control, também de Seattle, é também uma das "100 Melhores", mas não sua controladora, a Eli Lilly; e incluímos a Bell Laboratories, mas certamente não sua controladora, a AT&T.

Procuramos por empresas que estejam despertando nas pessoas o seu melhor. E sentimos que os melhores vetores para essas empresas são os próprios funcionários.

Uma Cooperativa que Mais Parece um Negócio

A Recreational Equipment Inc. – mais conhecida como REI – torna-se a segunda cooperativa em nossa lista. A primeira é a Linnton Plywood, uma cooperativa de trabalhadores no Oregon. A REI é a maior cooperativa de consumidores do país, vendendo roupas e equipamentos para atividades outdoor em 10 lojas e com vendas por meio de catálogo para pedidos por correspondência. As vendas em 1984 foram de $94 milhões. A REI é outra organização baseada em Seattle, mas com forte presença na Califórnia, com uma loja em Berkeley que fatura $12 milhões por ano, e mais outras lojas em Carson e Orange. Uma nova REI foi planejada para abrir no início de 1985 em Sacramento e a 12ª loja será inaugurada em Cupertino em outono.

A REI é o exemplo perfeito do tipo de empresa que procuramos. Não é a pagante mais sensacional do mundo, mas as pessoas que trabalham lá adoram estar lá, estão felizes por venderem equipamentos para atividades outdoor de primeira linha para clientes mochileiros que sabem a diferença. O cliente deve estar feliz também. Os membros da REI receberam um dividendo em dinheiro no ano passado equivalente a 12,7% do que compraram da cooperativa durante o ano. A REI é uma cooperativa que dirige um show comercial – e sempre termina com um lucro em suas operações.

Northrop Junta-se à Lista

A Califórnia continua a liderar o país, com 18 empresas. A última a se juntar ao contingente da Califórnia é a Northrop, a grande empreiteira militar com quase 20 mil funcionários no sul da Califórnia. Ela nos foi recomendada como a melhor empresa aeroespacial para trabalhar. Há anos a empresa tem o seguinte slogan: "A Northrop é um bom lugar para trabalhar". Inclusive, imprimiu esse slogan em outdoors para recrutamento que podem ser vistos perto do Aeroporto Internacional de Los Angeles.

O slogan é uma realidade, tanto pelos operários da linha de montagem da enorme fábrica de caças da Northrop em El Segundo como pelos funcionários na unidade eletrônica nas proximidades. Eles falaram sobre o clima familiar não hierárquico da Northrop – uma característica de muitas das Melhores Empresas para Trabalhar. Embora fora dos sindicatos, a Northrop paga salários comparáveis a seus concorrentes sindicalizados e uma gama impressionante de benefícios. Mais notável ainda é o plano generoso de poupança no qual a empresa equipara o dinheiro que um funcionário poupa, até 8% de sua renda. 21% das ações da Northrop é detido pelo plano de poupança.

Para incluir empresas merecedoras como a Northrop em nossa lista, tivemos de retirar algumas que havíamos escolhido originalmente. Isso foi muito mais difícil. Nós literalmente agonizamos sobre cada decisão. Nosso critério – devemos enfatizar – não foi a queda nas vendas ou nos lucros. Insistimos que as empresas devem ser boas para seu pessoal – nos bons e maus tempos. Nosso critério foi a queda nos valores humanísticos que as conduziram para nosso rol inicialmente.

Uma empresa californiana que descobrimos ainda estar à altura é a Olga, uma fabricante de peças íntimas femininas em Van Nuys que foi adquirida em 1984 pela Warnaco. Ela ainda retém o sentimento familiar que tem sido uma parte central da empresa desde a sua fundação há mais de 40 anos por Jan e Olga Erteszek.

Retirando a Disney

A Walt Disney foi uma empresa especialmente difícil de retirar. Como é possível criticar Mickey Mouse? Mas fomos forçados a reavaliar a Disney em virtude da greve de 22 dias na Disneylândia no verão de 1984. Alguns meses depois que a greve foi resolvida (com um congelamento de salários por dois anos e uma escala diferente de salários para novas contratações), visitamos o parque. Descobrimos

Nosso critério para retirar uma empresa não foi a queda nas vendas ou nos lucros, mas nos valores humanísticos que levaram as empresas para nosso rol inicialmente.

> A greve mudou a postura de todo o mundo. Ela levou embora o pó de pirlimpimpim. Fez com que ela se parecesse mais com uma empresa normal.

quase imediatamente que as coisas tinham realmente mudado na Disney.

Diferentemente de nossa primeira visita, quando a direção nos incentivou a entrevistar quem quiséssemos, fomos expressamente proibidos a ter acesso total aos trabalhadores. Mas conseguimos conversar com uma grande variedade de funcionários. A Disneylândia ainda tem seus atrativos. Mark Hays, um operador de monotrilho, disse: "Onde mais você consegue ganhar mais de $20.000 ao ano para sorrir e ser feliz? Eles estão me pagando para eu ser eu mesmo". Mas acrescenta: "Acho que a greve mudou a postura de todo mundo. Ela levou embora o pó de pirlimpimpim. Fez com que ela se parecesse mais com uma empresa normal".

Hays criticou muito menos do que a maioria das outras pessoas com quem conversamos. Um funcionário da Frontier-land que não quis revelar seu nome disse que a Disneylândia "perdeu seu toque familiar. Ela agora dá mais ênfase aos lucros do que aos produtos".

Sue Kemp, uma veterana de 13 anos na Disneylândia que trabalha no Candy Palace na Main Street, coloca as coisas da seguinte maneira: "Costumava ser divertido; agora, é só um emprego. Não é mais uma grande família feliz". Uma das líderes da greve, Kemp insiste que "os supervisores e a alta direção não se importam com as pessoas que recebem por hora". Este era um sentimento do qual vivíamos ouvindo.

Durante a greve, um dos cartazes dizia: "Disneylândia: O sonho moribundo de Walt". Para aqueles que já trabalhavam no parque por vários anos, aquele cartaz diz tudo. Os novos altos executivos da empresa têm um grande trabalho pela frente se quiserem recuperar a parte do sonho de Walt que fez da Disney um lugar especial para as pessoas trabalharem.

Preocupações com a Segurança na AMD

Uma empresa não pode ser um bom lugar para trabalhar se os funcionários temerem por sua própria saúde e segurança no trabalho. Por isso estávamos profundamente preocupados com as implicações de uma reportagem que saiu no *San Jose Mercury-News* sobre a Advanced Micro Devices, uma fabricante de chips no Vale do Silício. A reportagem detalhava as acusações feitas por oito ex-funcionários da AMD que alegavam invalidez por trabalharem nas instalações da fabricação de wafers.

Passamos a maior parte da semana tentando averiguar se a AMD (e outros fabricantes de semicondutores) impunha riscos significativos à saúde de seus funcionários. Simplesmente não estávamos convencidos de que trabalhar na AMD era perigoso à saúde. Ficamos impressionados com os elaborados programas de saúde e segurança da AMD e a postura de "segurança a qualquer custo" dos executivos seniores da empresa. E depois de conversar com funcionários aleatoriamente no refeitório da empresa, descobrimos que os trabalhadores tinham grande consideração pelo treinamento e precauções de segurança na AMD. Achamos notável que vários daqueles que haviam trabalhado em outras fabricantes de chips consideravam os programas de segurança da AMD superiores aos das outras. Com certeza, acompanharemos com interesse a sentença do litígio com os oito casos citados na reportagem do *Mercury*. Mas achamos que não compete a nós considerar a AMD culpada nesse meio-tempo.

A Responsabilidade Corporativa da Levi's

Também nos confrontamos com uma decisão difícil na Levi Strauss. A fabricante de roupas de São Francisco desfruta de uma reputação quase lendária por sua responsabilidade social corporativa, uma das características que garantiu sua seleção desde o começo. E, de fato, durante o ano de 1984 essa reputação foi confirmada ao ser vencedora de dois prêmios importantes. A Levi's venceu o Wien Prize, concedido anualmente pela faculdade de administração da Universidade Columbia em reconhecimento a empresas com uma história de destaque em responsabilidade social. Também recebeu o White House Award por Voluntariado Corporativo – a única empresa com essa honraria em 1984.

Por outro lado, a consciência social simbolizada por esses prêmios pode ser um legado de um passado que está desaparecendo. A Levi Strauss está em meio a uma transição dolorosa de empresa dominada pelos jeans para uma diversificada que fabrica todos os tipos de roupas, inclusive linhas de moda e vestimentas que não levam o nome Levi's. O quanto dessa transição está sendo fácil pode ser observada em seus números. No ano fiscal de 1984, os lucros da Levi's despencaram 79%, ficando em $41,4 milhões, seu pior resultado desde 1974. A empresa fechou 20 fábricas em todos os Estados Unidos. Cinco mil pessoas perderam seus empregos. Como uma empresa assim pode ser um bom lugar para trabalhar?

Decidimos que é, depois de conversar com várias pessoas da Levi's, (inclusive alguns ex-funcionários), embora não tenhamos dado notas tão altas como na primeira edição. A empresa certamente está agora classificada em último lugar em segurança no emprego e apenas na média em ambiência. Os mais antigos sentem-se, sem dúvida, amargurados com a fria burocracia que se entranha na empresa.

Ficamos impressionados, porém, com os bons sentimentos que os funcionários ainda têm em relação à Levi Strauss. Talvez não seja a mesma euforia que era evidente durante o final dos anos

1970, mas as pessoas que trabalham lá ainda a consideram como uma empresa que tem altos padrões éticos e que não abrirá mão da longa tradição de se importar com seus funcionários. Esse sentimento foi manifestado até mesmo nas comunidades onde as fábricas foram fechadas. A Levi's apresentou um pacote de desligamento exemplar que incluía um mínimo de 13 semanas, manutenção do plano de saúde de três a seis meses, uma semana de indenização por demissão para cada ano de serviço e a contratação de um escritório de recolocação para apoiar as pessoas a encontrar novos empregos. Em pelo menos duas fábricas, os funcionários ficaram tão felizes com esse pacote que começaram a aplaudir quando os termos foram anunciados. E na fábrica de Memphis, 539 funcionários que estavam prestes a ficar desempregados assinaram pessoalmente uma carta agradecendo a empresa "pelo pacote que elaborou para nós", acrescentando: "Temos orgulho de termos feito parte da Levi Strauss".

Com depoimentos desse tipo, achamos impossível eliminar a Levi Strauss de nosso rol. Ela pode estar passando por momentos difíceis, mas ainda se encontra bem acima da grande massa de empresas americanas com um ambiente de trabalho construtivo.

Nossos padrões continuaram os mesmos. Acima de tudo, procuramos pelo sentimento especial que existe quando direção e funcionários trabalham juntos, em vez de se colocarem em posição de luta, em confrontos do tipo "nós versus eles". Procuramos por empresas que estejam despertando nas pessoas o seu melhor. E sentimos que os melhores vetores para essas empresas são os próprios funcionários.

1988

O QUE TORNA ALGUNS EMPREGADORES TÃO BONS — E A MAIORIA TÃO RUIM

Por **Robert Levering**

[RANDOM HOUSE]

O livro *"Um Excelente Lugar para Trabalhar o Que Torna Alguns Empregadores Tão Bons (E Outros Tão Ruins)"* assentou os alicerces do trabalho do Great Place to Work® Institute. Na introdução, Robert detalha a metodologia e oferece um forte apelo em favor do significado de excelentes ambientes de trabalho. Essa noção reflete-se no texto sobre a visão do Instituto redigido por Robert e pela cofundadora Amy Lyman logo depois de fundarem a empresa: "Construir uma sociedade melhor ao ajudar empresas a transformarem seus ambientes de trabalho".

Há quase seis anos, comecei a entrevistar funcionários em seus escritórios, fábricas e refeitórios para o livro *As 100 Melhores Empresas para Trabalhar nos USA*. Como sugere o título do livro, eu e meus coautores, Milton Moskowitz e Michael Katz, buscamos identificar os melhores empregadores do país. Ao todo, visitamos umas 125 empresas em 30 estados e conversamos com centenas e centenas de funcionários sobre seus ambientes de trabalho. Quando começamos, não sabíamos ao certo o que deveríamos encontrar. Minha impressão, com base em mais de uma década como jornalista de negócios e ambiente de trabalho, que era bastante desagradável trabalhar na maioria das empresas. Presumia que trabalhar para uma empresa, especialmente uma grande, envolve um pacto com o diabo – segurança e/ou dinheiro por um pedaço de sua alma. Tenho essa convicção desde muito cedo na vida, quando ouvia meu pai conversando sobre sua vida no trabalho em uma importante companhia aérea, onde trabalhou por 40 anos. Minhas próprias experiências profissionais azedaram ainda mais as possibilidades de um ambiente de trabalho enriquecedor.

Meu emprego mais longo (seis anos) foi em um jornal semanal em São Francisco. A rotatividade de funcionários lá era de quase 100% ao ano. A certa altura, todo o staff não gerencial entrou em greve pelas condições de trabalho e falta de segurança no emprego. No fim, fui demitido por fazer objeções ao desligamento de outro funcionário que tinha se recusado a trabalhar por um salário menor.

Vários de meus amigos e conhecidos relatam histórias semelhantes – ou piores – com seus empregadores. Essas histórias são a exceção. Mais comum tem sido os comentários espontâneos com os quais as pessoas indicam um sentimento de alienação no trabalho. A maioria das pessoas que conheci acabou por se pegar assumindo compromissos desagradáveis, do tipo que afeta seus sentimentos de valor próprio. Isso é visto como parte do ofício.

Muitos observadores sociais já reforçaram essas impressões subjetivas. Em seu bestseller *Working*, Studs Terkel relata a entrevista com mais de 100 pessoas falando sobre as carreiras profissionais. Eles pintam um quadro de um ambiente de trabalho repleto de "humilhações diárias". O que é especialmente deprimente é que a maioria das pessoas de Terkel diz desejar fazer um bom trabalho; elas querem sentir orgulho de seu trabalho. Mas tais anseios raramente podem se tornar realidade no ambiente de trabalho americano contemporâneo.

Outro perspicaz comentarista social, o pesquisador de opinião pública Daniel Yankelovich, reuniu algumas evidências estatísticas impressionantes, demonstrando que se algo estiver acontecendo, é o ambiente de trabalho que está piorando. Em uma pesquisa conduzida no final dos anos 1960,

> Quando há um disparate entre o que a maioria de nós quer fazer durante nossas horas de trabalho e o que nos é permitido fazer em nosso ambiente de trabalho, a discrepância se traduz em um profundo sentimento de alienação.

Yankelovich encontrou que mais de metade dos entrevistados sentia satisfação pessoal em seu emprego; em 1980, quando a mesma pergunta foi feita em outra pesquisa, apenas 27% foram capazes de dizer que seus empregos os empolgavam. Apesar desses números, Yankelovich, assim como Studs Terkel, descobriu que a maioria dos americanos ainda quer fazer um bom trabalho. Mais da metade de todos os americanos ainda endossam a ética no trabalho, concordando com a declaração de que "eu tenho uma necessidade dentro de mim de fazer o melhor trabalho possível, independentemente do pagamento". Existe, então, um disparate entre o que a maioria de nós quer fazer durante nossas horas de trabalho e o que nos é permitido fazer em nosso ambiente de trabalho. Essa discrepância se traduz, em um nível pessoal, em um profundo sentimento de alienação. Socialmente, representa uma trágica perda de energia humana.

Fiquei, portanto, surpreso quando nossas pesquisas para o livro *As 100 Melhores Empresas para Trabalhar nos USA* nos levaram a alguns lugares realmente incríveis para trabalhar – onde a experiência profissional era realizadora, e não alienante. Especialmente convincentes foram os comentários positivos feitos por pessoas de quem não se esperaria elogios tecidos a seus empregadores – secretárias da Goldman Sachs em Nova York, operários siderúrgicos da Nucor em Utah, operários da linha de montagem de eletrônicos da Tektronix no Oregon, funcionários de seguros da Northwestern Mutual Life no Wisconsin. Os funcionários falam sobre uma "orientação para as pessoas" e um senso de comunidade (às vezes chamada de "família") em ambientes de trabalho especialmente bons.

Para examinar o fenômeno dos bons ambientes de trabalho para este livro, fiei-me primordialmente nas entrevistas com funcionários. Suas observações compõem a espinha dorsal do livro. É a experiência deles no trabalho que este livro visa explicar.

Após concluir o livro *As 100 Melhores Empresas para Trabalhar nos USA*, voltei a visitar vinte ambientes de trabalho especialmente bons (os melhores dos melhores, se preferir). Além das entrevistas com funcionários de nível mais baixo, fiz questão de conversar com os altos executivos e, quando possível, com os fundadores. Eu queria descobrir como e porque eles pensavam que suas empresas haviam se tornado excelentes lugares para trabalhar. *Entre as* pessoas de quem obtive *insights* estavam altos executivos e/ou fundadores das seguintes empresas: Advanced Micro Devices; Delta Air Lines; Electro Scientific; Federal Express; Goldman Sachs; W.L. Gore; Hallmark Cards; Hewlett-Packard; Marion Labs; 3M; J.P. Morgan; Northwestern Mutual Life; Olga; Pitney Bowes; Preston Trucking; Publix Super Markets; Quad/Graphics; ROLM; Tandem Computers e Tektronix. As 50 entrevistas transcritas e as visitas de acompanhamento àquelas empresas proporcionaram boa parte do material apresentado neste livro. Quase metade do livro, na verdade, é dedicado às descrições e análises detalhadas das práticas no ambiente de trabalho de sete dessas empresas.

Para colocar o fenômeno do bom ambiente de trabalho em um contexto mais amplo, li muito sobre questões relativas ao ambiente de trabalho e ao trabalho. Foram mais de 300 volumes sobre teoria de gerenciamento, psicologia e sociologia industrial, história econômica e filosofia social e moral, bem como mais de 1000 artigos de jornais, revistas e periódicos especializados sobre questões relativas ao ambiente de trabalho contemporâneo.

Uma grande parte dessa leitura concentrou-se em uma única pergunta: Por que a maioria dos ambientes de trabalho é tão ruim? Parte da resposta pode ser encontrada ao examinar as raízes dos estilos americanos, de gerenciamento, especialmente as ideias de influentes pensadores do gerenciamento. Mas não basta criticar os outros. Assim, este livro também põe em evidência uma análise alternativa do ambiente de trabalho que pode ter alguma relevância para aqueles interessados em uma abordagem não manipuladora do gerenciamento.

Tenho esperança de que as informações e análises neste livro possam auxiliar aqueles que têm preocupações práticas. Tendo consciência do que forma um bom empregador, aqueles que procuram empregos podem ter uma ideia melhor do que procurar em um ambiente de trabalho. Eles saberão quais perguntas fazer e que tipos de empregadores evitar. Aqueles que estão empregados poderão adquirir noções de como melhorar suas próprias situações de trabalho. E, mais importante, ter uma ideia mais clara das características de um bom ambiente de trabalho pode ajudar a trazer luz à experiência diária de trabalho para uma organização. Isso pode ajudar as pessoas a entender melhor o que é possível esperar de seu ambiente de trabalho.

Esse exercício também pode ser de grande ajuda para empregadores bem intencionados. Se puder ser mostrado a eles o que faz de uma organização um Excelente Lugar para Trabalhar, é possível que eles consigam recriar as condições. Ou, pelo menos, fazer uma tentativa. Eles teriam algumas ferramentas para analisar o que há de errado em seu próprio ambiente de trabalho.

Nenhuma discussão sobre esse fenômeno estaria completa sem tentar esclarecer algumas das implicações sociais inerentes da noção de um excelente ambiente de trabalho. Esta é, afinal de contas, uma nação de empregados. Assim como a maioria dos americanos se consideram pessoas de classe média, também pensam em si mesmos como empregados. De fato, menos de 10% da força de trabalho nos Estados Unidos trabalha para si mesmo. O restante trabalha para empresas, órgãos governamentais ou empresas sem fins lucrativos. Portanto, a qualidade de vida dentro das organizações não apenas tem um impacto importante em cada um de nós pessoalmente, mas também na sociedade como um todo. O modo como tratamos uns aos outros durante nossas horas de trabalho define o tipo de sociedade que temos.

Bons ambientes de trabalho funcionam como faróis na neblina da mediocridade e insensibilidade. Eles oferecem uma versão diferente da competição feroz, do "cada um por si", da filosofia "liberte o empresário" que desfruta hoje de livre circulação. Um excelente ambiente para trabalhar é aquele onde todos, funcionários e direção, unem forças. Isso faz com que os trabalhadores se sintam melhor. Faz com que os administradores se sintam melhor a respeito das regras do jogo. E ajuda a sociedade em geral. Em resumo, as posturas implícitas neste volume podem fazer muito para revitalizar e, possivelmente, até mesmo transformar a sociedade americana.

1993

AS 100 **MELHORES EMPRESAS** PARA TRABALHAR NOS **USA** (SEGUNDA EDIÇÃO)

Por **Robert Levering** e **Milton Moskowitz**

[DOUBLEDAY]

Neste excerto da introdução da edição de 1993 do livro das 100 melhores, Robert e Milton descrevem como o ambiente de trabalho americano mudou durante a década anterior. Como você verá, eles encontraram vários desenvolvimentos positivos, inclusive o impacto do movimento de qualidade e o afluxo de mulheres na força de trabalho.

Encontradas em todas as partes do país e em todos os tipos de setores, [essas 100 empresas] representam um sinal de partida do ambiente de trabalho hierárquico e autoritário que prevaleceu por tanto tempo nos negócios americanos. Mas elas também são excepcionais, em vez de típicas. Elas destacam-se porque são muito diferentes. A maioria das empresas ainda oferece um ambiente de trabalho terrível. Isso é verdade hoje, assim como era verdade em 1984, quando originalmente identificamos e descrevemos as Melhores Empresas para Trabalhar do país na primeira edição de As 100 Melhores Empresas para Trabalhar nos USA.

Em nossa nova busca para encontrar empresas com ambientes de trabalho excepcionais, chegamos a conclusões que se encontram em sentido oposto a muito da sabedoria corrente sobre o ambiente de trabalho americano. Descobrimos que mesmo enquanto o ambiente de trabalho ficava traumatizado com cortes de pessoal, extinção de empregos e aumento do desconto de convênio médico ao funcionário, as Melhores Empresas para Trabalhar tornaram-se melhores ainda.

Havia muito mais candidatas viáveis para este livro do que para nossa lista uma década atrás. Tínhamos, para começar, mais de 400 indicações – mais que o dobro que tínhamos da última vez. As 100 empresas cujos perfis são traçados neste livro talvez representem apenas uma pequena parcela da força de trabalho total nos Estados Unidos, mas são exemplares em representar uma força crescente. Elas são como imãs para pessoas que procuram por um emprego com significado. Elas são modelos para empresas que buscam acertar. Nesses dois aspectos importantes, elas podem ser a porta de entrada para o futuro.

Por que existem ambientes de trabalho melhores – e em maior número – hoje? Um dos motivos é a adversidade, que geralmente desperta nas pessoas – e nas empresas – o seu melhor. As empresas americanas têm sido flageladas em um ambiente global cada vez mais competitivo. A qualidade dos produtos feitos por empresas americanas tem sido questionada, até mesmo desdenhada. Apenas recentemente foi absorvida a percepção de que produtos ruins podem ter a ver com ambientes de trabalho ruins, onde os funcionários sofrem abusos ou são ignorados e considerados como custo pelos trabalhos realizados. Vimos empresa após empresa onde o movimento de qualidade foi abraçado, o que geralmente é um ingrediente--chave na transição para um ambiente de trabalho melhor (o movimento de qualidade não é uma panaceia, porém, já que também vimos ambientes de trabalho que mudaram pouco ou pioraram após a introdução dos processos de qualidade). Outros fatores que contribuíram para uma melhoria na qualidade do ambiente de trabalho foram o avanço das mulheres e das minorias para posições de gerência (elas trazem uma nova perspectiva ao trabalho que se tem em mãos), a incorporação de necessidades ambientais (os trabalhadores também precisam respirar ar fresco) e uma maior conscientização da saúde (refletida em reluzentes academias de ginástica e programas de educação em saúde). É difícil acreditar que levou tanto tempo, mas vemos, enfim, empresas que realmente estabelecem como meta tornar-se um bom ambiente de trabalho.

Esse tipo de postura simplesmente não ocorria no início dos anos 1980, quando iniciamos nossa missão de encontrar ambientes de trabalho excepcionais.

Notamos mudanças positivas em cinco áreas--chave:

Maior participação dos funcionários.

Uma raridade no início dos anos 1980, o envolvimento genuíno dos funcionários na tomada de decisão sobre seu trabalho é uma realidade entre as empresas neste livro. Ironicamente, essa mudança frequentemente ocorreu por causa das demissões. Com menos supervisores, muitas empresas foram forçadas a reorganizar o modo como o trabalho é realizado. Em alguns casos, o movimento de qualidade – a frase de efeito do momento na área de gestão – forneceu técnicas específicas para aumentar a participação dos funcionários.

Maior sensibilidade às questões relativas ao trabalho/família.

Muitas das empresas neste livro deram passos tremendos para lidar com os problemas de mães e pais que trabalham, oferecendo uma série de opções para o cuidado das crianças e horários flexíveis de trabalho.

Maior comunicação em mão dupla.

A acessibilidade aos altos executivos é muito mais comum hoje do que no início dos anos 1980. Até mesmo grandes empresas oferecem oportunidades aos funcionários de fazer perguntas e obter respostas diretamente de seus CEOs.

Maior distribuição da riqueza.

Os programas de distribuição de lucros e de ganhos aumentaram drasticamente, assim como os ESOPs (planos de detenção de ações aos funcionários). Algumas empresas estão inclusive estendendo opções de ações, normalmente reservados a uns poucos altos executivos, a todos os níveis de cargo.

Maior divertimento.

Finalmente, vimos mais empresas onde divertir-se parece fazer parte da missão corporativa. Divertir-se não é inconsistente com operar um negócio sério e lucrativo. Cuidado com empresas onde não existe senso de humor.

Há uma característica mais fundamental do novo estilo nos ambientes de trabalho do que as equipes de qualidade, o horário flexível ou os planos de distribuição de lucros. Nas Melhores Empresas para Trabalhar, os funcionários confiam em seus gerentes, e os gerentes confiam em seus funcionários. A confiança está refletida de várias maneiras: ausência de relógios de ponto, os funcionários têm a chance de registrar suas preocupações nas reuniões, anúncio de cargos (para que os funcionários tenham a chance de se candidatar a novas vagas antes dos outros), treinamento constante (para que os funcionários possam aprender novas habilidades) e comitês de funcionários capacitados para fazer mudanças em políticas, recomendar novos índices de pagamento ou alocar os valores de caridade corporativa. Confiança, no ambiente de trabalho, simplesmente significa que os funcionários são tratados como parceiros e reconhecidos como tendo algo a contribuir além da força muscular, destreza manual ou pernas e braços fortes.

Existe mais confiança hoje porque o estilo autoritário de trabalho que foi por muito tempo o padrão do procedimento operacional nos negócios americanos fracassou. Não funcionou para os funcionários e não funcionou para os empregadores. E esse fracasso está na raiz do fraco desempenho das empresas americanas e das demissões em massa do final dos anos 1980 e início dos 1990. Quando a direção se desconecta das pessoas que trabalham na empresa, fica fácil demiti-las. E quando os trabalhadores se desconectam do que estão fazendo, fica fácil não se importar com o produto ou o serviço queentregam.

Esse fracasso incitou as empresas a procurar por alternativas. Nossa esperança é que, ao fornecer exemplos concretos, funcionários e empregadores verão que esse novo estilo de trabalho não é apenas possível, mas realista e prático. Isso é válido se sua empresa for grande ou pequena, antiga ou nova, de alta tecnologia ou não. O novo estilo de trabalho refletido neste livro pode ser um precursor das Melhores Empresas para Trabalhar americano no próximo século.

2007

A **PRIMEIRA** LISTA

Por **José Tolovi Jr.**

[ÉPOCA]

Todos achavam a ideia ótima. Quando mostrávamos o modelo Great Place to Work®, todos concordavam que era muito claro e muito fácil de entender. Porém, não era o suficiente para convencermos as empresas a participar de uma lista que, para ser bem sincero, ninguém entendia muito bem. O mais próximo que a pessoas conheciam eram as listas de maiores empresas já publicadas há anos por vários jornais e revistas no mundo. Mas essas listas eram fáceis de entender: faturamento e desempenho nos negócios. Já ouvir a opinião dos funcionários para depois elaborar um *ranking*, isso era algo abstrato e um tanto temeroso: "Será que vou correr o risco? Eu, presidente da empresa e meu diretor de RH achamos nossa empresa ótima, mas será que meus funcionários pensam assim? E se participarmos mas não formos classificados?". Questões como essas passavam na cabeça de executivos, presidentes e acionistas das empresas

Muitas pessoas presumem que a Fortune nos Estados Unidos publicou a primeira das muitas listas anuais de Melhores Empresas para Trabalhar da revista anual do Great Place to Work® Institute. Não foi assim. A primeira dessas listas foi publicada no Brasil em 1997, vários meses antes da primeira da Fortune americana. Nesta retrospectiva escrita em 2007, José Tolovi Jr. relata a história por trás daquela primeira lista. Tolovi é o CEO Global do Great Place to Work®.

convidadas. É bom lembrar que a referência que tínhamos era o livro de Robert Levering – *"The 100 Best Companies to Work for in America"*, bestseller publicado em 1984. Boa referência, mas nenhuma em revistas ou outros periódicos. Bem, finalmente após uma maratona de ligações telefônicas e contatos pessoais, levados a cabo pela própria editora da revista, conseguimos convencer 78 empresas a participar de nossa avaliação. Quase todas essas empresas decidiram participar pela credibilidade pessoal dos envolvidos no projeto, afinal o Great Place to Work® Institute só havia sido fundado quatro anos antes e só operava nos Estados Unidos. Compilamos a lista e publicamos em outubro de 1997 uma edição especial com As 30 Melhores Empresas para Trabalhar no Brasil. A revista Fortune viria a publicar a primeira lista americana das 100 Melhores Empresas para Trabalhar em janeiro de 1998.

Nossa primeira lista teve uma repercussão muito boa. A edição se esgotou nas bancas. Jovens em busca do primeiro emprego, ou em busca de empregos que lhes dessem maiores oportunidades, compraram todos os exemplares e começaram a enviar seus currículos às empresas da lista. As empresas classificadas começaram a entender a profundidade da lista e a importância que isso poderia representar em seus negócios. Outras empresas começaram a se questionar porque não faziam parte dessa lista e como fazer para participar. E, a partir desse primeiro ano, tivemos um crescimento contínuo de empresas interessadas em se comparar com outras e fazer parte de nossas listas, não só no Brasil e Estados Unidos, mas também em seguida em Portugal, depois Chile, Dinamarca, Reino Unido e Itália. Logo entrariam também México, Argentina e Coréia e hoje um total de 30 países com perspectivas de mais 10 nos próximos anos.

Sempre realizamos nossas listas, em todos os países, com a mesma metodologia desenvolvida por Robert Levering. É importante ressaltar como essa metodologia foi desenvolvida: foram realizadas entrevistas com funcionários de inúmeras empresas e coletadas as frases que as pessoas diziam quando se referiam a bons ambientes de trabalho. Essas frases foram homogeneizadas, classificadas e agrupadas em conjuntos homogêneos que nos levou às dimensões que representavam a Confiança, o Orgulho e a Camaradagem. Como o conjunto da Confiança era o mais significativo, em termos de número de frases dos empregados, essa dimensão foi dividida em Credibilidade, Respeito e Imparcialidade. Hoje, então, avaliamos a opinião dos funcionários em todo o mundo com uma pesquisa que contém aproximadamente 12 afirmações para cada dimensão: Credibilidade, Respeito, Imparcialidade, Orgulho e Camaradagem e que denominamos Great Place to Work® Trust Index©. Os funcionários respondem se entendem que cada afirmação é verdadeira ou não para sua empresa. Como relatado, o modelo Great Place to Work® vem da observação do que as pessoas sentem no seu dia a dia de trabalho. Não se trata de um modelo conceitual ou teórico, mas de um modelo pragmático e que vem continuamente sendo reavaliado, pois pesquisamos mais de 3.000 empresas a cada ano.

Além da pesquisa com funcionários, realizamos também uma pesquisa com as empresas para entender como realizam a gestão de pessoas e como fazem para manter um clima de confiança. Recentemente, Robert Levering nos trouxe mais uma visão para entendermos as Melhores Empresas para Trabalhar. Analisando ano a ano as práticas das Melhores, Robert formulou o que chamamos de As 9 Práticas Culturais das Melhores Empresas para Trabalhar. Trata-se de nove áreas de gestão de pessoas que as Melhores Empresas consistente e repetidamente aplicam e... Obtém resultados incríveis. Essas áreas são: selecionar e receber os novos funcionários; inspirar as pessoas para a excelência e valores da empresa; falar sempre a verdade; ouvir as pessoas com interesse genuíno; agradecer o bom desempenho e dedicação dos colaboradores; desenvolver os funcionários profissional e pessoalmente; cuidar das pessoas como indivíduos; celebrar as vitórias empresariais e pessoais e compartilhar os ganhos da empresa interna e externamente. A análise dessas práticas, com nosso instrumento denominado Great Place to Work® Culture Audit©, nos permite identificar necessidades e fortalezas e apoiar as transformações que as empresas desejam realizar em seu ambiente de trabalho.

Já se foram onze anos e, nesse período, pudemos constatar como as empresas evoluíram. Um diretor de recursos humanos de uma empresa, sempre presente nas listas brasileiras, nos confidenciou que, graças ao movimento criado pela publicação das listas e pelo trabalho do Instituto, a área de recursos humanos tinha-se tornado pauta da diretoria executiva da empresa. Creio que isso está acontecendo com muitas organizações e isso nos estimula a continuar selecionando as melhores empresas em um número cada vez maior de países e com listas cada vez mais significativas. É um trabalho difícil, de alta responsabilidade que ocorre a cada dia em algum lugar do mundo e, tenho certeza, assim estamos contribuindo para o desenvolvimento de empresas melhores, mais saudáveis e sustentáveis e, consequentemente, para a construção de uma sociedade melhor e mais justa.

2007

AMAMOS NOSSOS EMPREGOS,
PODE NOS PERGUNTAR

Por **Milton Moskowitz**

[THE NEW YORK TIMES]

Vinte e cinco anos atrás eu comecei a trabalhar em um livro cujo título otimista era As 100 Melhores Empresas para Trabalhar nos USA. Digo otimista porque e eu meu parceiro de redação, Robert Levering, não sabíamos se poderíamos encontrar 100 ambientes de trabalho que valessem a pena.

Montamos uma lista com 350 pessoas e escrevemos para todas elas, solicitando livretos de benefícios, históricos corporativos e quaisquer outras informações sobre suas práticas. Mas após um árduo trabalho com o material recebido, percebemos que estávamos olhando para um livro muito chato.

Decidimos que a única maneira de salvar o projeto era cair na estrada e entrevistar variados funcionários para descobrir o que eles pensavam de seus empregadores. Reduzimos nossa lista de candidatas para 135 e, nos dividindo, cruzamos o país por mais de um ano visitando todas essas empresas, desde uma fábrica de tecidos na

Milton escreveu esta retrospectiva para o The New York Times em 2007. Ele descreve a jornada em que, juntamente com Robert Levering, tem estado desde que eles começaram a pesquisar para o primeiro livro – As 100 Melhores empresas para trabalhar na América. Milton é jornalista especializado em negócios há quase 60 anos.

Carolina do Sul até uma cooperativa de madeira compensada no Oregon, desde bancos na Wall Street até companhias de petróleo no Texas.

Conversamos com dezenas de funcionários e partimos com a mala cheia de histórias. Havíamos descoberto a chave para definir um bom ambiente de trabalho: perguntar às pessoas que trabalham nele.

Quando surgiu pela primeira vez em maio de 1984, nosso livro transformou-se em um bestseller. Agora fazemos a pesquisa anualmente para a revista Fortune americana, embora não mais precisemos visitar pessoalmente as empresas candidatas. Agora colocamos um questionário com 57 perguntas nas mãos de 400 funcionários escolhidos aleatoriamente em cada empresa. Mas o princípio permanece o mesmo: os funcionários estão, com efeito, votando em suas empresas para a lista. No ano passado, computamos respostas de 105 mil funcionários de 446 empresas com pelo menos mil funcionários.

Em decorrência de nossas pesquisas, as pessoas sempre me perguntam o que compõe um bom ambiente de trabalho. Logo no início, Robert e eu chegamos à seguinte definição: um bom ambiente de trabalho é aquele onde a direção confia nos funcionários e os funcionários confiam na direção.

É claro que há mais do que isso. Nós realmente avaliamos as empresas em vários atributos – comunicação, treinamento, reconhecimento e recompensas, salários e benefícios, imparcialidade, camaradagem, comemorações. Mas nossa medida primária é a resposta dos funcionários à pesquisa, incluindo comentários voluntários.

Os funcionários inserem respostas "sim" ou "não" para dizer se concordam ou não com frases como: "Sinto que recebo uma parte justa dos lucros desta organização", "Tenho orgulho de contar aos outros que trabalho aqui" e "Aqui existe o mínimo de politicagem e traição".

Uma lição não muito surpreendente é que é preciso mais do que bons salários e benefícios generosos para deixar a força de trabalho feliz. Os funcionários nos contam como é importante trabalhar para uma empresa cuja cultura adota a imparcialidade, o trabalho em equipe, o desenvolvimento educacional, o divertimento e as contribuições à sociedade. E eles crescem no engajamento com a missão da empresa.

A **Continental Airlines**, por exemplo, surgiu em nossa lista depois que Gordon M. Bethune, seu CEO, começou a distribuir bônus mensais de $65 a todos quando a companhia aérea foi posicionada entre as cinco primeiras em cumprimento de horários. Em seguida, ele subiu o valor, dando a cada funcionário $100 quando a Continental assumiu a primeira posição no mesmo *ranking* de chegadas no horário.

Os funcionários da empresa de biotecnologia **Genentech** se dizem orgulhosos por trabalhar em uma empresa que desenvolveu três medicamentos que são eficazes contra o câncer.

Os profissionais de cuidados da **Bright Horizons Family Solutions**, que dirige mais de 500 creches em locais de trabalho por todo o país, não recebem os melhores pacotes de pagamento – os professores ganham $25.000 por ano – mas aqui está o que alguns de seus funcionários têm a dizer sobre trabalhar lá:

"Fiz amigos que ficarão para sempre".

"Somos apaixonados pelo que fazemos".

Não quero deixar a impressão de que pagamento e benefícios não são importantes. As empresas em nossa lista oferecem benefícios espetaculares.

Enquanto a maioria dos funcionários está sendo solicitada a arcar com uma parte maior de suas contas de convênio médico, 16 empresas em nossa lista atual pagam 100% do prêmio.

O Google, na primeira posição na lista atual, tem uma gama de benefícios de fazer cair o queixo, incluindo um subsídio de $5.000 para comprar um carro híbrido, lava-roupas e secadoras gratuitas, um ticket de $500 para comida para viagem após o nascimento de um filho, uma viagem por ano para esquiar com todas as despesas pagas, transporte gratuito equipado com Wi-Fi para buscar e levar para casa os funcionários e 17 restaurantes com alimentação grátis.

Talvez os benefícios mais memoráveis sejam da **Kingston Technology**, fabricante de dispositivos de memória em Fountain Valley, Califórnia. A Kingston foi fundada por dois imigrantes taiwaneses, John Tu e David Sun, que venderam 80% da empresa em 1996 para a SoftBank do Japão por $1,5 bilhão. Eles acharam que seria certo dividir os ganhos com seus funcionários. Assim, concederam bônus de mais de $130.000, em média, para cada um dos 550 trabalhadores.

Será que compensa dividir a riqueza com os funcionários? Bem, desde os bônus, as da vendas da Kingston praticamente triplicaram, chegando a $3,8 bilhões, e sua força de trabalho aumentou seis vezes, indo para 3.300. E o Sr. Sun e Sr. Tu são novamente donos de 100% da empresa. Em 1999, depois de a SoftBank ter tido problemas para assimilar a aquisição, eles compraram de volta os 80% por $450 milhões. O palco está armado para uma segunda rodada de surpresas. A Kingston está agora procurando engenheiros de hardware e software e representantes de vendas.

A IMPORTÂNCIA DA
CONFIANÇA

2004

ATÉ MESMO UM **PRESÍDIO** PODE SER UM EXCELENTE **AMBIENTE DE TRABALHO**

Por **Robert Levering**

[CORRECTIONS MAGAZINE]

Todos os anos, a revista Fortune publica uma lista das "100 Melhores Empresas para Trabalhar". É uma das edições mais populares do ano. As pessoas adoram ler sobre empregadores em potencial onde a grama é mais verde. E os administradores descobrem que podem encontrar dicas que talvez possam aplicar em suas organizações para torná-las lugares melhores para trabalhar.

Até hoje, nenhuma das organizações na lista da Fortune foi uma instituição correcional. Mas isso não significa que uma instituição correcional não possa entrar na lista dos melhores empregadores da país. De fato, como coautor da lista da Fortune e alguém especializado em fazer relatos sobre excelentes ambientes de trabalho por mais de 20 anos, cheguei à conclusão de que qualquer organização em qualquer setor – seja privado, sem fins lucrativos ou órgão governamental – pode se tornar um empregador exemplar.

Escrito para uma revista especializada para gerentes e staff de presídios, este artigo explica porque é importante que a direção de qualquer organização crie um excelente ambiente de trabalho. Robert também sugere algumas maneiras específicas pelas quais os gerentes podem desenvolver a confiança em qualquer ambiente de trabalho.

Já tivemos quase todos os tipos imagináveis de organização nessa lista – desde bancos de investimentos de Wall Street e varejistas do mercado de massa até pequenos hospitais sem fins lucrativos e empresas de consultoria – na Dinamarca, um das duas dúzias de outros países nos quais o Instituto conduz pesquisas semelhantes das Melhores Empresas para Trabalhar, o Departamento nacional de Justiça foi indicado para a lista dos melhores empregadores daquele país. As principais variáveis são a postura e o comportamento da gerência, e não o tipo de organização. A maneira como a direção se relaciona com seus funcionários é o que faz a diferença.

Deixe-me parar por um minuto e explicar porque esta é uma questão importante antes de falar mais especificamente sobre a definição de um Great Place to Work® e discutir como tal ambiente é criado.

A razão mais óbvia é que todos, seja um gerente sênior ou um funcionário da linha de produção, prefeririam trabalhar em um bom ambiente de trabalho. Como a maioria de nós passa a maior parte das horas no trabalho, a qualidade da experiência no trabalho tem um grande impacto em nossas vidas. Todos desejam ansiar por ir trabalhar de manhã. E ninguém gosta de voltar para casa depois do trabalho sentindo-se frustrado e desanimado com as experiências no trabalho.

Mas há mais coisas envolvidas nessa questão do que qualidade de vida. A qualidade do ambiente de trabalho tem impacto direto sobre questões relativas ao serviço ao cliente e à produtividade. A conexão com o serviço ao cliente já foi demonstrada em diversos estudos. Um famoso estudo na *Harvard Business Review* há vários anos demonstrou que um aumento na satisfação dos funcionários em uma loja resultou em um aumento na satisfação dos clientes que, por sua vez, levou a maior lucratividade da loja.

Estudos semelhantes já foram conduzidos no setor hospitalar, demonstrando que as melhorias no ambiente de trabalhos resultam em maior satisfação dos pacientes.

Temos visto evidências extremamente fortes do mesmo fenômeno em nosso trabalho de pesquisa das Melhores Empresas para Trabalhar. Os valores das ações das empresas em nossas listas, seja nos Estados Unidos, no Reino Unido, no Brasil e em outros países superaram em muito o desempenho dos índices de ações. Embora esses dados se apliquem mais diretamente aos empreendimentos com fins lucrativos, as conclusões também são relevantes para o setor correcional. Como já vimos, as Melhores Empresas para Trabalhar tendem a apresentar maior produtividade e lucratividade, bem como maior satisfação dos clientes. Entre os motivos óbvios para esse resultado é que as Melhores Empresas para Trabalhar normalmente apresentam rotatividade de pessoal muito menor do que a de seus concorrentes (em um estudo que conduzimos em 2001 e publicado na Fortune, as "100 Melhores" empresas tinham uma rotatividade média de pessoal 50% menor do que aquela de seus concorrentes). A alta rotatividade de pessoal é muito dispendiosa para qualquer empresa, seja uma corporação com fins lucrativos ou um órgão governamental, pelo aumento de custos associado ao recrutamento e treinamento de novas pessoas. Da mesma forma, organizações com reputação de bons empregadores também tendem a atrair staff de alta qualidade. Quanto melhor a qualidade do staff, mais capaz ele será de desempenhar suas funções.

Um motivo menos tangível, mas igualmente importante para as organizações com excelentes ambientes de trabalho entregar melhores serviços e produtos, é o moral dos funcionários. Um moral mais elevado se traduz em ambientes onde os funcionários são mais prováveis de prestar serviços

Há mais coisas envolvidas nessa questão do que qualidade de vida: a qualidade do ambiente de trabalho tem impacto direto nas questões relativas ao serviço ao cliente e à produtividade.

melhores. Isso também tem paralelos óbvios com o setor correcional, onde o moral dos funcionários é extremamente importante para manter a disciplina.

Antes de entrar no assunto de como um excelente ambiente de trabalho é criado, precisamos ser claros a respeito do que estamos falando. Eu defino um Great Place to Work® como aquele em que os funcionários confiam nas pessoas para quem trabalham, têm orgulho do que fazem e gostam das pessoas com quem trabalham. Essa definição baseia-se nas centenas de entrevistas que conduzi nos anos 1980 para a primeira edição de meu livro, As 100 Melhores Empresas para Trabalhar nos USA (coautoria de Milton Moskowitz). Nessas entrevistas, notei que os funcionários insistiam que o fator mais importante que diferenciava seus ambientes de trabalho era um grau de confiança muito alto entre os funcionários e a direção.

O que os funcionários de excelentes ambientes de trabalho querem dizer com "confiança"? Há três aspectos da confiança – credibilidade, respeito e imparcialidade. O primeiro é a **CREDIBILIDADE** – o que os funcionários pensam a respeito da veracidade, competência e integridade da direção. Tudo começa por saber se você é capaz de acreditar naquilo que uma pessoa diz. Se a palavra da direção não puder ser tomada como verdade, a confiança será impossível. Nos excelentes ambientes de trabalho, a direção ultrapassa limites para ser crível ao fazer o seguinte:

Compartilhar as informações de maneira ampla

A Container Store, uma loja de varejo de Dallas que era a Número 1 da lista das "100 Melhores" da Fortune em 2000 e 2001, faz questão de compartilhar informações sobre assuntos como resultados das vendas diárias de cada loja com todos os funcionários.

Acessibilidade aos funcionários

Descobrimos que até mesmo em grandes empresas, como a Continental Airlines ou Procter & Gamble, os altos executivos fazem todos os esforços para se reunir com os funcionários sempre que possível. Nas empresas menores, isso geralmente é feito de maneiras mais informais, como almoçar no refeitório dos funcionários. No Centro Médico East Alabama, uma unidade distrital, o CEO faz questão de visitar cada enfermaria do hospital todos os dias. Frequentemente, essas empresas têm uma política de portas abertas. A questão é que os altos gestores certificam-se de que as pessoas dentro da organização os vejam como colegas em vez de personagens que vivem em uma torre de marfim. Para confiar em alguém, você precisa sentir que tem alguma ideia de que tipo de pessoa ela é – se é confiável. Isso não pode ser feito a menos que você tenha conseguido formar um conceito sobre elas.

Ao invés de se concentrar em uma comunicação de mão única, de cima para baixo, a ênfase na comunicação em mão dupla é o que distingue os melhores empregadores.

Disposição para responder perguntas difíceis

Não basta compartilhar informações e ser pessoalmente acessível. Os líderes das Melhores Empresas para Trabalhar também percebem que precisam enfrentar perguntas difíceis de seus funcionários. Assim, vimos uma miríade de mecanismos para garantir que os funcionários tenham oportunidades regulares de obter respostas diretas a perguntas difíceis. Nos últimos anos, cafés da manhã informais de funcionários escolhidos aleatoriamente com o CEO tornaram-se comuns. Na J.M. Smucker, a fabricante de gelatinas e geleias que ficou em primeiro lugar em nossa lista das "100 Melhores" da Fortune em 2004, o CEO e o presidente realizam trimestralmente uma reunião na prefeitura de cada uma de suas localidades em todo o país na qual respondem a qualquer pergunta que lhes seja feita. Se não puderem dar uma resposta imediata, eles certificam-se de que cada uma das perguntas seja posteriormente respondida por meio de uma *newsletter* da empresa. O ponto-chave é que a direção coloca-se à disposição para o diálogo genuíno com os funcionários. Ao invés de se concentrar em uma comunicação de mão única, de cima para baixo, a ênfase na comunicação em mão dupla é o que distingue os melhores empregadores.

Cumprir o que promete

Intimamente ligada à questão da veracidade está a da integridade. Não se acredita em alguém, por melhor que a pessoa seja em suas habilidades de comunicação, a menos que ela vá até o fim com o que diz que fará. Há vários anos, foi pedido ao Instituto que fizesse uma avaliação do ambiente de trabalho de uma grande divisão de uma importante empresa de telecomunicação. Um líder muito carismático, que era um excelente comunicador, dirigia a divisão. Ele compartilhava informações com todos, era acessível e mantinha conferências regulares de perguntas e respostas com o staff. Mas em nossa avaliação descobrimos que o staff não confiava nele porque ele era simpático demais. Quando as pessoas entravam em seu escritório, ele invariavelmente assumia compromissos ou inferia promessas. O funcionário saía do escritório sentindo-se bem em relação à situação e ao executivo, no curto prazo. Mas o problema era que às vezes ele cumpria suas promessas e às vezes não. Consequentemente, as pessoas não sabiam se sua palavra servia para alguma coisa. Eles gostavam dele, mas não confiavam nele. Recomendamos que ele seguisse uma disciplina simples: após cada reunião, fazer uma lista das promessas que havia feito. Em questão de semanas, sua lista foi ficando cada vez menor – e o grau de confiança dentro da divisão começou a aumentar.

O segundo aspecto mais importante da confiança tem a ver com o que os funcionários acham que a direção pensa deles. Enquanto o primeiro aspecto da confiança gira em torno da percepção dos funcionários quanto à credibilidade da direção, é igualmente importante que os funcionários sintam que a direção demonstra **RESPEITO** por eles. Em outras palavras, posso sentir que você tem um alto grau de credibilidade – é possível acreditar em você e você demonstra competência e integridade. Mas também devo sentir que você tem no coração o melhor para mim para que eu genuinamente estenda minha confiança a você. Isso é feito de duas maneiras principais:

Demonstrando reconhecimento e valorização

Descobrimos que os melhores empregadores fazem esforço especial para dizer "obrigado" de diversas maneiras aos funcionários. Isso se torna parte da estrutura da existência diária nessas empresas. A L.L. Bean, um varejista que vende por meio de catálogos via correio nos Estados Unidos, desenvolveu um método particularmente bom para selecionar aqueles que merecem reconhecimento especial. Um comitê de funcionários escolhe cinco trabalhadores por ano entre dezenas de indicações de funcionários para receber um prêmio chamado "Bean's Best". O comitê então organiza comemorações especiais, com cornetas, champanhe e tudo o mais nas localidades de trabalho dos vencedores.

Demonstrando preocupação pessoal. Respeito também é uma questão muito pessoal

Para selecionar as empresas para nossas listas, distribuímos aleatoriamente a várias centenas de funcionários em cada empresa uma pesquisa do funcionário chamada Great Place to Work® Trust Index©. Com base em um estudo de correlação dos resultados do Trust Index©, acreditamos que a frase a seguir é a mais significativa: "A direção demonstra um interesse sincero por mim como pessoa, e não apenas como um funcionário". Em particular, as pessoas se preocupam especialmente com o modo como serão tratadas ao se depararem com um evento pessoal de relevância – uma doença, a morte de um familiar, nascimentos e assim por diante. Os melhores empregadores encontram formas de demonstrar preocupação genuína nessas circunstâncias.

Tornar-se um excelente ambiente de trabalho pode não ser um bicho de sete cabeças. Mas realmente exige prestar atenção a essas questões básicas.

2005

DEUTSCHLANDS BEST ARBEITGEBER*

Por **Frank Hauser**, **Tobias Schmidtner**
Introdução de **Robert Levering**

*MELHORES EMPREGADORES **DA ALEMANHA**

Por mais de 20 anos, o Instituto pesquisou mais de um milhão de funcionários em mais de 10 mil empresas diferentes em todo o mundo. Descobrimos que três fatores são especialmente relevantes na criação da confiança. Primeiramente, a direção tem de desenvolver uma boa comunicação de mão dupla com os funcionários. Eles devem ser acessíveis e estar dispostos a responder as perguntas direta e honestamente. Assim como nada mina mais rapidamente a confiança do que o segredo, nada a constrói mais rapidamente do que a comunicação aberta. Em segundo lugar, a direção precisa demonstrar respeito pelos funcionários, tanto como profissionais (especialmente ao estender-lhes boas oportunidades de treinamento e desenvolvimento) quanto como indivíduos com vidas pessoais. Em particular, é importante que a empresa proporcione aos funcionários benefícios exclusivos e especiais que satisfaçam suas necessidades pessoais, como políticas

A Alemanha tem as maiores afiliadas do Instituto em termos de receitas e desenvolveu um relacionamento íntimo com o Ministério do Trabalho e Assuntos Sociais alemão para quem o Instituto conduziu um grande estudo de ambientes de trabalho envolvendo 314 empresas.

Em 2008, Frank Hauser, CEO do Great Place to Work® na Alemanha, e Tobias Schmidtner, Gerente de Projeto Sênior, escreveram um livro descrevendo as empresas incluídas na lista naquele ano. Eles pediram a Robert Levering para escrever a introdução explicando a importância da confiança no ambiente de trabalho.

que ajudem os funcionários a equilibrar suas obrigações profissionais e familiares. E, finalmente, a direção deve garantir que as recompensas, formas de reconhecimento tanto financeiras como não financeiras, sejam distribuídas de maneira igualitária. A imparcialidade é um aspecto importante de um excelente ambiente de trabalho.

Também descobrimos que ser um excelente ambiente de trabalho traz outro benefício importante: ele normalmente supera seus concorrentes em termos de lucratividade e produtividade. Por exemplo, um estudo conduzido em 2005 por um serviço de investimentos de Wall Street revelou que um investidor que havia criado um portfólio de ações das empresas incluídas nas "100 Melhores Empresas para Trabalhar" em 1997 que havíamos selecionado quando começamos a lista a ser publicada pela revista Fortune teria batido um índice comparável do mercado de ações em mais de quatro vezes. Estudos semelhantes demonstraram resultados comparáveis de Melhores Empresas para Trabalhar no Reino Unido e no Brasil. De fato, observamos resultados semelhantes todas as vezes que produzimos nossas listas nos últimos 20 anos.

Para entender porque isso acontece, precisamos apenas lembrar que o ingrediente básico de um excelente ambiente de trabalho é a confiança. Quando uma empresa tem um alto grau de confiança, as pessoas estão mais dispostas a cooperar com a direção – e umas com as outras – do que em ambientes com graus mais baixos de confiança. Ao mesmo tempo, existe menos resistência à mudança porque os funcionários estão mais dispostos a aceitar a liderança de uma direção na qual eles têm confiança. A inovação também prospera em um ambiente de grande confiança, pois as pessoas estão mais dispostas a assumir riscos se confiarem nas pessoas para quem e com quem estão trabalhando.

Ao mesmo tempo, excelentes ambientes de trabalho também ganham a reputação de bons empregadores em suas áreas de atividade e em suas comunidades. Assim, eles contam com muito mais candidatos do que empresas sem tal reputação. Consequentemente, as Melhores Empresas para Trabalhar podem selecionar os melhores trabalhadores a partir de um grupo maior de candidatos do que seus concorrentes. As Melhores Empresas para Trabalhar não apenas atraem os melhores trabalhadores, mas também os mantêm por mais tempo porque a rotatividade voluntária de pessoal normalmente é muito menor nas Melhores Empresas para Trabalhar (um estudo conduzido por Instituto para a Fortune revelou que a taxa de rotatividade voluntária de pessoal era cerca de 50% menor entre as "100 Melhores"). Menor rotatividade de pessoal significa custos mais baixos de recrutamento, custos mais baixos de treinamento e um staff mais experiente – tudo isso se traduz em maior produtividade e lucratividade.

Qualquer empresa pode se tornar um excelente ambiente de trabalho? Nossa pesquisa responde essa pergunta com um redondo sim. Temos visto exemplos de ambientes de trabalho de classe mundial em cada país e em cada setor. O fator mais importante é o compromisso da alta direção em criar um ambiente de trabalho superior.

Infelizmente, ter uma alta direção comprometida não é suficiente. Dirigir um negócio é complicado, e o relacionamento com os funcionários é apenas uma das muitas prioridades para a alta liderança de qualquer organização. É aí que artigos e livros como o Deutschlands Beste Arbeitgeber pode desempenhar um papel importante. Porque foi lendo as histórias contidas em livros como este que os líderes corporativos da Alemanha podem ver o que é possível. Eles podem ver como seus pares e outros que enfrentam desafios semelhantes vêm criando excelentes ambientes de trabalho –empresas que não são apenas negócios de sucesso, mas que também proporcionam um excelente ambiente para aqueles que tornam o negócio possível, os funcionários.

2003

LIDERANÇA EM UM EXCELENTE AMBIENTE DE TRABALHO

Por **Robert Levering**

P: Para a direção de uma empresa, qual é a importância da liderança em sua opinião?

R: Obviamente, os líderes tomam as decisões importantes no negócio, mas também ajudam a determinar a qualidade dos relacionamentos com os funcionários. Eu defino um Great Place to Work® como aquele em que os funcionários confiam na direção, têm orgulho de seu trabalho e gostam das pessoas com quem trabalham. Portanto, líderes que agem de um modo confiável podem realmente ajudar a criar um excelente ambiente de trabalho.

Nesta entrevista para uma revista brasileira, Robert Levering descreve o papel do em um excelente ambiente de trabalho e cita vários líderes que são modelos.

P: Para intensificar o modelo Great Place to Work® dentro da equipe ou empresa, o que é o mais importante em sua opinião?

R: Melhorar a comunicação dentro da empresa. Para criar um alto grau de confiança entre direção e funcionários, os líderes devem certificar-se de que os funcionários estejam plenamente informados sobre o que se passa na empresa e que suas perguntas sejam respondidas. Isso envolve boa comunicação de mão dupla. Nas Melhores Empresas para Trabalhar, isso é feito de diversas maneiras, com reuniões pequenas e grandes nas quais as pessoas são incentivadas a fazer perguntas, por meio de email, com newsletters. O importante é que os líderes se mantenham acessíveis aos funcionários.

P: Como o senhor definiria a Liderança no Great Place to Work®?

R: A liderança em um Excelente Ambiente de Trabalho concentra-se em aumentar o grau de confiança.

P: O senhor poderia nos apresentar alguns grandes líderes que conheceu?

R: Fred Smith, o fundador e CEO da FedEx, que testemunhou combates com os Fuzileiros americanos durante a Guerra do Vietnã. Aquela experiência o convenceu de que é crucial para a empresa dar a cada funcionário, especialmente àqueles nos níveis mais baixos, a oportunidade de expressar suas insatisfações com as decisões da direção. Assim, a FedEx faz uma pesquisa anual com os funcionários chamada Pesquisa-Feedback-Ação, na qual cada grupo de trabalho se reúne para discutir os resultados da pesquisa e desenvolver um plano de melhorias para o ano seguinte.

Luiza Helena Trajano, CEO do Magazine Luiza, uma cadeia de varejo do Brasil com 250 lojas e 7.500 funcionários, é uma líder carismática com um extraordinário senso de humor. Ela adora contar histórias divertidas que frequentemente mostram sua solidariedade com o funcionário. Ela também acha que é importante que os funcionários sintam que são especiais e desenvolveu várias maneiras incomuns de demonstrar valorização, inclusive usando fotos individuais de funcionários nos outdoors de propaganda.

Franck Riboud, CEO da Danone, a gigante multinacional francesa de alimentos, água engarrafada e biscoitos, é um homem sereno e modesto que dirige uma *scooter* para ir ao escritório em Paris. Ele acredita que as empresas têm uma responsabilidade especial para com suas comunidades locais. Quando foi forçada a fechar uma fábrica na Espanha, por exemplo, a Danone trabalhou com autoridades governamentais para buscar outras empresas de outros setores que contrataram os ex-funcionários da Danone.

Kim Soon Taek, CEO da Samsung SDI, valoriza muito os relacionamentos pessoais com os funcionários. Apesar de sua agenda extremamente cheia, ele reserve um tempo para escrever bilhetes pessoais aos funcionários expressando seu agradecimento pelo trabalho que fazem para a organização.

2010

OS **DESAFIOS** DA **LIDERANÇA** NO AMBIENTE CORPORATIVO **ATUAL**

Por **Andrea A. Veras**

[REVISTA CIO]

Andrea A. Veras, Diretora de Marketing e Desenvolvimento de Liderança do Great Place to Work® Institute Brasil, reforça, neste artigo, a importância dos líderes na construção da confiança.

Um dia destes estava conversando com o presidente de uma empresa, que me contou desconcertado como estava despreparado para lidar com os jovens talentos que estava contratando. Ele havia acabado de dar uma palestra para os trainees recém--contratados, e se incomodou com um deles que não parava de digitar em seu celular o tempo inteiro. Não aguentou e disse para o rapaz que considerava aquilo uma falta de profissionalismo, quando foi surpreendido pela resposta: "Mas eu estava apenas tomando notas das suas colocações para enviar ao grupo no final! Por favor, me diga o seu e-mail para que eu possa te enviar o arquivo agora mesmo."

Temos nos deparado com uma realidade bastante inusitada, onde é natural que as pessoas respondam e-mails de trabalho de suas casas à noite e entrem na internet no meio da tarde no escritório para comprar um presente para um amigo ou escolher o filme que irão assistir mais tarde. Blackberries, MSN, Skype, são ferramentas que trazem muita mobilidade e flexibilidade, mas que paralelamente geram uma expectativa nos outros de que estaremos disponíveis 24 horas por dia, 7 dias por semana.

Se por um lado estimulamos cada vez mais a atitude empreendedora nos colaboradores, ou seja, cobramos deles responsabilidade, iniciativa e proatividade, por outro temos efetivamente cada vez menos controle sobre o que eles estão fazendo. E para que eles possam nos entregar bons resultados devemos ainda, como líderes, oferecer todo tipo de suporte possível. O que exige um alto grau de disponibilidade e, sendo realista, uma boa dose de criatividade também!

Qual a melhor forma de lidar com tudo isso? Afinal, não são desafios fáceis... A resposta passa por uma palavra-chave, que é a confiança. Num ambiente de trabalho onde realmente existe confiança entre o líder e a sua equipe, a comunicação flui nos dois sentidos, os erros são valorizados como aprendizagem, há espaço para sugestões e reclamações, as pessoas se desenvolvem mais e comemoram juntas cada conquista obtida.

Os líderes devem aproveitar todas as oportunidades para construir confiança. É muito importante que consigam externar o valor e a importância do trabalho de cada um de seus colaboradores, e que saibam transmitir com clareza missão, propósito e metas da empresa. Precisam saber compartilhar boas e más notícias, orientar a equipe, apontar caminhos e alinhar expectativas entre a equipe durante a realização de trabalhos em grupo. Devem dar aos colaboradores a oportunidade de expressar suas ideias antes que seja tomada uma decisão que tenha impacto direto no seu trabalho. Quando as pessoas são envolvidas no processo decisório, tendem a apoiar a decisão final, mesmo que ela não siga exatamente as sugestões recebidas. Além disso, é surpreendente o nível de energia e inovação que se pode liberar dentro da organização por meio da implementação das ideias e sugestões vindas das diversas áreas da empresa...

Ao desenvolver e cuidar das pessoas, é importante lembrar que cada pessoa tem um jeito próprio de ser e de lidar com as mais variadas situações.

Uma situação complexa pode ser percebida como uma barreira por alguns funcionários e como uma ótima oportunidade de mostrar o seu talento por outros. Cabe ao líder ser flexível, respeitar esses diferentes perfis e encontrar a melhor forma de se relacionar com cada um, procurando dar sempre feedback de maneira construtiva, de forma a ajudar seus colaboradores a perceber as oportunidades de melhoria. Agindo dessa maneira o líder conseguirá fazer com que cada colaborador sinta que pode confiar, e tenha vontade de dar em troca o melhor de si. Depois disso, o líder não pode esquecer de reconhecer o esforço dedicado e o bom desempenho! E de celebrar os resultados alcançados.

Embora a gestão baseada na confiança implique em abrir mão de alguns mecanismos de controle e em dar mais autonomia para que as pessoas tomem as decisões necessárias para o alcance das metas, é muito importante que não se perca o foco da cultura. Contratar as pessoas certas e inseri-las da melhor forma na cultura da empresa é fundamental para assegurar o alinhamento com a cultura desejada, assim como também é importante tomar uma atitude com relação àqueles que não agem de acordo com os valores da empresa.

Estudos realizados mundialmente pelo Great Place to Work® Institute em mais de 40 países com as Melhores Empresas para Trabalhar mostram que as empresas que apresentam os maiores níveis de confiança em seu quadro de funcionários crescem mais rapidamente, são mais rentáveis e mais inovadoras, têm menores níveis de absenteísmo e rotatividade, e recebem maior procura espontânea de bons candidatos a emprego do que as demais.

Pode haver inúmeras formas de lidar com os desafios da liderança no cenário atual, mas com certeza as melhores soluções têm como base a confiança!

2006

O CUIDADO E A PROMOÇÃO DOS FUNCIONÁRIOS

Por **Robert Levering**

[PEQUENAS EMPRESAS & GRANDES NEGOCIOS]

P: Quando uma empresa tem uma gestão de recursos humanos eficiente, qual é sua influência nas metas do negócio?

R: Há evidências consideráveis de que excelentes lugares para trabalhar são mais lucrativos e/ou mais produtivos do que seus concorrentes. Uma razão para esses resultados é que os funcionários tendem a permanecer mais tempo nas Melhores Empresas para Trabalhar do que em outras empresas. Nos Estados Unidos, as taxas de rotatividade de funcionários eram 50% mais baixas entre as "100 Melhores" empresas da Fortune do que seus concorrentes. A rotatividade de pessoal é cara porque a empresa precisa contratar, treinar e orientar os novos funcionários. Ao mesmo tempo, as práticas do bom gerenciamento em relação aos funcionários também aumentam a produtividade de outros modos. Os funcionários cooperam melhor uns com os outros e com a direção quando há um alto grau de confiança no ambiente de trabalho.

Qual é o papel que os profissionais de recursos humanos podem desempenhar na criação de um excelente lugar para trabalhar? Nesta entrevista, Robert Levering responde perguntas frequentes dos profissionais de RH sobre esse assunto.

P: O que mudou na gestão do capital humano?

R: Quanto às questões práticas de recursos humanos, na última década houve uma melhora drástica em certas áreas, como programas trabalho-família, horas de trabalho mais flexíveis e novos benefícios para ajudar as mães trabalhadoras. Mas a maior mudança foi na postura dos executivos seniores em relação às questões de recursos humanos. Os gerentes seniores estão começando a perceber que é crucial para o sucesso do negócio desenvolver uma estratégia que incorpore suas práticas em relação às pessoas. Um bom exemplo disso é a Accor Brasil. Os líderes seniores de lá desenvolveram uma estratégia de negócio com o slogan *People-Service-Profit* (Pessoal, Serviço, Lucro). O que eles querem dizer com isso é que a tarefa da gerência é criar um excelente ambiente de trabalho para as pessoas. Os funcionários, então, prestarão um melhor serviço a seus clientes. O que, por sua vez, produzirá melhores resultados para o negócio. Esse slogan representa a nova postura entre muitos líderes progressivos de negócios que percebem como é crucial a cultura no ambiente de trabalho para o sucesso do empreendimento.

P: Para ter uma gestão de recursos humanos eficiente, é necessário oferecer muitos benefícios? Além deles, o que uma empresa pode fazer para ter uma boa gestão de recursos humanos?

R: Não, mais benefícios não necessariamente compõem uma melhor cultura no ambiente de trabalho. Em geral, descobrimos que as questões mais cruciais estão relacionadas a três outras áreas: a habilidade com a qual a direção se comunica com as pessoas, a habilidade com a qual eles agradecem as pessoas por fazer um bom trabalho e a habilidade com a qual demonstram que se importam verdadeiramente com as pessoas como pessoas, e não apenas como funcionárias. Nenhum desses fatores envolve gastar mais dinheiro.

Elas requerem que a direção passe mais tempo em seus relacionamentos com os funcionários. E isso é algo que deve ser feito por toda a organização, e não apenas no nível da gerência sênior nem apenas no nível de supervisão da linha de frente. É tarefa de todos do grupo gerencial serem bons comunicadores com os funcionários. E é falar honestamente, ouvir atentamente e elogiar com frequência que faz a diferença.

P: Se oferecer maiores benefícios não faz uma grande diferença na criação de um excelente ambiente de trabalho, o que faz?

R: Quanto aos benefícios em si, o que é importante é o modo como eles são concedidos aos funcionários em vez de quão caro eles são. Nas Melhores Empresas para Trabalhar, a direção faz todos os esforços para oferecer benefícios que parecem ser exclusivos e distintos, além de consistente com a cultura da empresa. Isso é algo que tanto as pequenas como as grandes empresas fazem. Por exemplo, duas empresas podem oferecer um programa de distribuição de lucros aos funcionários. Em uma empresa, isso pode ser feito de um modo que aos funcionários parece não mais do que outra forma de remuneração. Mas no ambiente de trabalho melhor, a mesma quantia de distribuição de lucros pode ser concedida aos funcionários de modo que lhes pareça uma recompensa por todos estarem trabalhando juntos em colaboração. Em ambos os casos, é a mesma quantia de dinheiro, mas no segundo caso, esta terá um efeito muito melhor na cultura do ambiente de trabalho.

2007

CONFIANÇA, E NÃO FELICIDADE, É A CHAVE PARA O SUCESSO NO AMBIENTE DE TRABALHO

Por **Robert Levering**

[ÉPOCA]

Vários estudos por muitos anos falharam em demonstrar uma correlação entre felicidade no trabalho e produtividade. Robert Levering oferece uma explicação e argumenta que o grau de confiança em um ambiente de trabalho é um preditivo mais confiável da produtividade.

Trabalhadores felizes são menos produtivos do que trabalhadores infelizes. Esta foi a conclusão de um estudo com trabalhadores de uma linha de montagem de placas de circuito impresso conduzido por dois cientistas sociais canadenses. Tal conclusão pode parecer contrária ao senso comum. E com certeza se opõe ao que muitos gestores de negócios acreditam. De presidentes de empresas a supervisores de linha de frente, passando por profissionais de recursos humanos, frequentemente se ouve os gestores dizendo: "Devemos tentar deixar nossos funcionários satisfeitos, porque trabalhadores felizes são mais produtivos".

As empresas certamente gastam muito tempo e esforço tentando fazer coisas que deixem seus funcionários satisfeitos com seus trabalhos, normalmente presumindo que isso fará toda a diferença no resultado final. De fato, poderíamos interpretar muitos artigos sobre *"As 100 melhores empresas para trabalhar"* para ilustrar essa premissa. Mas essa premissa é verdadeira? E se não for, os gestores deveriam se preocupar com o que seus funcionários sentem em relação a seus trabalhos?

Voltemos ao estudo canadense mencionado anteriormente. Como relatado na Scientific American em 2001, os dois pesquisadores da Universidade de Alberta descobriram que pessoas tristes eram melhores em montar placas de circuito impresso do que as felizes. Os cientistas sugeriram que a explicação estava no fato de as pessoas tristes conseguirem se concentrar melhor porque seu trabalho desviava sua atenção de seus problemas, enquanto as felizes não queriam ter seus pensamentos prazerosos desviados.

À primeira vista, esses resultados podem parecer estranhos, mas a explicação dos pesquisadores realmente faz sentido quando pensamos mais profundamente. Eu sei que frequentemente encontrei no trabalho um refúgio maravilhoso quando as coisas não iam bem em minha vida pessoal. E tenho certeza de que outras pessoas tiveram a mesma experiência. De fato, esse estudo canadense é apenas um dos centenas que tentaram descobrir se há uma ligação entre felicidade ou satisfação com o emprego e a produtividade, começando pelo famoso experimento Hawthorne nos anos 1930. Esses estudos não apresentaram evidências conclusivas de que a satisfação com o emprego está positivamente relacionada à produtividade. Realmente, a maioria dos estudos não demonstra relação alguma entre as duas.

Ainda assim, com base em seus comportamentos, os gestores continuam a acreditar que deve haver alguma correlação. Como as pessoas de negócios nada mais são do que práticas, deve haver algum tipo de explicação que tenha iludido os pesquisadores acadêmicos por décadas. Uma resposta para tal dilema pode ser encontrada ao observar de perto o que acontece dentro das Melhores Empresas para Trabalhar, como *"As 100 melhores empresas para trabalhar"*.

> Seria melhor para as empresas interessadas em melhorar seus resultados financeiros que se concentrassem na confiança em vez de na satisfação com o emprego.

As Melhores Empresas para Trabalhar são muito bem sucedidas se examinarmos seus resultados financeiros. Por exemplo, um portfólio de "As 100 Melhores" no Brasil do ano passado superou o Ibovespa, o principal índice da Bolsa de Valores de São Paulo, com uma margem de mais de quatro para um nos seis anos anteriores em termos de retorno total sobre o investimento. Resultados semelhantes foram observados nos Estados Unidos, no Reino Unido e em outros países da Europa e América Latina quando os resultados financeiros das Melhores Empresas para Trabalhar foram comparados com seus concorrentes.

Como podemos explicar porque as Melhores Empresas para Trabalhar demonstraram esse resultado consistente, enquanto os estudos que tentaram ligar satisfação com o emprego ou felicidade com produtividade são tão inconcludentes? Para responder a isso, precisamos observar mais minuciosamente como as Melhores Empresas para Trabalhar foram selecionados. Veremos que eles foram selecionados, em grande parte, com base nos resultados de uma pesquisa distribuída a seus funcionários pelo Institute Great Place to Work®, a empresa que cofundei e que conduz a pesquisa não apenas para a revista Época, mas também para a revista Fortune nos Estados Unidos, o jornal Financial Times no Reino Unido e em 28 outros países em todo o mundo. A pesquisa do funcionário é chamada Trust Index© e mede o grau de confiança na organização.

Em outras palavras, nós simplesmente não sabemos se "As 100 Melhores" têm um maior grau de satisfação com o emprego do que outras empresas porque a pesquisa do funcionário mede a confiança no ambiente de trabalho em vez da felicidade no trabalho. Portanto, com base nesses resultados, parece que seria melhor para as empresas interessadas em melhorar seus resultados financeiros que se concentrassem na confiança em vez de na satisfação dos emprego.

A confiança no ambiente de trabalho é extremamente importante porque confiança é o ingrediente primordial para dois fatores que têm um grande impacto no desempenho de uma empresa: inovação e cooperação. Para que ocorra inovação, é preciso confiar nos indivíduos. Eles precisam sentir que é seguro sugerir novas ideias. Principalmente, eles precisam sentir que não tem problema experimentar e até falhar. Porque a verdadeira inovação somente pode ocorrer se os funcionários puderem cometer erros e aprender com eles. Isso somente ocorre em ambientes onde há um alto grau de confiança.

O mesmo é válido para a cooperação. As organizações empresariais de hoje são extremamente complexas, muito mais complexas do que no passado. Nos dias de hoje, há poucos exemplos de linha de montagem à moda antiga, onde os trabalhadores individuais meramente realizam a mesma tarefa repetitiva indefinidamente e isolados dos outros. No passado, pode ser que fizesse sentido se preocupar com a satisfação de um indivíduo no emprego. Mas no ambiente de trabalho de hoje, a maioria das pessoas trabalha em equipes e precisa interagir constantemente com os outros. Nesse contexto, é muito mais importante que as pessoas trabalhem cooperativamente do que felizes.

Todos nós conhecemos o exemplo da seleção brasileira na Copa do Mundo de 2006, a qual contava com muitas estrelas individuais que simplesmente não trabalhavam bem juntas. O trabalho em equipe no âmbito corporativo, assim como o trabalho em equipe no futebol, exige um alto grau de confiança e cooperação entre os vários membros. Para uma equipe trabalhar bem, os indivíduos precisam estar dispostos a contribuir para o sucesso do grupo como um todo. Isso requer confiança. Do ponto de vista dos funcionários, confiança significa que eles precisam sentir que é possível acreditar na liderança, que eles são respeitados como indivíduos e tratados com justiça. É isso que é verdade nos ambientes de trabalho melhores.

É importante ter em mente essa distinção entre confiança e satisfação com o emprego ao ler sobre as "As 100 Melhores". Você verá como essas empresas criaram culturas muito distintas no ambiente de trabalho. Uma empresa como a Chemtech, por exemplo, coloca grande ênfase em tentar ajudar seus novos trainees a se tornarem parte de uma comunidade de aprendizagem. Em outras palavras, os programas de treinamento da Chemtech não são apenas voltados para fazer dos funcionários trabalhadores individuais melhores, mas também tentam explicitamente criar um tipo de comunidade na qual todos se sentem parte de algo maior do que eles mesmos.

Da mesma forma, o Serasa, a empresa número um do ano passado na lista de "As 100 Melhores", coloca forte ênfase em oferecer empregos significativos para indivíduos deficientes. Ao ver como a empresa trata essas pessoas com respeito, os outros funcionários percebem que a empresa preocupa-se genuinamente com todos.

Tais ações por parte da liderança aumentam o grau de confiança na organização. E confiança, como já vimos, é bom para o resultado final. Mas um excelente grau de confiança também ajuda a criar um mundo melhor. Afinal de contas, todos nós passamos a maior parte de nosso tempo no trabalho. Ter uma comunidade no ambiente de trabalho na qual nos sentimos respeitados e tratados com justiça é algo que todos querem. "As 100 Melhores" estão abrindo caminho para um futuro melhor para todos nós.

2009

VALORES, VIOLAÇÕES E AMBIENTES DE TRABALHO VIÁVEIS

Por **Prasenjit Bhattacharya**

[WHITE PAPER DO INSTITUTE GREAT PLACE TO WORK® INDIA]

Quantas organizações já demitiram seu executivo mais bem pago, não por impropriedade financeira ou por infringir a lei, mas sim por violar valores fundamentais da organização?

Em um excelente lugar para trabalhar, os gestores seniores são modelos que defendem os valores organizacionais, portanto não há dúvidas em demitir alguém da equipe da alta direção por violar os valores da empresa. Certo? Errado!

O que distingue muitos desses ambientes de trabalho não é a ausência de violações de valores – às vezes até mesmo pelos gestores seniores – mas como se lida com tais violações. Os executivos mais bem pagos na Infosys e na Mindtree tiveram de ir embora para que essas organizações pudessem ser vistas como defensoras dos valores que juraram seguir.

A Mindtree até publica um livreto, intitulado

Ao detalhar vários exemplos incomuns nos quais os administradores seniores foram responsabilizados por "violações de valores", Prasenjit Bhattacharya, CEO do Great Place to Work® Institute Índia, demonstra fortemente como a integridade é crucial na construção de um excelente ambiente de trabalho.

On Integrity, que documenta exemplos de comportamento não alinhados com seus valores. Por que uma organização tentaria divulgar tais histórias? Não é o mesmo que lavar roupa suja em público? Não é melhor para eles lidar com tais questões a portas fechadas? O moral dos funcionários não sofrerá se más condutas de líderes seniores forem divulgadas?

No passado, a Mindtree e a Infosys ganharam os votos de seus funcionários como excelentes ambientes de trabalho. Então o que essas empresas ganham ao compartilhar exemplos de violação de valores com seus funcionários e agir prontamente de forma exemplar?

Em uma palavra, a resposta a todas as perguntas acima é Credibilidade.

A credibilidade da liderança é a razão pela qual conseguem tais ambientes de trabalho escapar sem prejudicar a marca de seu empregador, mesmo se forem tomadas decisões impopulares. Diz um funcionário da Infosys sobre uma recente decisão impopular: "Eu não concordo com a decisão, mas que diabos, nem mesmo o CEO está livre (de ser excluído), acho que eles não têm padrões duplos".

A Infosys multou seu CEO, S. Gopalakrishnan, por não relatar em tempo uma mudança em seu número de ações. O comitê de auditoria da Infosys impôs uma multa de 500.000 rupias (cerca de US$12.658) por ele ter "falhado inadvertidamente" em notificar a empresa dentro de um dia útil após a mudança em suas ações. Gopalakrishnan herdara 12.800 ações de sua mãe.

E adivinhe: os funcionários da Infosys têm orgulho de tais exemplos. Enquanto esses exemplos continuarem, os funcionários podem estar certos de que sua organização nunca será outra Satyam – a empresa de *outsourcing* de tecnologia da informação cujo *chairman* B. Ramalinga Raju pediu demissão em janeiro de 2009 depois de admitir que a empresa falsificara contas e ativos e inflacionado seus lucros.

Portanto, a primeira lição é que, se uma organização é baseada em valores, haverá exemplos de violações de valores. Se você estiver trabalhando para uma organização perfeitamente idônea sem relatos de violações de valores, cuidado!

Em excelentes ambientes de trabalho, valores não são pôsteres. O credo da Johnson & Johnson's é um documento vivo que norteia a ação. Todas as decisões importantes na empresa têm de passar pelo "modelo de tomada de decisão baseada no Credo". A maioria das pessoas conhece o exemplo do Tylenol em 1982, quando sete pessoas morreram depois de tomar as cápsulas contra dor que haviam sido envenenadas, e de como a resposta rápida e exemplar da empresa permanece o padrão de ouro para o controle de crises.

Talvez não muitos saibam como a J&J segue o Credo diariamente. Por exemplo, o *chairman* de grupo da empresa viajou dos Estados Unidos até a Índia para dizer a um médico, um de seus clientes mais importantes, que a J&J não queria seu negócio porque suas ações não estavam em linha com o Credo. Em outra ocasião, toda uma remessa de lenços sanitários foi retirada do mercado na Índia quando um brinco corroído foi encontrado em uma embalagem.

A J&J viveu décadas de crescimento de dois dígitos e retornos cada vez maiores para os acionistas.

De forma semelhante, os 20 Fundamentos do Marriott, os Valores Blue Box da American Express ou os valores CLASS (sigla em inglês para "Importar-se, Aprender, Conquistar, Compartilhar e Ser Socialmente Responsável") da Mindtree não apenas definem quem são essas empresas, mas também como elas fazem negócios. Valores, quando praticados, podem ser uma vantagem competitiva.

> O que distingue muitos desses ambientes de trabalho não é a ausência de violações de valores – às vezes até mesmo por administradores seniores – mas como se lida com tais violações.

> Se uma organização é baseada em valores, haverá exemplos de violações de valores. Se você estiver trabalhando para uma organização perfeitamente idônea sem relatos de violações de valores, cuidado!

Um caso ilustrativo recente é do setor de telecomunicação na Índia, no qual vários *players* importantes tiveram de reformular seus números de consumidores após uma fiscalização mais minuciosa das autoridades regulatórias. Há uma certeza razoável de que um excelente ambiente de trabalho, como o Tata Group Company, no mesmo setor, é improvável estar naquela lista de suspeitos. Mas se você for um investidor de longa data ou um consumidor de longo tempo, você faria negócio com uma empresa cujos números são suspeitos ou se voltaria para alguém que tenha uma reputação de praticar seus valores fundamentais?

Contudo, excelentes ambientes de trabalho praticam valores fundamentais não porque eles beneficiam o negócio. Eles os praticam mesmo quando eles são uma barreira para os negócios. Talvez seja por isso que a maior parte do faturamento do Tata Group venha de fora da Índia, onde o Código de Conduta Tata geralmente atrapalha a competição com outros com menos escrúpulos.

Os recém-chegados a excelentes ambientes de trabalho rapidamente vivenciam a importância dos valores. A Intel treina seus gerentes de contratação em como conduzir entrevistas de uma maneira que avalie os valores nos candidatos. Enquanto escrevo este artigo, estou lendo o livro *The Qualcomm Equation*, uma leitura obrigatória para cada novo funcionário da Qualcomm. O livro não apenas gera orgulho ao descrever como uma empresa inexperiente de telecomunicação forjou um novo caminho em direção a grandes lucros e ao domínio do mercado, mas também reforça o que a Qualcomm defende.

Durante as primeiras 52 semanas, os recém--chegados recebem um email com uma história sobre os valores da Qualcomm – chamado 52 semanas na Qualcomm. Pessoalmente, meu exemplo favorito é de uma empresa chamada Sasken que figura em muitas listas de melhores empregadores, inclusive na nossa. Os recém-chegados entrevistam os funcionários atuais para descobrir os valores fundamentais da empresa e os apresentam durante sua posse, em vez do contrário, onde a empresa apresenta slides sobre os valores fundamentais. A isso sempre se segue uma discussão interessante entre o que os recém-chegados "descobriram" e o que a empresa diz ser seus valores fundamentais.

Por mais que seja importante esclarecer os valores fundamentais, revelar os dilemas de valores é ainda mais importante. O Grupo Aditya Birla treinou centenas de "facilitadores de valores" que conduziriam sessões sobre dificuldades em praticar os valores e como lidar com eles. Por exemplo, se integridade for um valor, o que você faz quando o fiscal de caldeiras vem à sua fábrica e exige um suborno ou, ainda, ameaça fechar a fábrica? Valores são importantes em um contexto organizacional porque eles podem orientar a ação individual. O estudo de caso mais conhecido é o da Texas Instruments, que "inventou" o Teste de Ética. O breve teste de ética da empresa inclui perguntas como:

- A ação é legal?

- Ela está em conformidade com nossos valores?

- Se você fizer isso, você se sentirá mal?

- Como pareceria no jornal?

É dito aos funcionários sem palavras dúbias: "se você sabe que está errado, não faça! Se não tiver certeza, pergunte. Continue perguntando até obter uma resposta".

O que distingue excelentes lugares para trabalhar é sua disposição para receber feedback. A Pesquisa de Credo da J&J não depende da disponibilidade de verbas. A RMSI é uma empresa que está em primeiro lugar em nossa lista de Melhores Empresas para Trabalhar pelo segundo ano consecutivo. A pesquisa de valores da RMSI estende-se não apenas aos funcionários, mas também aos fornecedores e clientes – pessoas que podem observar os valores da empresa sendo praticados quando confrontados com as realidades do mercado. Linhas diretas para ética que operam 24 horas por dia, sete dias por semana são hoje uma parte estabelecida de muitos excelentes ambientes de trabalho: Qualcomm, Marriott, Freescale, CSC, STMicroelectronics, Sapient e Godrej Consumer Products Ltd. Muitos, como a Cadbury, disponibilizam essas linhas diretas nos idiomas regionais para facilitar o acesso das pessoas a eles.

Às vezes utilizo o termo "ética" de forma intercambiável com "valores". Embora eu me refira aos valores em termos de valores humanos, como o respeito pelas pessoas, os valores não precisam se tratar apenas de ética. Valores fundamentais podem ser definidos como um conjunto de princípios norteadores pelos quais a empresa se orienta. Eles podem dizer respeito à orientação ao cliente, execução ou inovação.

O que descobrimos em diversos exercícios para criar valores compartilhados é que as palavras não são o mais importante, mas sim o processo de conectar-se com a bondade coletiva em qualquer grupo – articular e dar a essa bondade uma direção na forma de um visão inspiradora. Valores nos tornam indóceis. Se você sabe em que acredita profundamente, é mais provável que descubra uma direção que o ajude a viver seus valores. Organizações com fortes valores geralmente têm uma visão de mudar o mundo para melhor.

Talvez seja nosso destino de sermos a única espécie neste mundo que pode mudar as coisas para melhor ou para pior. O desfecho, acredito, depende se somos guiados pelos valores ou pelo instinto.

2009

O QUE FAZ DE UMA **EMPRESA** UM **EXCELENTE** LUGAR PARA TRABALHAR?

Por **Ruy Shiozawa**

[JORNAL O ESTADO DE S. PAULO]

Esta pergunta foi feita a um jornalista da Califórnia, Robert Levering, na década de 1980, militante pacifista, que sequer acreditava que poderiam existir bons lugares para trabalhar. Mas em vez de criar uma tese sobre o tema, foi fazer aquilo que sabia, como jornalista: saiu a campo para explorar o tema, entrevistando centenas de funcionários de empresas de todo o tipo. Suas principais descobertas:

• Sua primeira surpresa foi descobrir, pelo depoimento dos próprios funcionários, que sim, existem excelentes lugares para trabalhar, onde as pessoas gostam de estar e não passam o dia olhando o relógio para saber quanto tempo falta para terminar o martírio. Ao contrário, ouviu muitas coisas interessantes sobre práticas que as empresas desenvolvem, às vezes bastante simples, e que estabelecem fortes vínculos de confiança entre as pessoas.

A parceria entre o Great Place to Work® Institute Brasil e o Estado de S. Paulo publicou a lista das 12 Maiores Empresas em Faturamento e As Melhores Empresas para Trabalhar. Ruy, CEO do Brasil, apresenta, neste artigo, o modelo Great Place to Work®.

• A segunda surpreendente conclusão foi que as empresas consideradas pelos funcionários como excelentes para trabalhar tinham características bastante distintas entre si: algumas muito grandes e outras bastante pequenas, setores da economia e origem do capital dos mais diversos, modelos de gestão e culturas totalmente diferentes, localizadas nas mais distintas regiões do país ou do mundo. Portanto, "qualquer empresa, de qualquer tamanho, em qualquer lugar, pode se tornar um excelente lugar para trabalhar", nas palavras de Robert Levering.

• Finalmente, Robert constatou que as pessoas entrevistadas falavam – e continuam falando até hoje – coisas muito parecidas, às vezes idênticas, para explicar porque a empresa onde trabalham é um ótimo ambiente de trabalho – ou porque não é. Reunidas, essas afirmativas comuns dos funcionários geraram um questionário que é a base da pesquisa que começou a ser aplicada nas empresas para medir o grau de satisfação dos funcionários – ou "índice de confiança", como Robert prefere.

Como as pesquisas são feitas no mundo todo?

Robert se apaixonou pelo tema e abandonou todas as suas atividades para criar o Great Place to Work® Institute. Surgiu então a ideia de criar uma lista das Melhores Empresas para Trabalhar, como forma de estimular as empresas a se dedicar efetivamente à melhoria de seus ambientes e divulgar suas melhores práticas. Foi assim que em 1998 a Fortune nos Estados Unidos publicou seu primeiro *ranking* das 100 Melhores Empresas para Trabalhar naquele país.

Um pouco antes, em 1997, José Tolovi Jr., um irrequieto consultor e empreendedor brasileiro, teve contato com Robert e seu trabalho e percebeu que tudo isso poderia ter um impacto muito grande sobre o desempenho das organizações e a sociedade como um todo. Da mesma forma que Robert, decidiu largar sua posição de diretor em uma renomada consultoria internacional para se dedicar ao tema e montou o escritório do Great Place to Work Institute® no Brasil. Seu incansável ritmo de trabalho conseguiu fazer com que fosse lançada a primeira lista das Melhores Empresas para Trabalhar no Brasil em 1997. Detalhe: as datas estão corretas, ou seja, o Brasil lançou sua lista antes dos Estados Unidos, tornando a nossa a primeira lista no mundo a ser publicada periodicamente.

De lá para cá o trabalho ganhou corpo, atingindo hoje 44 países. Em 2009 mais de 3.800 empresas participaram das pesquisas e mais de 1,5 milhão de funcionários responderam ao questionário. As várias publicações ao redor do mundo que divulgam a análise completa da pesquisa atingem mais de 24 milhões de leitores. A novidade para 2010 será a publicação da primeira lista global, com as 100 Melhores Empresas para Trabalhar no Mundo.

O que determina um bom ambiente de trabalho ?

Uma vez que a consistência entre as respostas das pessoas é muito grande, ficou simples analisar os resultados e montar um modelo para explicar um bom lugar para trabalhar. Basicamente, o que os funcionários dizem é que um excelente lugar para trabalhar é aquele em que você confia nas pessoas para quem trabalha, tem orgulho do que faz e gosta das pessoas com quem trabalha. Em outras palavras, o índice de confiança (ou "Trust Index©" na pesquisa global) é a medida de três relacionamentos determinantes:

• Confiança (relação entre o colaborador e seu líder): os funcionários das melhores empresas falam constantemente sobre o quanto "acreditam" ou "tem confiança" em seus empregadores; simultaneamente, os gestores nas melhores falam como "podem contar com", "dependem" ou "confiam" em seus funcionários. As pesquisas demonstram que esta é a mais forte das três relações, justificando subdividi-la para melhor entendimento e análise. Daí surgiram as dimensões Credibilidade (a forma como os funcionários enxergam os seus líderes, como por exemplo, a qualidade da comunicação interna e a competência na gestão de pessoas), Respeito (reconhecimento pelo trabalho e valorização como ser humano) e Imparcialidade (garantia de tratamento a todos os funcionários com regras claras, equidade e justiça).

• Orgulho (relação entre o colaborador e o trabalho): os funcionários nas melhores normalmente afirmam que "aqui é mais do que um emprego", considerando, por exemplo, as tarefas que faz no trabalho como "desafiadoras" (em contraponto a "entediantes") e "socialmente significativas" (contrapondo a "sem importância").

• Camaradagem (relação entre o colaborador e a equipe): esta dimensão avalia a qualidade dos relacionamentos no local de trabalho, variando desde o sentimento de "fazer parte de uma família ou estar entre amigos" até a visão de outros funcionários como "inimigos a serem vencidos".

Qual a relação entre ambiente de trabalho e resultados de negócio?

Talvez esta seja a questão mais importante que faz com que as empresas se engajem firmemente em um propósito de transformação do ambiente de trabalho ou simplesmente encarem esta preocupação como "mais uma na lista de gerente de RH". Novamente, os dados coletados nas pesquisas no mundo todo trazem dados bastante contundentes.

• Rotatividade Voluntária: o índice de funcionários que deixam empresas em busca de novos desafios representa um enorme desafio para as organizações, pelos custos envolvidos e principalmente pelo conhecimento e experiência que vão embora. As pesquisas do Great Place to Work® Institute mostram que este índice cai vertiginosamente entre as Melhores Empresas para Trabalhar. Em setores como varejo e serviços, cujas médias de mercado chegam a bater em 50%, o indicador cai para 15% a 20% entre as Melhores. Em Tecnologia, cai de 20% para 10%. Em outras palavras, quando se fala nas Melhores Empresas para Trabalhar, quem está fora quer entrar e quem está dentro não quer sair.

• Satisfação de Clientes: estudos conduzidos em vários países mostram que há uma fortíssima correlação entre as Melhores Empresas para Trabalhar e a satisfação dos clientes destas empresas. Ou seja, melhores práticas de gestão de pessoas levam naturalmente à melhoria da satisfação do cliente externo, maior retenção e menor custo de aquisição de novos clientes. Investir em pessoas traz retornos financeiros evidentes.

• Valor da empresa no mercado: estudo conduzido no Brasil por um empresa de investimentos (www.m2investimentos.com.br) demonstra a interessante (e lucrativa) correlação entre as Melhores Empresas para Trabalhar e o valor de ações no mercado. Para ilustrar de maneira didática a conclusão deste estudo, imagine que você tenha investido R$ 100 mil reais na Bolsa de Valores de São Paulo no ano 2000. Com uma boa orientação financeira, seguindo o Ibovespa (um dos melhores investimentos do mundo), você teria hoje cerca de R$ 409 mil reais. Sem dúvida, um excelente ganho, considerando inclusive os efeitos da crise mundial que começou no final do ano passado. Imagine que em invés de seguir os gurus financeiros, você tenha adotado, como único critério para montar a sua carteira de ações, o fato de a empresa figurar na lista das Melhores Empresas para Trabalhar no Brasil. Todo ano você compra ações das empresas de capital aberto que ingressam na lista e vende daquelas que saíram do *ranking*. Baseado exclusivamente neste critério, você teria hoje três vezes mais, ou cerca de R$ 1, 2 milhão!

Os números são surpreendentes, mas o raciocínio é lógico: as Melhores Empresas atraem e retêm os melhores talentos, funcionários confiantes servem melhor seus clientes e estimulam seus fornecedores a gerar melhores serviços, as empresas são mais produtivas, rentáveis e muito mais comprometidas socialmente. As pesquisas também ajudam a entender o que está por trás deste desempenho. Na visão dos gestores, um excelente lugar para trabalhar é aquele em que a organização atinge seus objetivos, com pessoas que dão o melhor de si individualmente e trabalham juntas como uma família ou equipe, em um ambiente de confiança. Pronto, está identificada a fórmula do sucesso!

Confiança construindo uma sociedade melhor

O espírito da mudança social que Robert Levering sempre carregou aparece claramente na Missão definida para o Great Place to Work® Institute:

Construir uma sociedade melhor, ajudando empresas a transformar seu ambiente de trabalho. Por meio das pesquisas, fica claro que o impacto da melhoria do ambiente de trabalho não se restringe aos limites da empresa. As melhores empresas para trabalhar são mais responsáveis socialmente e suas ações não decorrem de "peso na consciência" mas sim, porque realmente acreditam que devem compartilhar seus resultados com seus funcionários e com a comunidade onde estão inseridas.

O presente estudo, desenvolvido pelo Great Place to Work® Institute em parceria com o Jornal O Estado de São Paulo apresenta, entre as Melhores Empresas para Trabalhar em 2009, as 12 Maiores. Os exemplos que estas empresas nos trazem, mostrando como cuidar das pessoas, representam um enorme impacto para toda a sociedade. São mais de 320 mil empregos diretos e na ordem de milhões de empregos indiretos, incluindo seus parceiros e prestadores de serviço. Em 2008 apenas estas 12 empresas, nacionais e multinacionais, representaram mais de 5% do PIB brasileiro. Isto significa que estas empresas tem uma enorme responsabilidade, pois apresentam um alto poder multiplicador. Servem de guia no momento em que o país entra para um período inédito em sua história, quando passamos de coadjuvantes a protagonistas no cenário mundial. Estas empresas estão transformando seu ambiente de trabalho e, com isso, construindo uma sociedade melhor para as próximas gerações. Parabéns a todas!

2009

QUANDO A **CORUJA** ALÇA **VOO**

Por **Horacio Bolaños**

[NEWSLETTER DO GREAT PLACE TO WORK® INSTITUTE ARGENTINA]

Neste artigo, Horacio Bolaños revela os conceitos inerentes no trabalho do Great Place to Work® Institute em um contexto histórico mais amplo. Ao fazê-lo, ele vê motivos para acreditar que o futuro é brilhante para ambientes de trabalho que substituírem "Pirâmides por Redes". Bolaños é diretor do Great Place to Work® Institute Argentina, Bolívia, Paraguai e Uruguai.

Entre aqueles que estudam o assunto, há consenso de que estamos atravessando uma fase crítica da história. É uma daquelas épocas crepusculares nas quais os paradigmas tidos como certos se dissolvem e surgem outras certezas para substituí-los. É um daqueles momentos em que, segundo o filósofo alemão Federico Hegel, "a coruja de Minerva alça voo". Vale a pena prestar atenção aos debates entre pensadores e filósofos.

A questão da morte e de seu significado não é mais o motor do pensamento filosófico. Agora, o estímulo reside na vida. Mais especificamente, o que estamos fazendo com a vida e o que significará viver depois da revolução genética. A nova agenda inclui perguntas como sobre o direito de intervir na origem ou no fim da vida; o uso do ambiente e o que isso implica; o lugar das minorias; e as migrações culturais – para citar apenas os principais capítulos.

No entanto, para aqueles de nós que batalhamos nos labirintos das organizações e dos relacionamentos entre as pessoas que ali trabalham, há um tema que representa um salto qualitativo significativo. Quando a humanidade emergiu da última grande crise, no final da Idade Média, foi com a certeza admiravelmente estabelecida por Descartes: "Penso, logo existo". O enorme vazio produzido pelo desaparecimento da visão escolástica de mundo encontrara um pretexto na capacidade racional de um eu pensante individual, independente, isolado e autorreferenciado. Este não é o lugar nem o momento para detalhar como, a partir dessa certeza, um mundo fragmentado foi gradualmente sendo construído em segmentos de saberes independentes que, em nome da lógica científica, até mesmo planejou o desaparecimento sistemático de nações, dilapidou recursos não renováveis e reduziu a dignidade das pessoas a meros ativos de intercâmbio. A grande ausência na bem sucedida epopeia científica dos séculos XIX e XX foi a da ética. O saber sem pressupostos, o *eu* independente que dita suas próprias regras, o conceito de propriedade como direito exclusivo, a dessacralização da natureza, e assim por diante, foram premissas que contribuíram para criar exércitos e organizações nas quais as funções eram mais importantes do que as pessoas.

Felizmente, o atual crepúsculo a se dissolver em uma nova aurora encontra a humanidade com uma perspectiva mais ética, talvez menos arrogante, mas mais sábia. É uma ética baseada no diálogo, no reconhecimento das diferenças, na necessidade de ser capaz de reconhecer em cada ser humano um próximo que precisa de nós, em vez de um "outro" que nos acusa.

Esse ponto de vista nos desafia a entender empresas como comunidades de pessoas cujos sentimentos, esperanças e frustrações se misturam com as funções e obrigações relacionadas a metas específicas e verificáveis. A pergunta é como conduzir estruturas de tomada de decisão que operam com funcionários que conhecem seus direitos como cidadãos e não se resignam a deixá-los do lado de fora quando entram no ambiente de trabalho.

Felizmente, pensadores como Russell L. Acoff, Robert Levering e Marvin T. Brown, entre outros, vêm prevendo a necessidade de repensar as organizações de modo a torná-las mais adequadas às expectativas de cidadãos que desejam ser protagonistas, ao direito à informação, à privacidade e à liberdade de escolha em ambientes lícitos. Brown, por exemplo, propõe uma cultura na qual todos os grupos de interesse – e os funcionários em primeiro lugar – tenham acesso a um diálogo sem pressões, igualitário e com regras de participação asseguradas. Por meio do diálogo aberto, os participantes têm sua parcela de poder e autonomia assegurada, de modo a poderem expressar seus pontos de vista, com a tranquilidade de que serão levados em conta e medidos com base na força de seus argumentos, e não pela hierarquia ou por ameaças.

Para este autor, o desenvolvimento e o crescimento de um diálogo produtivo somente é possível se as partes estiverem dispostas a colocar-se no lugar do outro, pelo menos para entender completamente o ponto de vista do outro. Isso envolve flexibilidade e não implica necessariamente abrir mão das próprias posições. Reconhecer a maior eficácia, eficiência ou o aspecto mais ético de outra proposta faz com que a pessoa cresça e fortalece o debate. *Networks* no lugar de pirâmides parece ser a aurora das organizações do futuro.

Propostas como as de Levering ou Brown nos permitem vislumbrar a possibilidade de trabalhar para construir relacionamentos maduros e solidários com aqueles com quem vivemos e para aqueles que ainda são projetos a quem saberemos como transferir o mundo.

2008

CONFIANÇA DÁ MEDO!

Por **Palle Ellemann**

Para muitos gestores, a mudança em direção à administração baseada na confiança pode ser intimidante, uma vez que muitas vezes isso significa deixar para trás os mecanismos tradicionais para controlar o comportamento dos funcionários. Por exemplo, você não pode dizer que confia em seu pessoal e depois insistir que eles batam um cartão de ponto no começo e no final do dia de trabalho. Confiança não é um compromisso verbal; ela somente pode ser construída com a ação.

Essa lição foi reforçada pelo estudo de Melhores Empresas para Trabalhar na Europa realizado em 2009, uma pesquisa com mais de 250 mil funcionários conduzida pelo Great Place to Work®, Institute uma empresa global de pesquisa e consultoria que conduz pesquisas semelhantes em quarenta nações. Para os funcionários europeus, a confiabilidade da direção – quando os gestores isto é, fazem o que dizem e mantêm suas promessas – é o fator mais intimamente ligado ao fato de uma empresa ser ou não percebida pelos funcionários como um excelente ambiente de trabalho.

Citando estudos que ligam a produtividade aos graus mais altos de confiança, Palle Ellemann, diretor-gerente do Great Place to Work® Institute Europa, oferece três lições aprendidas do estudo de excelentes ambientes de trabalho.

Empresas com os graus mais altos de confiança no ambiente de trabalho crescem mais rapidamente, são mais lucrativas e inovadoras, apresentam menor absenteísmo e rotatividade de funcionários.

O estudo das Melhores Empresas para Trabalhar também mostra consistentemente que as empresas com os graus mais altos de confiança no ambiente de trabalho são aquelas que crescem mais rapidamente, são mais lucrativas e inovadoras, apresentam menor absenteísmo e rotatividade de funcionários e recebem mais candidatos a emprego sem solicitação prévia do que outras empresas. Como indica o gráfico abaixo, o desempenho do mercado de ações das Melhores Empresas para Trabalhar nos USA é melhor do que os índices Standard & Poor's e Russell 3000. Resultados semelhantes surgiram de estudos em outras partes do mundo como Reino Unido, Brasil e Dinamarca.

RETORNOS ACUMULADOS 1998- 2008

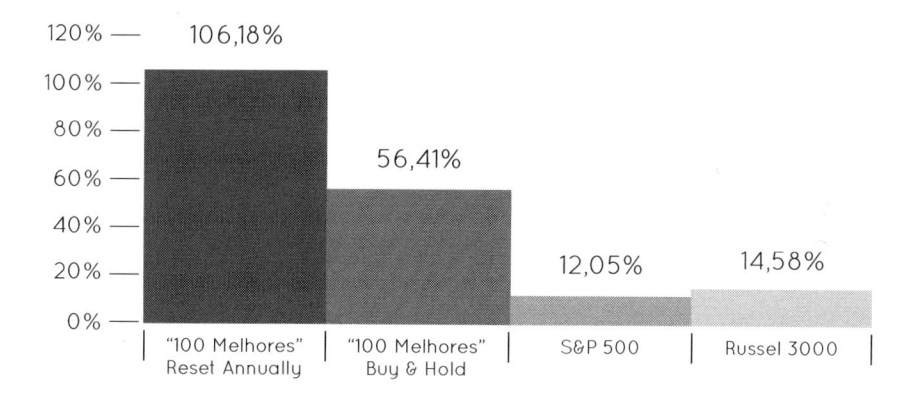

"100 Melhores" Reset Annually	106,18%
"100 Melhores" Buy & Hold	56,41%
S&P 500	12,05%
Russel 3000	14,58%

Fonte *Grupo de Investimentos Russell. ©2009 Great Place to Work® Institute, Inc. Todos os Direitos Reservados.*

O que um líder deve fazer se quiser colher os benefícios das práticas de gestão baseadas na confiança?

Primeiro, perceber que não existe tal coisa como uma ação única em termos de confiança. Todas as vezes que você fala com seu pessoal ou toma algum tipo de ação, será construída a confiança ou não. Assim, os gestores devem aproveitar qualquer oportunidade disponível para construir a confiança, por exemplo, procurando os funcionários para saber o que pensam antes de serem tomadas decisões relacionadas ao negócio. Quando são envolvidas no processo de decisão, as pessoas são mais dispostas a apoiar a decisão final, mesmo se a decisão não seguir suas recomendações.

Segundo, estar disponível para responder perguntas e receber feedback das pessoas e responder prontamente às ideias de pessoas em todas as áreas da organização. Você ficará maravilhado com a quantidade de energia e inovação que isso pode liberar na organização. Muitos das Melhores Empresas para Trabalhar possuem sistemas altamente eficazes para reunir as ideias dos funcionários. Muitas vezes, há um único ponto de contato (em alguns casos, o CEO) que se compromete a responder às ideias dos funcionários dentro de 24 horas. A ideia é encaminhar prontamente à pessoa certa na organização, que analisa a viabilidade e traça um plano para sua implementação – ou dá uma resposta sólida de porque a ideia não é possível. Tais ambientes de trabalho recebem centenas de grandes ideias a cada ano e, muitas vezes, os funcionários são reconhecidos e recompensados com uma porcentagem da economia gerada.

Terceiro, os líderes nas Melhores Empresas para Trabalhar reforçam continuamente a importância e o valor da contribuição de cada pessoa, além de falarem frequentemente sobre o valor de criar uma cultura vencedora e estabelecer metas elevadas. É função de cada gestor incentivar os funcionários a manterem uma atitude positiva em relação ao cumprimento de suas metas, reconhecer continuamente e recompensar as pessoas pelo bom trabalho feito.

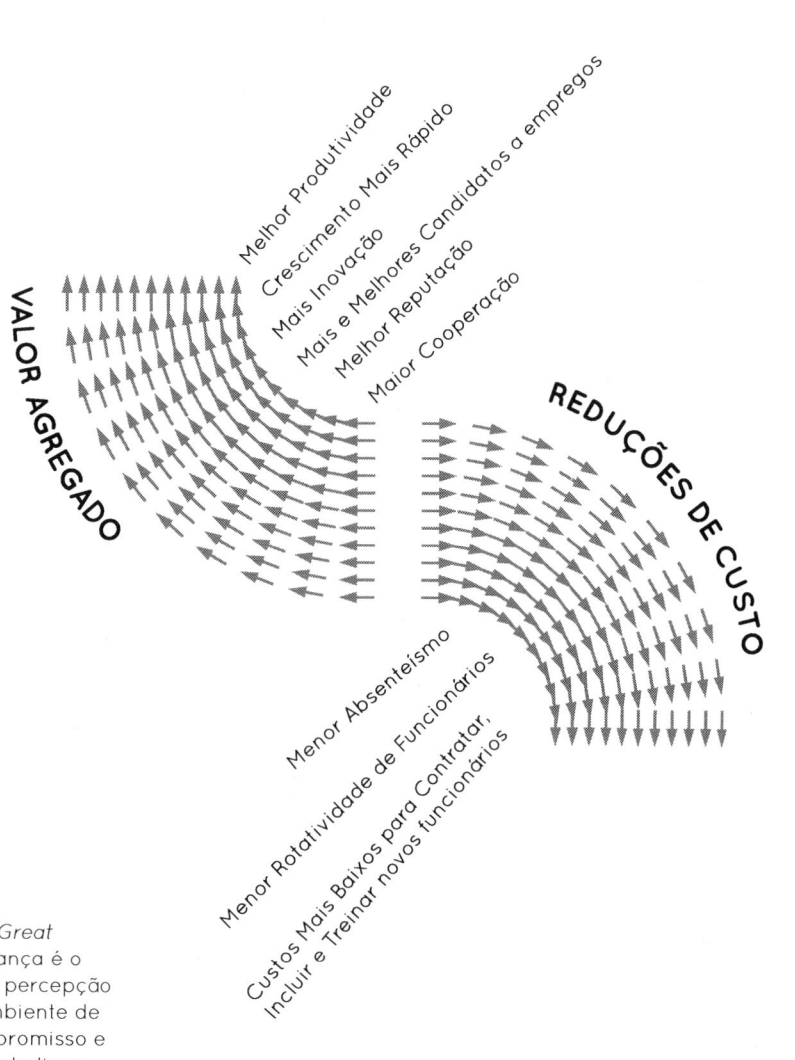

VALOR AGREGADO
- Melhor Produtividade
- Crescimento Mais Rápido
- Mais Inovação
- Mais e Melhores Candidatos a empregos
- Melhor Reputação
- Maior Cooperação

REDUÇÕES DE CUSTO
- Menor Absenteísmo
- Menor Rotatividade de Funcionários
- Custos Mais Baixos para Contratar, Incluir e Treinar novos funcionários

Segundo o Modelo do *Great Place to Work*®, a confiança é o principal driver para a percepção das pessoas de seu ambiente de trabalho e para o compromisso e envolvimento que eles dedicam ao trabalho. Quando confiam nas pessoas para quem e com que trabalham, as pessoas cooperam melhor com seus colegas, dão aquele "passo a mais" para prestar um excelente serviço ao cliente, recomendam a empresa a seus amigos e familiares e compartilham suas melhores ideias para melhorar sua empresa. Quando sentem orgulho do que fazem e gostam das pessoas com quem trabalham, é menos provável que pessoas ficarão em casa fingindo que estão doentes e permanecem por mais tempo na empresa, o que economiza recursos da empresa em contratação e treinamento de novos funcionários.

Embora a gestão baseada na confiança possa significar abandonar os "mecanismos de controle" e capacitar as pessoas para tomar decisões com mais liberdade, é muito importante não perder o controle da cultura. A chave para a construção de uma forte cultura é contratar as pessoas certas, além de ajudar as pessoas a entender e se comportar de acordo com o sistema de valores da organização. Lembre-se de que nenhuma ação (ou inação) é neutra quando se trata de confiança.

Para ajudar as organizações a se voltarem na direção da gestão baseada na confiança, o Great Place to Work® Institute disponibiliza uma grande variedade de livros, revistas e outros materiais, incluindo listas das Práticas das Melhores Pessoas das Melhores Empresas para Trabalhar do mundo. Nós o encorajamos a fazer uso desses recursos e a trabalhar com seu próprio pessoal para desenvolver uma gestão baseada na confiança que seja autêntica e original dentro de sua própria organização.

Por mais assustador que isso possa parecer, você consegue, e seus funcionários – e acionistas – o amarão por isso.

1998

AUTONOMIA COM RESPONSABILIDADE

Por **José Tolovi Jr.**

[EXAME]

Ao analisar por que o "empowerment" tem tornado-se popular entre os gestores José Tolovi Jr., o CEO Global do Great Place to Work® Institute, conclui que a autonomia com responsabilidade ajuda a melhorar o ambiente de trabalho, nos quais as pessoas prosperam.

Certa vez, Henry Ford disse: "Por que toda vez que peço um par de braços vem um cérebro junto?" Essa célebre frase revela um pouco de uma época em que os empresários estavam preocupados apenas em contratar um tipo de trabalhador: o braçal. Nada de operários que pensassem muito ou refletissem sobre o dia a dia na empresa. Hoje, esse discurso é visto até com certo assombro. É cada vez mais comum ouvir das empresas o discurso de que elas estão atrás de talentos verdadeiros, de gente que pense e seja capaz de refletir sobre o rumo dos negócios. Sim, atualmente nós procuramos selecionar e recrutar os candidatos mais brilhantes. Mas há aí uma contradição: após efetuarem a contratação, muitos líderes tratam esses profissionais como seres inferiores e desprovidos de inteligência. Não ouvem suas sugestões, não gostam que discordem de suas opiniões nem dão a devida autonomia para que possam trabalhar.

Isso soa familiar aos seus ouvidos? Pois é, num mundo moderno onde se fala em criatividade, empreendedorismo e inovação, essa situação é bem mais comum do que acreditamos. Não é raro ouvirmos jovens, contratados a princípio pelo seu perfil ousado e por suas características de personalidade, se queixar que estão fazendo apenas trabalhos burocráticos. Há quem lamente nunca ter tido a oportunidade de mostrar tudo aquilo que sabe. O que acontece quando tratamos adultos como crianças? Eles reagem como crianças. Passam a tratar seus líderes como pessoas inacessíveis e a produzir somente o mínimo necessário para justificar o emprego. E, pior ainda, executam suas tarefas sem responsabilidade nem comprometimento.

É por isso que a palavra *empowerment* está em alta no mercado. Ela representa, na verdade, a atribuição de poder e autonomia dada às pessoas. O *empowerment* não é algo que tenha surgido como modismo, mas sim como uma necessidade do mundo atual. É sabido que temos cada vez menos pessoas nas organizações. Esse quadro é resultado da automação e da pressão por custos menores, decorrentes do aumento da competição e da rapidez exigida pelos mercados. Se hoje há menos profissionais nas empresas, é de esperar que eles sejam seus cérebros, uma vez que o trabalho braçal agora é feito por meio de várias formas de automação. Temos, portanto, mais cérebros e menos braços, e precisamos aproveitar bem todo esse potencial na realização de tarefas complexas, ambíguas e com alto componente de incerteza. São tarefas para seres humanos, e não para máquinas. O que temos de fazer é orientar, dar parâmetros e metas e acreditar que as pessoas são capazes.

Devemos compreender que elas utilizam melhor o seu potencial quando se sentem responsáveis por uma missão. Responsabilidade e autonomia são palavras que caminham juntas. Responsabilidade sem autonomia é perda de tempo e desperdício de talento. Autonomia sem responsabilidade é provavelmente o início de alguma catástrofe. *Empowerment* nada mais é do que ter gente que sabe o que precisa ser feito, quais são suas responsabilidades e a quem recorrer caso necessite de orientação. Pessoas trabalhando com autonomia representam a forma mais econômica de tocar um negócio.

2009

NASCIDO PARA COMANDAR: PORQUE MENOS É MAIS

Por **Williams Johnson**

Marnix Eikenboom, o diretor geral de origem holandesa da Danone Ltd., a subsidiária britânica de uma líder mundial em laticínios e água engarrafada, pertence à nova safra de líderes de negócios cujo desempenho da empresa está ultrapassando, e muito, aquele de seus concorrentes.

O que Eikenboom, que também atua como treinador do time local de hockey em Woking, tem de excepcional é o jeito como transfere poder àqueles que trabalham com ele. Mas presumir que ele é algum tipo de idealista utópico ou que abriu mão de seu papel como líder seria um grave erro.

"Marnix é muito mais que o chefe", diz um de seus gerentes seniores. "Ele é acessível e informal. Ele acredita no equilíbrio entre trabalho e vida, mas é bom que você saiba o que está fazendo, pois ele o

Citando vários exemplos extraordinários de liderança, Williams Johnson, diretor comercial do Great Place to Work® Institute no Reino Unido, argumenta em favor de um novo estilo de líder que "compartilha e delega poder àqueles ao seu redor".

responsabilizará totalmente. Ele não é bonzinho."

Não foi por acidente que a Danone Ltd. ficou no topo de nosso *ranking* das Melhores Empresas para Trabalhar do Reino Unido em 2009. Um programa de saúde inovador, treinamento dedicado a funcionários e programa de voluntariado, entre muitas outras características ajudaram a assegurar sua vantagem sobre outros competidores. Mas o que realmente fez com que a Danone se destacasse foram o estilo e o tom de sua liderança. Aqui no Great Place to Work® Institute, temos trabalhado com algumas organizações mais bem sucedidas do mundo nos últimos 25 anos, ajudando-as a transformar seus ambientes de trabalho. Aprendemos algumas coisinhas ao longo do caminho, mas uma parece clara: um novo estilo de líder está surgindo, um estilo que está superando fortemente aqueles que continuam insistindo nas antiquadas formas imperialistas de autoridade.

O que estamos testemunhando é o tipo de liderança de Mahatma Gandhi, ou até mesmo de Barack Obama, no qual o líder compartilha e delega poder àqueles ao seu redor. Não é uma opção generosa, mas sim uma que impõe responsabilidade mais rígida àqueles que trabalham com você.

Apesar da recessão, a Danone continua a obter crescimento de dois dígitos no Reino Unido, com vendas de 281 milhões no ano passado – um desempenho que deixa muito para trás os retornos normalmente encontrados em bens de consumo não-duráveis. O staff do Reino Unido desfruta de assistência médica privada gratuita, check-ups, educação para uma vida saudável e frutas, iogurte e água mineral de graça no trabalho. E ainda têm uma massagem de 15 minutos por semana para a cabeça e os ombros em troca de £1 (cerca de 1,14 dólares) depositada no kit de boas causas.

Mas o forte desempenho não se deve apenas aos privilégios generosos. O que torna a liderança da Danone tão excepcional é seu reconhecimento subentendido de que todos têm importância e seu compromisso com o envolvimento do funcionário. Eikenboom e a equipe de altos executivos transferem poder a funcionários que trabalham em pequenos fóruns parecidos com famílias que são totalmente responsabilizados por suas ações. O programa da Danone *"Leadership for All"*, como o próprio nome já diz, é divertimento para todos, independentemente de cargo.

A Fórmula 1, por outro lado, tem sido chacoalhada por recentes e notórias brigas que quase cindiram o esporte. Não é por coincidência que a Fórmula 1 na Austrália (F1A) foi dominada por duas personalidades altamente autoritárias: Bernie Ecclestone e Max Mosley, que surgiram para forjar o poder de uma maneira altamente autoritária, o que, muito longe de inspirar, alienou a maioria de seus membros, os quais não confiam na liderança.

O que sabemos no Great Place to Work® Institute é que a confiança, uma vez perdida, é muito difícil de ser reconquistada. Os recorrentes vencedores de nosso programa de Melhores Empresas para Trabalhar desfrutam notavelmente de graus mais altos de confiança. Isso envolve a garantia por parte de seus líderes de que as recompensas são mais uniformemente distribuídas do que em outras empresas.

Uma das características mais contundentes da recessão (2009) foi a erosão da confiança. O Barômetro de Confiança de Edelman em 2009 revela que 62% das 4.475 pessoas pesquisadas globalmente confiam nos negócios menos do que confiavam um ano anterior. Mas as empresas que estão se aguentando bem levam a confiança muito a sério.

O que estamos testemunhando é o tipo de liderança de Mahatma Gandhi, ou até mesmo de Barack Obama, no qual o líder compartilha e delega poder àqueles ao seu redor. Não é uma opção generosa, mas sim uma que impõe responsabilidade mais rígida àqueles que trabalham para você.

Tomemos como exemplo a seguradora de automóveis Admiral Group Plc, que ficou em sexto lugar em nossa pesquisa de Melhor Empresas para Trabalhar em 2009 e vem sendo uma das classificadas em nossa pesquisa por vários anos. O fundador e CEO, Henry Engelhardt, posicionou a confiança no centro de tudo o que a Admiral faz – ela é considerada o único determinante mais importante de seu sucesso nos negócios.

Como consequência dessa abordagem, a Admiral conseguiu evitar o tipo de dificuldades notórias e demissões que infestaram muitos concorrentes. A comunicação interna recebe grande ênfase. Os funcionários recebem regularmente atualizações do desempenho do negócio e afirmações de que não há planos para reduzir empregos. Os gestores da Admiral têm um bom currículo quando se trata de integridade – o staff tende a acreditar naquilo que lhes é dito, o que tem um impacto direto em sua motivação para fazer o melhor.

A Admiral é uma empresa que também trabalhou duro para garantir que as recompensas fossem distribuídas mais uniformemente. O staff gostou da distribuição de renda realizada em 1999, quando mensageiros receberam, em alguns casos, £33 mil cada (quase $38 mil). Mas Engelhardt não acredita que o dinheiro esteja necessariamente por trás do sucesso de sua empresa. "Eu não saio distribuindo notas de £20. As pessoas é que sempre vêm com grandes sugestões porque, acredito, nós lhes damos a liberdade de fazer isso".

Outro aspecto importante da liderança é que as melhores tendem a permanecerem muito mais do que os cerca de cinco anos que é hoje a média de estabilidade dos 100 CEOs do Financial Time Stock Exchange (FTSE). No caso da Admiral, Engelhardt está lá desde 1991, o que dá uma perspectiva e responsabilidade a seus funcionários que aos chefes que permanecem menos tempo.

Em meu país, o Brasil, há um líder particularmente visionário chamado Ricardo Semler, que detém a maioria da Semco, em São Paulo e rejeitou o *taylorismo*, a teoria de processos em linha de produção que dominou o pensamento administrativo durante a maior parte do século XX. Ao contrário, seus funcionários trabalham em unidades familiares de no máximo 12 pessoas. Eles podem escolher seus próprios líderes, estabelecer suas próprias metas e até mesmo decidir o nível de salário que deveriam ganhar. Longe de ser a receita para um desastre, como poderiam imaginar alguns, a Semco, antes um conglomerado antiquado, cresceu por volta de 900% em 10 anos, passando da 56ª posição nos *rankings* industriais para o quarto lugar e o primeiro lugar em cada um dos serviços em que se especializou. Passou de 100 para 3.000 funcionários e apresenta uma invejável taxa de rotatividade de funcionários de cerca de 1%.

Semler se considera um tipo de *coach*. Sua função como líder, diz ele, é desafiar as decisões dos outros. A empresa é bastante autogerenciada, e continua indo muito bem desde que Semler escapou da morte por pouco em 2005, depois de sofrer um horrível acidente em alta velocidade em uma estrada brasileira. Sua empresa seguiu em frente sem sobressaltos durante os meses seguintes em que ele passou deitado na unidade de terapia intensiva recuperando-se das múltiplas cirurgias necessárias para reparar seu pescoço e face. Os números foram satisfeitos, acordos foram fechados e o negócio seguiu em frente. É isso que chamo de liderança de verdade.

"Eu não saio distribuindo notas de £20. As pessoas é que sempre vêm com grandes sugestões porque, acredito, nós lhes damos a liberdade de fazer isso".

2008

O VÍNCULO **EMOCIONAL**

Por **Ana Maria Gubbins**

[EL COMERCIO]

Segundo Ana Maria Gubbins, CEO do Great Place to Work® Institute Peru, a chave para a criação de um excelente ambiente de trabalho é demonstrar respeito aos funcionários. Ela afirma que o respeito ajuda a desenvolver um vínculo emocional entre os funcionários e a empresa.

Uma das características que diferenciam as melhores empresas para trabalhar no Peru e no mundo é o respeito que elas, constante e consistentemente, demonstram por seus funcionários: respeito por eles como profissionais e como seres humanos e respeito por suas ideias.

Empresas que desenvolvem, cuidam e colocam em prática relacionamentos humanos sinceros com seus funcionários têm uma vantagem competitiva. Elas são capazes de criar um vínculo emocional com seus funcionários e, consequentemente, são empresas com um autêntico ambiente de confiança, onde os funcionários têm orgulho de seu trabalho, são unidos e têm um compromisso com uma causa comum.

Nas Melhores Empresas para Trabalhar, descobrimos que o ambiente de trabalho é muito mais humano do que se poderia imaginar; os líderes se preocupam genuína e permanentemente com seus "colaboradores" – muito além de seus papéis como funcionários. Nessas empresas, o trabalho é feito em um ambiente que é física, psicológica e emocionalmente saudável e leva os funcionários a colocarem todo o seu potencial a serviço da empresa, com um sentimento de lealdade e comprometimento.

Mas por onde começar? Comece por demonstrar-lhes que cada um deles é valioso para a empresa. Dê-lhes apoio na construção de suas carreiras; escute-os e promova a implantação de suas ideias e sugestões e, o mais importante, trate-os como seres humanos e, sempre que possível, envolva suas famílias. Não é uma questão de orçamento, e sim uma questão de detalhes. Os colaboradores lhe agradecerão. A empresa verá isso refletido em seus resultados. Tente.

2001

AONDE FOI QUE ERRAMOS?

Por **José Tolovi Jr.**

[EXAME]

No último mês de agosto, os responsáveis pelo GUIA EXAME – AS 100 MELHORES EMPRESAS PARA VOCÊ TRABALHAR começaram a comunicar oficialmente o resultado da pesquisa a todas as empresas participantes do processo. De um lado, vimos a comemoração das organizações que conseguiram figurar na lista das 100 Melhores. Do outro, convivemos com a tristeza e os lamentos daquelas que não obtiveram classificação. Foi justamente nesse momento que eu me lembrei de uma história real que, na verdade, se repete com frequência.

Ela geralmente começa quando o presidente de uma grande empresa recebe a notícia de que não estará na lista das 100 Melhores. Naturalmente, ele fica decepcionado e um pouco irritado, pois não compreende como a companhia que dirige, e que acredita ser tão boa para os funcionários, não foi escolhida. Imediatamente convoca seu diretor de RH para discutirem o tema. A primeira pergunta cabe ao presidente.

• Por que não estamos na lista?

• Na verdade não sabemos exatamente – responde o diretor. Temos feito tantas ações, aumentado os benefícios, reajustado salários...Nada parece satisfazer o pessoal.

• Precisamos estar nessa lista no próximo ano. É muito importante para nossa empresa. Afinal, se fazemos tanto pelos funcionários, não deve ser tão difícil assim. Isso passa a ser um objetivo seu.

O diretor de RH aceita o desafio, inicia vários programas, altera benefícios mais uma vez, realiza palestras e cursos etc. Um ano depois, nova pesquisa e...a mesma avaliação fora da lista. O que há de errado nessa história? Os programas de RH? Os salários? Os benefícios? A resistência a mudança? Nada disso.

O erro esta na abordagem. Os dirigentes de empresas crêem, em geral, que basta "comprar os funcionários" com pacotes de benefícios e salários. Com isso apostam, todos se envolverão mais com a empresa e estarão mais motivados – e, por tabela, conseguirão construir um excelente ambiente organizacional. Nada mais longe da realidade.

Sabemos, há bastante tempo, que salários e benefícios são fatores higiênicos – e não motivadores. Isso quer dizer que, se eles forem ruins, desmotivarão o pessoal. Mas, se forem razoáveis ou excelentes, não alterarão a motivação das pessoas. Portanto, não se muda o ambiente organizacional apenas mexendo nessas variáveis. O que fazer então? Como transformar uma empresa em um excelente lugar para trabalhar? O que realmente distingue as melhores é a atitude. Na verdade, voltando à história dos executivos que discutiam as razões da desclassificação da empresa, há dois erros. O primeiro, por parte do presidente, que pede ao seu diretor que mude a empresa do dia para a noite. O segundo, do diretor ao aceitar a incumbência. Trata-se de uma atitude, no mínimo, inconsequente. Não se pode encomendar uma mudança, desse tipo. Todo processo de transformação é iniciado e suportado pela liderança da organização, a começar pelo seu principal executivo. O RH não pode mudar sozinho a empresa.

As empresas só mudam quando existe o real e sincero interesse da alta administração em torná-las um excelente lugar para trabalhar. Ou seja, ter a crença genuína de que o resultado dos negócios vem das pessoas. E isso tem de ser vivido e demonstrado. Só palavras não transformam empresas, mas sim atitudes. Para falar sobre essas ações de forma mais concreta, é preciso observar alguns pontos interessantes da pesquisa realizada com funcionários para esta edição. Se analisarmos, a dimensão Credibilidade (um dos elementos da Confiança), veremos que as maiores diferenças entre as 100 Melhores e as 100 últimas classificadas estão nas questões referentes à Comunicação. É fundamental os chefes manterem suas equipes informadas sobre assuntos importantes e as mudanças na empresa. Os valores éticos também são importantes. Os líderes devem cumprir o que prometem e agir de acordo com aquilo que falam.

Na dimensão Respeito (outro elemento da Confiança), a grande diferença está no interesse que os líderes demonstram por seus funcionários.

Os chefes devem estar interessados nas ideias e sugestões dadas pela equipe e também envolver as pessoas em decisões que afetam suas atividades. Já na dimensão Imparcialidade (o terceiro elemento da Confiança), a disparidade encontra-se num aspecto: a politicagem como forma de obter resultados, incluindo-se aí as promoções. As pessoas não perdoam isso.

Dessa forma, o caminho para se chegar a um excelente ambiente de trabalho é a reflexão sobre como as lideranças estão tratando seus funcionários. Há credibilidade nos líderes? Seus funcionários se sentem tratados como seres humanos e, portanto, com respeito? Há imparcialidade nas relações? Não há politicagem e as regras do jogo são claras? Se você é o principal executivo de uma empresa, divisão ou mesmo de uma pequena área, faça a si mesmo as perguntas acima e, com certeza, saberá como iniciar um processo de mudança que levará sua organização a figurar entre as Melhores.

MODELO PARA A MUDANÇA E **PERSPECTIVAS GLOBAIS**

- MODELO GREAT PLACE TO WORK®
- GIFTWORK®
- PERSPECTIVAS GLOBAIS

1. MODELO GREAT PLACE TO WORK®

2006

CINCO ESTUDOS DE CASOS

Por **Lisa Ratner**

[JMAM HUMAN CAPITAL]

O Great Place to Work® Institute desenvolveu um modelo de um excelente ambiente de trabalho com base nas centenas de entrevistas conduzidas nos Melhores Empresas para Trabalhar do mundo nos últimos 25 anos. O modelo tem cinco dimensões — credibilidade, respeito, imparcialidade, orgulho e camaradagem.

Lisa Ratner, consultora sênior de desenvolvimento de negócios do Great Place to Work® USA, explica cada uma das dimensões por meio de estudos de caso.

• **CREDIBILIDADE**

A credibilidade da direção com os funcionários é construída por meio de três grupos interdependentes de comportamentos e atitudes encontrados na prática da comunicação de mão dupla, competência e integridade. A comunicação eficaz convida ao diálogo. Os líderes e gestores são claros e instrutivos nas informações que dão voluntariamente e estão disponíveis aos funcionários mecanismos que lhes dão a oportunidade de iniciar uma conversa sobre as informações que poderiam precisar ou desejar ouvir. A competência é vista nas habilidades e nos comportamentos necessários para a coordenação eficaz de pessoas e recursos, direcionando o trabalho dos funcionários com a quantidade certa de supervisão e claramente articulando e buscando uma visão para a organização como um todo e para os departamentos individualmente. A integridade da direção depende de ações diárias honestas e confiáveis.

Os gestores esforçam-se para serem consistentes no que dizem e fazem, e as promessas são mantidas. Além disso, os funcionários têm confiança de que seus gestores dirigem o negócio de forma ética.

Estudo de Caso de Credibilidade: Programa de Revisão de Missão da Starbucks

Varejista de cafés especiais número 1 do mundo, a Starbucks opera e licencia mais de 8.500 lojas de café em mais de 30 países, inclusive Japão. As lojas oferecem cafés e produtos alimentícios, bem como café em grãos, acessórios para café, chás e CDs. Além disso, a Starbucks comercializa seu café em mercearias e licencia sua marca para outros produtos alimentícios e bebidas.

Poucas empresas pedem a seus funcionários para criticarem as práticas empresariais – e empregam todo um departamento para encontrar respostas rápidas e honestas às críticas. O que o programa de Revisão de Missão da Starbucks faz é meramente convidar cada funcionário da Starbucks (chamados de "parceiros") a comentar se as decisões da empresa são consistentes com a Declaração de Missão e Princípios Condutores da empresa. A Starbucks acredita que cada parceiro tem voz ativa, não apenas no que acontece em sua localidade, mas no modo como a empresa atua no dia a dia.

A Declaração de Missão da Starbucks é simples: estabelecer a Starbucks como o principal fornecedor do mais refinado café do mundo e, ao mesmo tempo, manter firmes nossos princípios à medida que crescemos. Seus princípios condutores incluem itens como: "Proporcionar um excelente ambiente de trabalho e tratar uns aos outros com respeito e dignidade; "formar" clientes entusiasticamente satisfeitos o tempo todo; e contribuir positivamente com nossas comunidades e nosso ambiente". Quando a Declaração

> A Revisão de Missão da Starbucks convida cada funcionário da Starbucks a comentar se as decisões da empresa são consistentes com a Declaração de Missão e Princípios Condutores da empresa.

de Missão foi criada em 1990, um grupo de funcionários achou que era importante que os funcionários de níveis mais baixos deveriam poder confrontar ações da empresa que acreditavam não estar à altura daqueles princípios. Assim, eles propuseram que os parceiros tivessem acesso a um mecanismo ativo de feedback. Os líderes da Starbucks aceitaram a proposta, e foi desenvolvido o programa de Revisão de Missão.

A Revisão de Missão apóia a responsabilidade dos parceiros por manter uns aos outros responsáveis por suas ações. Tornou-se "uma conexão entre aqueles que criam e geram nossas políticas e aqueles que as executam", diz David Johnson, Consultor de Revisão de Missão. "É a autocrítica que está equilibrada", continua ele. "Estas são pessoas apaixonadas por nossos produtos e nossa empresa. Eles dizem: 'Tenho o direito de fazer essas perguntas'."

Desde o primeiro dia de orientação na Starbucks, os parceiros são apresentados às linhas de comunicação abertas e acessíveis da empresa. Desde o começo, eles têm acesso a cartões que podem ser enviados diretamente à Revisão de Missão. Parceiros com acesso ao sistema de intranet da empresa, o Starbucks Partner Portal, podem enviar suas preocupações eletronicamente.

O programa pode ser visto como uma contínua discussão entre os parceiros. "O tom da conversa é assustadoramente respeitoso", acrescenta Johnson. As respostas são dadas regularmente por parceiros no nível executivo.

O staff de Revisão de Missão conduz a pesquisa para identificar quem pode responder apropriadamente entre os decisores da empresa. Como consideram os que respondem como clientes internos, tanto quanto aqueles que enviam comentários, eles oferecem assistência àqueles cujas cargas de trabalho poderiam, de outra forma, tornar difícil dar respostas em tempo e coordenam entre os departamentos quando um assunto atinge o trabalho de mais de uma equipe.

Somando-se à integridade do programa de Revisão de Missão, são disponibilizados relatórios aos líderes da Starbucks para mantê-los informados sobre as preocupações do momento, proporcionando mais uma maneira para os parceiros fornecerem input à direção.

"Além de torrar café, os Princípios Condutores e a Revisão de Missão são as coisas mais duradouras que fizemos aqui", diz Dave Olsen, Vice Presidente Sênior de Cultura e Desenvolvimento de Liderança. E os parceiros parecem concordar. Como disse um parceiro: "A Starbucks é uma empresa que realmente segue sua Declaração de Missão e seus princípios condutores, não são apenas palavras no papel".

Os parceiros da Starbucks realmente aproveitam esse programa de comunicação de mão dupla? Os números falam por si. Em um recente período de seis meses, a Revisão de Missão recebeu 1.596 submissões, sendo que 1.433 delas fizeram perguntas e receberam respostas. Os comentários vieram de 831 pontos comerciais diferentes, incluindo 709 lojas da Starbucks em 334 distritos de varejo (representando cerca de 70% de todos os distritos de varejo). As respostas àqueles comentários vieram de 261 parceiros, em todos os níveis da escada da Starbucks, trabalhando em 61 unidades de negócios. O tempo para receber uma resposta do executivo ou gestor adequado em relação à questão foi, em média, de 15 dias úteis.

Os benefícios desse programa são dois. A liderança da Starbucks "verdadeiramente valoriza o tempo dispensado pelos parceiros em seu dia agitado para fazer uma pergunta estimulante", diz Johnson. E como descreve outro parceiro: "Eles escutam, e isso é muito importante. Eles escutam não somente seus clientes, mas também o feedback que recebem dos parceiros. Eu também adoro o fato de os parceiros terem a oportunidade de ser exatamente isso: parceiros na empresa".

Ao encorajar os parceiros a confrontare as práticas da empresa que lhes parecem estar inconsistentes com a Declaração de Missão e Princípios Condutores da Starbucks, os parceiros se apoderam dos valores da empresa e garantem que eles permaneçam tão frescos quanto o café.

• **RESPEITO**

O respeito é demonstrado por meio de práticas que proporcionam apoio profissional aos funcionários, incentivam a colaboração e permitem a manifestação de que se importam tanto no ambiente de trabalho como lá fora. O apoio profissional é demonstrado aos funcionários pela disponibilização de oportunidades de treinamento e dos recursos e equipamentos necessários para que o trabalho seja feito, bem como pela apreciação por realizações e pelo esforço extra. A colaboração entre os funcionários e a direção requer que líderes e gestores genuinamente busquem e respondam às sugestões e ideias dos funcionários e envolvam as pessoas nas decisões que afetem o modo como seu trabalho é feito. Os gestores demonstram cuidado ao fornecer um ambiente de trabalho saudável e seguro e ao mostrar interesse pela vida pessoal das pessoas. Gestores que se importam também estão cientes do impacto que o trabalho tem na vida pessoal dos funcionários.

Estudo de Caso de Respeito: Programas de treinamento e desenvolvimento da Analytical Graphics

A Analytical Graphics inc. (AGI) produz softwares comerciais de análise e visualização para pronta-entrega que são utilizados por mais de 30 mil profissionais aeroespaciais, de defesa e inteligência em todo o mundo. Com elementos integrados de terra, mar, ar e espaço, os softwares da AGI fornecem soluções de tecnologia para todas as fases dos programas industriais e iniciativas. A AGI enfatiza a excelência do produto, o sucesso do cliente, o divertimento e o valor excepcional do *stakeholder* e tem visto um forte crescimento em seus 15 anos de história. É uma empresa privada que tem seis unidades nos Estados Unidos com 240 funcionários.

O Diretor Financeiro da AGI costuma ser questionado sobre como a empresa tem condições de bancar a quantidade imensa de programas de treinamento e desenvolvimento que oferece aos funcionários. Sua resposta padrão é: "Não temos condições de deixar de fazer isso".

Os líderes da AGI atribuem sua recente anual taxa de crescimento de mais de 33% a uma filosofia que considera o desenvolvimento contínuo dos funcionários como vital para a saúde da organização. "Nossos funcionários fazem quem somos", diz Lisa Velte, Diretora de Recursos Humanos. "Eles são o DNA da AGI, e seu conhecimento é nosso ativo mais valioso".

A AGI reconhece que seu sucesso financeiro depende de atrair e reter funcionários altamente qualificados – os melhores entre os melhores – e de garantir que eles tenham o apoio do qual precisam para se sobressaírem. As pessoas chegam à AGI com experiências em astrofísica e programação avançada de computadores. Eles têm profunda consciência da vanguarda e ficam inquietos sem novos desafios. Proporcionar uma ampla gama de oportunidades de treinamento e desenvolvimento não é meramente opcional, mas essencial para o negócio da AGI. Portanto, criar oportunidades para os funcionários crescerem, é literalmente o motor por trás do sucesso do negócio – a fonte da vantagem competitiva da AGI.

Os programas formais de treinamento e desenvolvimento incluíram um programa de desenvolvimento de liderança por meio do Dale Carnegie® e do IMD (Institute for Management Development), mais de 10 cursos formais em que 60% de sua força de trabalho participou, além de cursos internos de treinamento técnico.

Atividades em sala de aula e organizações profissionais não são os únicos lugares onde os funcionários da AGI têm seu aprendizado. As taxas de rotatividade da AGI mantêm-se baixas em parte porque quando estão interessados em novas oportunidades, os funcionários podem escolher entre muitas dentro da própria empresa. A cultura informal e pequena da AGI torna fácil encontrar maneiras de aprender nossas habilidades no emprego; em 2004, 30% dos funcionários assumiu uma nova função. Dentro dos projetos, os gestores escolhem suas próprias equipes e, consequentemente, os funcionários ganham habilidades mais amplas e a empresa aprimora sua flexibilidade para atender aos objetivos do negócio em campo altamente competitivo que se modifica rapidamente.

Mais integral à AGI é a miríade de oportunidades de crescimento disponíveis aos funcionários que as solicitam. Na AGI, os funcionários têm carta branca para buscar oportunidades de desenvolvimento profissional individual nas faculdades locais, associações profissionais e conferências. "Uma alta porcentagem de nossos funcionários têm PhD", diz Velte. "Eles adoram apresentar trabalhos – portanto, damos-lhes o apoio do qual precisam para fazê-

-lo". Eles são incentivados a participar dos *boards* de organizações profissionais e apoiados em seus esforços para publicar trabalhos técnicos.

Os programas de treinamento e desenvolvimento da AGI se combinam de forma única com sua cultura de crânios, mas outras organizações podem aprender com o princípio por trás do sucesso da AGI. Ao identificar as qualidades e traços pessoais e profissionais essenciais para seu negócio, as organizações podem criar programas que apóiam os esforços de seus funcionários para prosperar em sua área de atuação. "Sabemos que não temos condições de perder um único de nossos desenvolvedores-chave", diz Velte, orientando os gestores a identificarem quais são as qualidades essenciais das pessoas para seu negócio. "Apóiem incansavelmente essa qualidade. Ela não tem de ser cara, mas os funcionários precisam saber que você se importa com o sucesso deles. Se fizer isso, você verá uma maior produtividade e seu pessoal se manterá ao seu lado".

• **IMPARCIALIDADE**

Os três princípios que sustentam a prática da Imparcialidade em uma organização são equidade, imparcialidade e justiça. Um senso de *equidade* é transmitido por meio do tratamento equilibrado de todas as pessoas na distribuição de recompensas tangíveis e intangíveis. A *imparcialidade* dos gestores é exibida pelo fato de eles evitarem favoritismos nas práticas de contratação e promoção e pela ausência de politicagem no ambiente de trabalho. A *justiça* é vista como falta de discriminação com base nas características pessoais das pessoas e a presença e utilização de um processo justo de apelações. Tratar os funcionários de forma justa resulta em vários benefícios para a empresa. Ambientes de trabalho que apóiam o tratamento justo aos funcionários tendem a promover o trabalho em equipe e, por sua vez, a desenvolver a confiança. Livrando as pessoas das distrações das políticas e preconceitos, os funcionários conseguem se concentrar melhor em seu trabalho. Funcionários que são tratados de forma justa têm maior probabilidade de confiar nas decisões de gestores que eles veem como consistentes, prestativos e imparciais. Em última análise, os benefícios mais valiosos da imparcialidade são aqueles que as empresas em nossas listas colhem repetidamente: maior confiança, laços inabaláveis da equipe e unidade ao seguirem adiante em direção a uma meta comum.

Estudo de Caso de Imparcialidade: Programa Procedimento GFT e RESPECT da FedEx

A FedEx proporciona acesso a um mercado global crescente por meio de uma rede mundial de cadeia de suprimentos, transportes, negócios e serviços relacionados à informação. Com mais de 200 mil funcionários em todo o mundo, a FedEx é composta por quatro principais empresas operacionais: FedEx Express, FedEx Ground, FedEx Freight e FedEx Kinko's Office & Print Services. Outras empresas especializadas na família FedEx incluem FedEx Trade Networks, FedEx Custom Critical, FedEx Supply Chain Services e Caribbean Transportation Services. Outra empresa, a FedEx Corporate Services, coordena as vendas, o marketing e o suporte tecnológico para a marca FedEx global. Cada empresa oferece serviços especializados flexíveis que representam a mais ampla gama de cadeia de suprimentos, transportes, negócios e serviços relacionados à informação. Embora cada empresa opere de forma independente, focada em seu segmento de mercado, elas também competem coletivamente sob a poderosa marca FedEx.

Enquanto os clientes da FedEx Corporation, a

maior empresa de transportes do mundo, recebem a garantia de que seus pacotes chegarão a seus destinos em segurança e no horário, os funcionários dessa organização de 32 anos de idade sabem que eles têm a garantia de serem ouvidos de forma justa em todos os assuntos de justiça dentro do ambiente de trabalho.

No coração da cultura da FedEx reside um forte compromisso e dedicação para com suas pessoas, que são a força motriz por trás do sucesso dessa empresa de $26 bilhões. A cultura centrada nas pessoas da empresa favorece um ambiente onde as pessoas se sentem valorizadas e respeitadas pelo trabalho que fazem e onde a imparcialidade e a justiça permeiam o ambiente de trabalho.

Dois programas particularmente singulares, de duas divisões diferentes da FedEx, evoluíram a partir dessa cultura centrada nas pessoas e trazem imparcialidade à vida no ambiente de trabalho – os programas Tratamento Justo Garantido (GFT [Guaranteed Fair Treatment]) da FedEx Express e RESPECT (sigla em inglês para: Resolver as Situações e Problemas do Funcionário Incentiva a Confiança em toda a Empresa) da FedEx Ground.

Procedimento GFT

"Os funcionários têm direitos, no papel de cidadãos desta empresa", diz Catherine Banks, Gerente de Cumprimento em Recursos Humanos da FedEx Express. O Procedimento Tratamento Justo Garantido (GFT) oferece um processo formal para lidar com as queixas, problemas, preocupações e alegações de discriminação no emprego dos funcionários e ainda dá garantias do direito de um funcionário de participar, dentro das diretrizes do processo.

O Procedimento GFT está em vigor há mais de 20 anos e consiste em um processo de apelação em três etapas disponível a todos os funcionários da

FedEx Express. Dentro de cinco dias após uma ação ou carta disciplinar, um funcionário tem a opção de iniciar o processo, preenchendo uma queixa por meio de um formulário online ou um relatório em papel. Quando a queixa é inserida no sistema, é automaticamente enviada uma mensagem eletrônica para os gestores do funcionário e o pessoal de Recursos Humanos para dar início ao processo de agendamento de uma reunião com o funcionário para examinar a queixa. Após essa reunião inicial, os gestores do funcionário podem tomar a decisão de manter, retirar ou modificar a ação disciplinar inicial. Se a ação for mantida, o funcionário tem a opção de passar para a segunda etapa do processo, na qual leva a queixa para diretores e para a cadeia de executiva do funcionário. Se a ação disciplinar continuar sendo mantida após a segunda etapa e o funcionário decidir iniciar a terceira etapa, a queixa será submetida ao Conselho de Apelações, composto por diretores e vice presidentes da FedEx Express, incluindo o Presidente e CEO David Bronczek.

São preparados semanalmente de 17 a 20 casos para submissão ao Conselho de Apelações. Na preparação, a equipe do Conselho de Apelações entra em contato com os funcionários e seus gestores para colher os fatos associados a cada caso.

Todos os casos pendentes são entregues aos membros do Conselho toda sexta-feira, que "muitas vezes levam para casa no final de semana para revisá-los", diz Banks. Isso já é, em si mesmo, uma forte declaração de compromisso e dedicação dos líderes seniores em garantir um alto grau de imparcialidade dentro do ambiente de trabalho da FedEx Express.

Programa RESPECT

Enquanto o enfoque do Procedimento GFT da FedEx Express é a resolução de queixas, o

Programa RESPECT da FedEx Ground visa a resolução de conflitos. O RESPECT foi lançado em 2000 pelo escritório de Diversidade da FedEx Ground. O programa formal evoluiu a partir do hotline de tolerância zero para queixas de discriminação e tem a intenção de promover e preservar relacionamentos positivos de trabalho em todos os níveis da organização e de fornecer um processo formal para a resolução de conflitos entre funcionários e gestores.

O programa resolve problemas em cinco áreas principais: decisões de rescisão de contrato, não seleção para um cargo interno, situações disciplinares, violações de políticas, e tratamento injusto. Para iniciar o processo de três etapas, os funcionários solicitam uma conversa mediada pelo RH com seu supervisor telefonando para a Linha de Alerta da FedEx Ground, enviando um e-mail ou contatando o representante do departamento de RH ou, ainda, baixando um formulário online. Se continuar sem solução após a reunião inicial, o conflito passa para os próximos estágios do processo que inclui uma revisão do caso pelo Conselho de Apelações formado por cinco diretores.

"O RESPECT é um modo de abordar o conflito de uma maneira positiva", diz Carolyn Lyle, Gerente Sênior de Diversidade. Ao encorajar igualmente funcionários e gestores a terem uma visão positiva da resolução de conflitos, o programa oferece um ambiente seguro para discussão das diferenças sem medo de represálias. "Isso é visto por eles como uma oportunidade para melhorar seus relacionamentos no ambiente de trabalho e se sentem valorizados por sua contribuição para esses esforços", acrescenta Lyle.

A FedEx Ground é um lugar onde o conflito é visto de forma positiva e, como anuncia Lyle, "acreditamos ser boa notícia quando os funcionários se queixam. Neste negócio, tempo é algo que levamos a sério;

Tudo no Griffin gira em torno da missão de proporcionar atendimento médico personalizado, humano e voltado ao consumidor. Para os funcionários, isso significa "orgulhar-se da organização como se você fosse o dono".

portanto, quando os funcionários dispensam tempo para se queixarem, isso significa que eles realmente se importam".

• ORGULHO

Os funcionários podem se sentir orgulhosos de seus empregos, do trabalho que é produzido por sua própria equipe e da reputação corporativa de sua organização, a qual é formada por sua reputação e postura pública na comunidade. O orgulho marca o grau de envolvimento entre cada funcionário e seu trabalho. Quando as empresas desenvolvem uma cultura que promove o orgulho por realizações individuais e coletivas e os funcionários sentem que fazem a diferença, os resultados são maior qualidade do trabalho, entusiasmo, trabalho em equipe e devoção. Ao mesmo tempo em que ajudam os funcionários a se sentirem orgulhosos de seu trabalho, gestores e funcionários também trabalham para intensificar a imagem pública da organização. Eles tornam-se embaixadores da empresa em sua comunidade.

Estudo de Caso de Orgulho: Capacitação do Paciente do Hospital Griffin

O Hospital Griffin opera um hospital comunitário de tratamento agudo com 160 leitos em Connecticut. Com mais de mil funcionários, o Hospital Griffin recebeu reconhecimento e aclamação nacional por criar uma unidade e abordagem ao cuidado do paciente que atende às necessidades dos pacientes. Muitas unidades de saúde ao redor do mundo continuam a nos visitar e a incorporar nossas ideias em seus próprios modelos de cuidado da saúde. O Griffin também é um hospital-escola e centro de pesquisas, oferecendo excelente educação em pós-graduação médica em medicina interna e preventiva. O Griffin é uma afiliada em ensino da Faculdade de Medicina da Universidade de Yale, onde muitos dos 200 médicos do Griffin são professores.

Imagine um hospital onde enfermeiros e pacientes se misturam sem os típicos postos de enfermagem, onde todos os quartos são privativos ou semiprivativos, onde obras de arte cobrem as paredes, aquários marítimos proporcionam uma tranquilidade e os prontuários médicos estão disponíveis para serem examinados pelos pacientes e suas famílias. Cães e músicos perambulam pelos corredores e cozinhas familiares onde pacientes e funcionários compartilham uma refeição, uma parada para o café ou mastigam biscoitos e muffins recém-assados preparados por voluntárias. O número de placas é mínimo, já que os membros do staff estão mais do que dispostos a acompanhar um paciente ou visitante perdido a seu destino desejado – um pequeno gesto, sim, mas uma ajuda enorme aos pacientes, que não se esquecem da grata experiência de um membro do staff parar o que estava fazendo para levá-los aonde precisam ir.

O Griffin apóia a filosofia de que podem melhor atender pacientes e a comunidade ao fornecer a última palavra em tecnologia médica em um ambiente de cura e cuidado que encoraja o envolvimento e a participação do paciente. O modelo baseia-se no fornecimento de um entorno pacífico e confortável, cuidadores carinhosos e prestativos e acesso a informações de saúde e educação para ajudar os pacientes a melhorarem mais rapidamente e continuarem bem por mais tempo.

O Griffin usou sua filosofia para transformar seu espírito já competitivo para se concentrar totalmente em colocar o paciente em primeiro lugar. Histórias de pacientes e suas famílias sobre como a experiência no Griffin foi "diferente" daquela em outros hospitais na região alimentaram o compromisso entre os funcionários e os ajudaram a abraçar a filosofia Planetree (um método internacionalmente reconhecido de cuidado centrado no paciente). Maior validação disso veio com o retorno dos pacientes pedindo o mesmo quarto com a mesma equipe de enfermagem constantemente. Isso, por sua vez, criou estreitos laços entre enfermeira e paciente. Psicólogos para situações de luto estão agora à disposição de funcionários que desenvolveram relacionamentos próximos com pacientes para auxiliá-los quando os pacientes não se recuperam. Essa prática simples é uma expressão de compaixão pelos funcionários que também confirma a compreensão da direção do cuidado personalizado que os funcionários fornecem aos pacientes durante sua estadia no Griffin.

Os visitantes ficam boquiabertos quando ficam sabendo que tudo no Griffin gira em torno da missão de proporcionar atendimento médico personalizado, humano e voltado ao consumidor. Para os funcionários, isso significa "orgulhar-se da organização como se você fosse o dono". Os funcionários são constantemente lembrados de que sua prioridade máxima é suprir as necessidades dos pacientes. Um funcionário afirma que "a filosofia de atendimento no Griffin é nutrir o indivíduo física, espiritual e emocionalmente. E os funcionários demonstram isso em sua abordagem aos pacientes e uns aos outros".

"As pesquisas mostram que há uma correlação direta entre satisfação do paciente e satisfação do funcionário", diz Bill Powanda, Vice-Presidente. "Acreditamos que a razão pela qual continuamos a entrar na lista das 100 melhores da Fortune é por causa disso. O Griffin é reconhecido por ser líder em satisfação do paciente no segmento. Nosso staff gosta de trabalhar no Griffin pelo modelo de atendimento e pelo fato de poderem praticar sua profissão do jeito que eles imaginaram".

O Presidente do Griffin, Patrick Charmel, diz: "Profissionais de saúde ingressam em na área devido à motivação pessoal de servir as pessoas. A abordagem ao cuidado do modelo Planetree de atendimento ao paciente do Griffin e um ambiente de cura proporciona essa oportunidade. Os funcionários vão embora todos os dias com uma sensação de satisfação pessoal por terem ajudado aqueles que estão cada vez mais escolhendo o Hospital Griffin para serem cuidados".

O Griffin continua a ser um modelo para hospitais de todo o país e até mesmo de outros países. "As pessoas gostariam de pensar que os hospitais são diferentes de outras organizações", diz Powanda. Mas o Griffin é regularmente abordado por uma multidão de outras organizações voltadas aos serviços, como bancos e instituições de ensino superior, em busca de informações sobre o valor do serviço excelente ao cliente. O Griffin é especialista na área de serviço ao cliente, uma vez que os pacientes são os clientes. O Griffin entende o valor de dar prioridade ao cliente e está sempre perguntando a seus pacientes do que precisam, pois dar-lhes exatamente isso – o que eles precisam – faz toda a diferença.

Com apoio contínuo e incentivo, os funcionários do Griffin comprometem-se a melhorar constantemente o cuidado e a satisfação do paciente. Como declara um funcionário: "Nós realmente funcionamos como uma equipe para dar atendimento "carinhoso" a nosso pacientes e suas famílias. Isso nos proporciona uma sensação esmagadora de realização e orgulho".

- **CAMARADAGEM**

As práticas dentro da dimensão Camaradagem englobam três aspectos dos relacionamentos

> Quando as empresas desenvolvem uma cultura que promove o orgulho por realizações individuais e coletivas e os funcionários sentem que fazem a diferença, os resultados são maior qualidade do trabalho, entusiasmo, trabalho em equipe e devoção.

dos funcionários com seus colegas de trabalho. Os funcionários experimentam a camaradagem no ambiente de trabalho por meio do grau de intimidade que encontram ou da capacidade de ser eles mesmos. Ambientes de trabalho hospitaleiros são amigáveis e acolhedores a todos os funcionários e incentivam as pessoas a se divertirem durante o dia de trabalho. Finalmente, uma forte sensação de comunidade se desenvolve em organizações onde as pessoas sentem que fazem parte de uma equipe ou uma família, cooperam dentro e entre os departamentos e as pessoas estão conectadas por valores e propósito em comum. Uma forte sensação de camaradagem entre funcionários pode trazer muitos benefícios. Favorecer a camaradagem pode ter um impacto tremendo na cooperação, no entusiasmo e no moral dos funcionários. Quando os funcionários passam a se relacionar uns com os outros não como concorrentes, mas como colaboradores, muitas vezes os impedimentos aos processos de trabalho diminuem e as pessoas se sentem encorajadas a trabalharem umas com as outras para resolver problemas.

Estudo de Caso de Camaradagem: Programa "Free To Be" da Hot Topic

A Hot Topic opera mais de 700 lojas de varejo de roupas especializadas por todos os Estados Unidos. Seus clientes-alvo são homens e mulheres jovens entre 12 e 22 anos de idade apaixonados por música rock, cultura pop moda inspirada na música. Entre em uma loja da Hot Topic e você sentirá imediatamente a energia. A variedade de artigos, o ambiente da loja e os funcionários demonstram uma paixão pela música. A empresa tem mais de 8 mil funcionários e está sediada no Sul da Califórnia.

Ao pisar na sede da Hot Topic, os funcionários são recebidos em um ambiente de trabalho orientado para a música, o divertimento e a alta energia. O andar térreo imenso, repleto de grupos criativos de mesas, acomoda todos os funcionários, inclusive o CEO, e incentiva a comunicação ativa entre o staff sem reuniões marcadas, formalidades ou "protocolo". Ligações e e-mails das mais de 600 lojas de varejo localizadas em shopping centers são considerados como prioridade máxima. Não há paredes separando os níveis de funcionários – não há portas, baias nem barreiras de qualquer tipo. O amor pela música é evidente, e há televisores pendurados por todo o escritório exibindo vídeos de música o dia todo e a noite toda para manter todos em contato com a cena musical. A singularidade e a diversidade de pensamento são celebradas por toda a empresa, criando assim uma cultura dependente da geração de novas ideias, onde produzir um ambiente de trabalho estimulante para o funcionário individual é crucial.

Não há dúvida de que a cultura na Hot Topic é única e diferente – com suas profundas raízes no mundo do rock 'n' roll, onde o estilo individualista é celebrado. Mas esta empresa inspirada na música verdadeiramente eleva-se a uma classe própria ao criar um ambiente onde igualmente funcionários e clientes são completamente livres para serem eles mesmos. Como descreve um funcionário: "Há um milhão de razões pelas quais a Hot Topic é um lugar maravilhoso para se trabalhar, mas especificamente, eles me permitem ser eu mesmo. Podemos nos vestir do jeito que nos sentimos bem. Podemos pintar nosso cabelo da cor que quisermos. Podemos ter piercings se quisermos, não importa se alguém tem uma aparência 'estranha', todos são tratados bem". Por outro lado, existem muitos funcionários da Hot Topic que não têm o cabelo colorido, piercing ou tatuagens, mas que são tão apaixonados por música quanto seus colegas tatuados.

"Todos nós nos juntamos com um amor pela música", explica Amy Malone, Gerente de Serviços

Quando a cultura da empresa favorece o orgulho por realizações individuais e coletivas, os resultados são maior qualidade do trabalho, entusiasmo, trabalho em equipe e devoção.

de Escritório. "Mas se você tirasse a música, veria que nossas pessoas são a prioridade". A ideia de pessoas em primeiro lugar faz tão parte do tecido cultural da Hot Topic quanto a música. "Ao entrevistar candidatos", acrescenta Lisa Collins, Gerente de Recrutamento, "não julgamos as pessoas por sua aparência, o que lhes permite serem elas mesmas desde o começo". Ao tirar a aparência física da equação, o enfoque volta-se para o talento do indivíduo, possibilitando que os funcionários apresentem seu conjunto de habilidades sem se preocupar com sua imagem.

Novos funcionários são recebidos com um dia inteiro de "orientação cultural", comunicando aos novos contratados que "as pessoas realmente importam", diz Malone. E não termina aí. "Fazemos de tudo para manter isso vivo", acrescenta. São solicitados comentários dos funcionários sobre a cultura regularmente e todos são responsabilizados por manter e contribuir com essa cultura na qual as pessoas são a prioridade máxima. Os funcionários são tratados com respeito e eles sabem que suas opiniões são importantes. "Hoje temos mais de 8 mil funcionários e ainda nos sentimos como uma família", Malone descreve. "Muitas vezes visualizamos nossos funcionários como um grande quebra-cabeça", continua, "todos nós nos encaixamos, e se faltar uma peça desse quebra-cabeça, somos um quadro incompleto".

Manter uma cultura tão criativamente única exige compromisso sério e dedicação. Mas não pense nem por um segundo que esses indivíduos apenas trabalham e não se divertem. Como recorda um vendedor: "No mínimo, não vejo isso estritamente como trabalho. Acho que é o melhor divertimento no mundo todo. Pela primeira vez, fico ansioso para vir trabalhar e, quando chego, às vezes não consigo parar de sorrir. Você pode ser você mesmo, por dentro e por fora".

2007

OS **FUNCIONÁRIOS** DE HOJE ESPERAM MAIS: UM BOM **AMBIENTE DE TRABALHO**

Por **Robert Levering**

[LEARNING REVIEW]

P: Existe um elemento-chave de um excelente ambiente de trabalho que seja comum a todos os países do mundo? Ou há grandes questões diferentes para regiões diferentes?

R: O elemento-chave é a confiança. E a confiança é o elemento mais importante em todo o mundo e em todas as áreas de atuação. Temos constatado isso em todos os países nos quais conduzimos pesquisas extensivas com funcionários. Por confiança me refiro a três coisas:

1) credibilidade da liderança – se os funcionários acreditam no seus líderes.

2) respeito em relação aos funcionários – se os gestores demonstram ou não preocupação com o desenvolvimento profissional e pessoal dos funcionários, valorização de seu trabalho e que se importam com eles como pessoas.

3) imparcialidade no modo como as pessoas são tratadas em termos de salários, promoções e reconhecimento.

Um jornalista de uma revista educativa da América Latina perguntou a Robert Levering sobre as tendências que ele vê nos ambientes de trabalho em todo o mundo, especialmente no campo do treinamento e desenvolvimento. Entre outros pontos, ele sugere que, para contribuir para um excelente ambiente de trabalho, o treinamento deve ir além de ensinar habilidades específicas.

P: Empresas multinacionais como a FedEx, a Microsoft e o Mcdonald's compartilham lugares nas listas de Melhores Empresas para Trabalhar em vários países, mas nem mesmo estão presentes em outros. Por que essa cultura corporativa se traduz para alguns lugares e para outros não?

R: As empresas multinacionais mais bem sucedidas são aquelas que têm uma filosofia coerente de negócio orientada para as pessoas, traduzida em alguns comportamentos-chave que eles esperam ver em seus gestores e em todos os seus funcionários. Ao mesmo tempo, eles normalmente dão aos líderes em vários países a capacidade de adaptar a filosofia corporativa às circunstâncias locais. As empresas citadas por você são muito bem sucedidas em ambos os níveis.

P: Quais são suas descobertas em áreas como Desempenho Humano, Gestão do Conhecimento e questões específicas de RH que os funcionários consideram ser o que faz de um ambiente de trabalho bom?

R: Com base em nossa pesquisa, identificamos nove áreas específicas nas quais as melhores empresas se sobressaem, incluindo seus processos de contratação, como elas se comunicam com os funcionários, demonstram apreciação, desenvolvem os talentos das pessoas, comemoram os sucessos e compartilham as recompensas.

P: Onde os métodos de treinamento e desenvolvimento se encaixam nos esforços das organizações para se tornarem um Great Place to Work®?

R: A área de treinamento e desenvolvimento é uma das nove que podem fazer uma grande diferença. O que é importante notar, porém, é que o treinamento de habilidades não é o que faz a diferença. Descobrimos que nas Melhores Empresas para Trabalhar os programas que ajudam os funcionários a desenvolverem seus talentos e dons são mais importantes. Em outras palavras, os programas de treinamento e desenvolvimento devem ser realizados de maneira a demonstrar respeito pelos funcionários como pessoas com várias capacidades, e não apenas como indivíduos que podem realizar tarefas específicas.

P: Inovação é hoje um dos principais ativos dentro das estratégias empresariais. Em empresas que sempre mantiveram um status de Melhor Empresa para trabalhar, há uma necessidade de inovação nas políticas para continuar com tal status?

R: Inovação requer confiança. Quer dizer, para serem criativas, é importante que as pessoas se sintam confortáveis com seus ambientes de trabalho. Do contrário, elas não estarão dispostas a compartilhar suas melhores ideias com os outros. Como as Melhores Empresas para Trabalhar caracterizam-se por um alto grau de confiança, normalmente também são muito inovadores. Portanto, se uma empresa quiser ser inovadora, ela precisa se concentrar em criar um excelente ambiente de trabalho.

P: Depois de 20 anos de experiência analisando ambientes de trabalho, o senhor diria que houve mudanças nas tendências do que as pessoas esperam? Qual é a questão principal nos dias de hoje e ela mudou desde que o senhor fundou o Instituto?

R: A mudança mais importante foi nas expectativas dos funcionários quanto a ter um bom ambiente de trabalho. Quando comecei a pesquisa nessa área, os funcionários em geral não esperavam que as empresas lhes proporcionassem um bom ambiente de trabalho. Naquele tempo, a maioria deles simplesmente estava satisfeita por ter um emprego. Hoje, os funcionários esperam mais. Eles esperam que as empresas, por exemplo, façam mais na área de equilíbrio entre trabalho e família do que no passado. Eles esperam que a empresa faça provisões para pessoas com famílias ao oferecer horários mais flexíveis.

P. O que o Great Place to Work® Institute faz para ajudar as organizações a melhorarem seu ambiente de trabalho?

R: O instituto conta com várias ferramentas que ajudam as empresas a avaliarem o grau de confiança nas organizações, incluindo uma pesquisa com funcionários chamada Trust Index©. Usando tais ferramentas e um extenso banco de dados de melhores práticas, o instituto dá consultoria aos líderes sobre estratégias para ajudar a tornar suas empresas um excelente lugar para trabalhar.

P: Quais são as Melhores Empresas para Trabalhar na América Latina?

R: Nosso instituto ajuda a produzir as listas de Melhores Empresas para Trabalhar nos nove maiores países da América Latina, incluindo Argentina, Brasil, Chile, Colômbia e México. Também produzimos a lista das 100 Melhores Empresas para Trabalhar na América Latina. Você pode consultar a lista mais recente no site www.greatplacetowork.com/best/lista-la.htm.

P: O senhor aprendeu alguma prática específica com as culturas de trabalho latino-americanas que poderia ser aplicada a organizações em todo o mundo?

R: Vimos vários ambientes de trabalho notáveis em toda a América Latina. Acreditamos que as lições que podemos aprender devem ser encontradas nas práticas específicas de classe mundial das empresas individualmente, em vez de em princípios generalizados. Em outras palavras, eu incentivaria os gestores de RH a estudar e fazer *benchmarking* das práticas das empresas que aparecem em nossas listas, se tiverem interesse em aprender como criar um excelente ambiente de trabalho.

2003

MUITAS DAS MELHORES DA AMÉRICA LATINA SÃO TAMBÉM BOAS CIDADÃS

Por **Robert Levering**

[CLARIN]

P: Sua definição de um Great Place to Work® é "onde você confia nas pessoas para quem trabalha, tem orgulho do que faz e gosta das pessoas com quem trabalha". O que significa especificamente cada um dos termos nessa definição?

R: Minha definição baseia-se em entrevistas que conduzi com dezenas de excelentes ambientes de trabalho em todo o mundo. Descobri que os funcionários nessas empresas invariavelmente falavam de três questões. A primeira era que eles tinham um alto grau de confiança os gestores. Por confiança, eles queriam dizer que acreditavam no que a direção lhes dizia; eles achavam que a direção cumpria as promessas; eles sentiam que a direção os respeitava genuinamente como pessoas, e não apenas como mãos contratadas; e eles achavam que a direção os tratava de forma justa. Ao mesmo tempo, os funcionários de excelentes ambientes de trabalho também disseram que tinham muito orgulho de seus empregos e da

Nesta entrevista com uma revista argentina de negócios, foi pedido a Robert Levering que explicasse o Modelo Great Place to Work® e como ele se aplica nas empresas latino-americanas. Ele enfatizou a importância da responsabilidade social corporativa em muitos das Melhores Empresas para Trabalhar da América Latina.

empresa em si. Finalmente, todos eles sentiam um grande senso de camaradagem com as outras pessoas com quem trabalhavam. Ou seja, eles disseram que a empresa era um ambiente muito amigável ou, frequentemente, um lugar onde sentiam que podiam se divertir.

P: O senhor poderia me dar alguns exemplos de como a credibilidade, o respeito e a imparcialidade melhoram a confiança?

R: Confiança envolve os três elementos que você mencionou. Credibilidade envolve as opiniões dos funcionários sobre a plausibilidade, competência e integridade da direção. Para desenvolver a credibilidade, a direção deve ser transparente quanto às informações, de modo que os funcionários possam fazer perguntas e determinar se a direção está dizendo a verdade ou não. Isso é crucial, pois nós simplesmente não estendemos nossa confiança aos outros a menos que possamos confiar em sua palavra. No ambiente de trabalho, isso exige que a direção compartilhe informações frequente e amplamente, mas ela também deve estar acessível para responder as perguntas. Na maioria das Melhores Empresas para Trabalhar, os gestores seniores fazem regularmente sessões de perguntas e respostas com os funcionários. Muitos também abrem outras oportunidades para os funcionários fazerem perguntas, por e-mail ou intranet da empresa.

Respeito refere-se ao modo como os funcionários percebem a atitude da direção em relação a eles. Primeiramente, isso significa demonstrar aos funcionários apreciação por fazerem um bom trabalho. O respeito também é demonstrado pela direção ao fazer todo o possível para proporcionar aos funcionários as ferramentas certas e oportunidades de treinamento adequado para ajudá-los a crescer. Mas também é importante que os funcionários sintam que a direção genuinamente escuta suas ideias e sugestões e os envolve nas decisões em relação a seus empregos tanto quanto possível. Um bom exemplo é a RM Sistemas, uma empresa brasileira de softwares, que realmente conduz votação online entre todos os funcionários para determinar quais novas políticas de benefícios serão implementadas.

A questão final da confiança é a imparcialidade. Esta é uma questão maior do que salário, embora um salário justo seja importante. Também envolve se as pessoas sentem que são tratadas de forma justa em relação às promoções ou oportunidades para confrontar tarefas dadas. Nada destrói a confiança mais rapidamente do que a direção agir de uma maneira que os funcionários sintam como injusta.

P: Que tipo de trabalho as empresas devem fazer para se tornarem excelentes lugares para trabalhar?

R: Em todos os casos que estudei, a transformação de empresas em excelentes ambientes de trabalho começou com a melhora por parte da direção de suas comunicações com os funcionários reforçar sua credibilidade. Normalmente, a alta administração inicia novos fóruns com funcionários nos quais se coloca mais acessível para responder perguntas do que no passado. Eles também tomam providências em relação a questões que são levantadas nessas sessões, para demonstrar que eles realmente escutam e que cumprem com suas promessas. A segunda questão que essas empresas abordam é certificar-se de que os funcionários se sentem valorizados por seu trabalho. Sempre me surpreende ver a importância de dizer "obrigado". O ambiente de trabalho pode mudar drasticamente quando a direção faz um esforço concentrado para garantir que os funcionários tenham a demonstração de sincera apreciação, tanto informalmente como por meio de programas regulares para reconhecer o trabalho feito pelos funcionários. Um exemplo notável disso é o Magazine Luiza, um varejista brasileiro que demonstra sua apreciação colocando funcionários comuns em suas propagandas em outdoor.

P: Qualquer empresa pode se tornar um Great Place to Work® em pouco tempo?

R: A resposta rápida é sim. Já vimos exemplos de todos os tipos de empresas que deram grandes reviravoltas nas culturas de seus ambientes de trabalho em apenas um ano e certamente dentro de três anos. Um dos melhores exemplos é a Continental Airlines, que não somente era um péssimo ambiente de trabalho, mas também estava à beira da falência quando uma nova equipe de gestores assumiu em 1994. Em três anos, a empresa havia dado uma reviravolta completa em termos financeiros, tornando-se a líder no setor de companhias aéreas. Sua reviravolta deve-se amplamente às mudanças na cultura de seu ambiente de trabalho em 1999. A Continental foi indicada na lista da Fortune das "100 Melhores Empresas para Trabalhar" nos Estados Unidos. Isso ocorreu por se concentrarem inicialmente nas comunicações internas e demonstrarem apreciação aos funcionários. Por exemplo, eles premiaram todos os funcionários com um bônus de $65 a cada mês que a Continental ficava entre as três primeiras companhias aéreas em pontualidade. Em um período de apenas três meses, a Continental pulou da última para a primeira posição nas classificações mensais de cumprimento de horário entre todas as companhias aéreas dos Estados Unidos.

P: Qual é a relação entre um bom ambiente de trabalho e lucratividade de uma empresa?

R: Muitos estudos recentes têm demonstrado uma alta correlação entre práticas de um bom ambiente de trabalho e o sucesso financeiro. Por exemplo, um serviço de investimentos de Wall Street conduziu recentemente um estudo que comparou os resultados financeiros de uma carteira de ações de empresas incluídas nas "100 Melhores Empresas para Trabalhar" da Fortune com uma carteira de um índice consagrado de mercado de ações (Standard & Poor's 500). Os resultados foram dramáticos. O dinheiro investido na carteira das "100 melhores" teria superado o S&P 500 em uma proporção de quase cinco para um. Estudos na Grã-Bretanha e no Brasil apresentaram resultados semelhantes. É apenas uma boa constatação senso dizer que quando se sentem bem tratados, os funcionários prestam um serviço superior aos clientes, o que se traduzirá em mais recompensas financeiras para a empresa em si. De fato, a FedEx, uma empresa que tem estado em nossa lista da Fortune das "100 melhores" há muitos anos, tem um slogan – *"People-Service-Profit"* – que expressa essa filosofia.

P: O que o senhor acha que as empresas da América Latina poderiam fazer para se tornarem melhores lugares para trabalhar? O senhor poderia mencionar pontos ou práticas específicas por região?

R: Nosso Instituto descobriu que as empresas latino-americanas são extremamente receptivas ao conceito de criação de excelentes ambientes de trabalho, já que atualmente conduzimos pesquisas nacionais em todos os grandes países da América Latina. No ano passado, mais de 30 mil funcionários responderam nossas pesquisas na Argentina e esperamos que muitos mais participem este ano. Descobrimos que, em geral, os resultados da América Latina são bastante comparáveis com aqueles dos USA e Europa. De fato, os resultados da pesquisa das Melhores Empresas para Trabalhar de todos os três continentes são praticamente idênticos, indicando que as melhores empresas latino-americanas são verdadeiramente de classe mundial. Assim, os temas que discutimos anteriormente sobre a importância de construir a confiança no ambiente de trabalho são tão importantes na América Latina quanto em qualquer outro lugar.

A presença de excelentes ambientes de trabalho na América Latina é real, apesar da ampla incidência de desemprego e pobreza na região. Descobrimos que as melhores empresas não acham que seja suficiente oferecer empregos simplesmente. Mas oferecem empregos de qualidade em um bom ambiente de trabalho porque percebem que isso beneficia tanto seus funcionários como a empresa, além do moral e produtividade mais altos.

Talvez devido às difíceis condições econômicas, também encontramos muitas empresas latino--americanas enfocando sua responsabilidade social corporativa. Alguns exemplos notáveis incluem:

• A Monsanto Argentina, em parceria com a cidade de Rojas, compra, planta e cuida de uma árvore para cada criança recém-nascida na comunidade. Desse modo, as crianças e suas famílias podem participar da preservação do meio ambiente. Outras empresas, juntamente com a Comissão Nacional de Florestas, organizaram a iniciativa de paternidade de árvores, pela qual as "árvores-bebê" são dadas a funcionários que se responsabilizam por plantá-las e cuidar delas.

• Os gestores da Federal Express Argentina usa as horas de trabalho para ensinar e dar seminários em escolas dentro de sua comunidade.

• O McDonald's tem a casa do Ronald McDonald que fornece abrigo a pessoas pobres que têm de passar semanas vivendo fora de suas casas, enquanto seus parentes (normalmente crianças) estão sendo tratados no Hospital Italiano.

Tais esforços não somente auxiliam as comunidades, mas também ajudam os funcionários a sentirem orgulho de suas empresas, um ingrediente essencial para tornar uma empresa um Great Place to Work®.

2009

DINHEIRO NÃO GANHA PESSOAS, PESSOAS GANHAM DINHEIRO

Por **Raciel Sosa**

CAPITAL HUMANO ALINHADO COM A ESTRATÉGIA

Somente uma empresa vencedora pode gerar um excelente ambiente de trabalho. Você não se motivaria para trabalhar em uma empresa que tem excelentes práticas de recursos humanos, mas que constantemente perde dinheiro. As pesquisas do Great Place to Work® Institute mostram que excelentes ambientes de trabalho também são organizações muito produtivas.

Percebemos que há empresas bem sucedidas que carecem de um bom ambiente organizacional ou ótimo de trabalho, mas elas têm o potencial para se tornarem excelentes organizações. Essas empresas até agora, porém, basearam sua cultura apenas nos resultados imediatos e de curto prazo. Mas quando a empresa se conscientiza dessa falha e decide melhorar suas práticas de capital humano, ou seja, trabalhar para formar líderes competentes, ela então começa a melhorar significativamente seu já forte desempenho financeiro.

Este artigo expõe os elementos de um excelente ambiente de trabalho, segundo o Great Place to Work® Institute. Tais elementos são: um capital humano bem alinhado com a estratégia da empresa, melhores práticas aplicadas ao capital humano e liderança competente. Concentrando-se nesses três aspectos, as empresas podem se aproximar de serem excelentes ambientes de trabalho. A autêntica liderança começa com um processo de transformação interna, pois o verdadeiro líder "prega" pelo exemplo.

> Dinheiro não ganha pessoas, são pessoas que ganham dinheiro. A essência de construir a liderança está em construir e manter a confiança das equipes.

MELHORES PRÁTICAS DE CAPITAL HUMANO

Este elemento dos excelentes ambientes de trabalho deriva-se da convicção de que as pessoas fazem a diferença. Ou que o dinheiro não ganha pessoas, são pessoas que ganham dinheiro. Uma vez que abandonam sua antiga noção, os líderes trabalham para implantar estratégias que apóiem o capital humano e o ambiente de trabalho, que se tornam um investimento em vez de uma despesa para as pessoas. Eles então geram excelentes resultados que aumenta a produtividade do negócio.

As melhores práticas enfocam o acolhimento de novas ideias e inspiram a equipe, criam canais de comunicação de mão dupla, reconhecem e agradecem os funcionários, encontram significado para estimular o desenvolvimento pessoal e profissional, comemoram os sucessos da empresa junto com a equipe e favorecem a camaradagem ao compartilhar os frutos do trabalho dos funcionários de maneira justa.

LÍDERES COMPETENTES

Este elemento de um excelente ambiente de trabalho é o mais empolgante e, ao mesmo tempo, o mais complexo de se desenvolver. O motivo é que desenvolver liderança envolve processos humanos que exigem tempo para incubar, desenvolver e amadurecer até a competência total. A liderança é um caminho infinito onde as pessoas nunca param de aprender. Para atingir essa qualidade com sucesso, é essencial ter uma base sólida de treinamento que nos permitirá entender que a liderança não é uma questão de carisma nem de boa intenção.

A autêntica liderança começa com um processo de transformação interna, pois o verdadeiro líder pratica o que prega. Líderes não são feitos da noite para o dia, simplesmente ao aprender técnicas simples que eles podem não entender como, por que e quando aplicá-las. Um líder trabalha primeiro a sua própria integridade pessoal, que é a pedra fundamental da verdadeira liderança.

Dinheiro não ganha pessoas, são pessoas que ganham dinheiro. A essência de construir a liderança está em construir e manter a confiança das equipes.

A confiança permite que cada um dos colaboradores que trabalham com o líder aceite com convicção a orientação, o apoio e o feedback oferecidos diariamente.

Quando não existe confiança, o apoio se esvazia e cai, e eles não geram os resultados de alto nível que as organizações esperam. Hoje, a maioria das organizações procura meios de apoiar suas equipes de gestores ao otimizar a qualidade de uma liderança competente.

Trabalhar com esses três elementos traz vida à meta do Great Place to Work® Institute: ajudar organizações a entender e praticar as qualidades e os comportamentos que levam à criação de excelentes ambientes de trabalho.

2009

PEQUENAS E MÉDIAS
EMPRESAS DIRIGIDAS PELO
PRÓPRIO DONO

Por **Prasenjit Bhattacharya**

[WHITE PAPER GREAT PLACE TO WORK® INSTITUTE ÍNDIA]

Há tempos Prasenjit Bhattacharya está intrigado com os especiais desafios enfrentados por empresas menores que tentam se tornar excelentes ambientes de trabalho. Neste artigo, o qual foi publicado pela primeira vez em uma revista de negócios indiana, o CEO do Great Place to Work® Institute Índia descreve várias maneiras pelas quais as melhores PMEs venceram esses testes.

"Esta empresa está em minha família há duas gerações", comenta o CEO de uma organização de médio porte, "mas temos sido deixados para trás por muitas empresas novatas. Sei que eu deveria me concentrar em questões estratégicas de longo prazo, como aquisição e crescimento. Mas todo o meu tempo está tomado para apagar incêndios. Como posso construir uma organização autossustentável para que minha importância diária diminua?"

O comentário é um reflexo do apuro que os donos de PMEs passam o tempo todo. Fora algumas poucas que estão em um nicho que domina com altas margens, a maioria pode não ter nenhum produto, tecnologia, serviço ou diferenciadores de talentos significativos.

Então, como uma PME mediana pode se tornar um excelente ambiente de trabalho? Essa pergunta vem me intrigando já há algum tempo. Neste artigo, refiro-me a qualquer organização com menos de 500 funcionários como uma PME. Embora qualquer empresa, seja grande ou pequena, possa ser um excelente ambiente de trabalho, nosso recente estudo das Melhores Empresas para Trabalhar da Índia revela que organizações com mais funcionários têm uma chance ligeiramente maior de entrar na lista dos 50 Melhores Empresas para Trabalhar. Se omitirmos as multinacionais, as empresas de tecnologia e áreas de atuação como TI e serviços financeiros, não há muitas PMEs que entram na lista dos 50 Melhores Empresas para Trabalhar. É mais difícil para uma PME ser um excelente ambiente de trabalho?

Para entender os fatores que poderiam ajudar as PMEs dirigidas pelos próprios donos a se tornarem excelentes ambientes de trabalho, observamos algumas dessas organizações. Aqui estão alguns dos fatores que descobrimos ser uteis para torná-las ambientes de trabalho melhores para seus funcionários:

• NATUREZA RELATIVAMENTE SEGURA DO NEGÓCIO

Um Google ou uma Apple pode ter começado em uma garagem com um bando de pessoas que acreditavam no potencial daquilo que estavam fazendo e, segundo muitas histórias, que se divertiam, mesmo quando não sabiam bem de onde viria o próximo naco de recursos.

Uma PME mediana, por outro lado, precisa de estabilidade para ser notada como um Great Place to Work® por seus funcionários. Essa estabilidade pode vir por várias razões. O dono muitas vezes é obcecado por qualidade e, com o passar do tempo, os produtos conseguem liderar um prêmio, mesmo em um mercado de commodities sensível ao preço. Temos observado isso em organizações com produtos que variam desde carvão e coque, picles e conservas, desenho gráfico para automóveis até têxteis. Muitas vezes, a organização consegue aproveitar bem a automação e inovação técnica e, em alguns casos, tem forte proximidade a clientes--chave, sendo seus únicos fornecedores.

- **O DONO**

Quase sem exceção, o dono desempenha o papel mais significativo na criação de um excelente ambiente de trabalho. O papel do dono é multifacetado. Por um lado, ele é muitas vezes a pessoa que mais conhece os produtos/serviços da organização ou a área de atuação. Por outro lado, ele tem um papel-chave no desenvolvimento de relacionamentos com clientes-chave. O dono conhece cada funcionário pessoalmente, muitas vezes porque ele próprio recrutou todos eles. Quando se trata de trabalho, ele lidera pelo exemplo. A maioria dos funcionários o respeita. O dono muitas vezes trata os funcionários como parte da família. Sua imagem é de uma pessoa benevolente, de bom coração, conhecido por sua generosidade quando um funcionário está em necessidade real. Seus gestores muitas vezes se desesperam com seu entusiasmo em ajudar as pessoas durante emergências pessoais.

O dono trata as pessoas com respeito. As pessoas trabalham de boa vontade por baixos salários em vez de outros maiores por causa do "respeito" que recebem do dono. De fato, muitas pessoas não possuem qualificações formais ou experiência adequada para as funções que realizam e estão lá principalmente por conta da confiança depositada neles pelo dono. "Como posso sair da organização se ele confia tanto em mim? Meu salário pode ser baixo, mas eu sei que ele cuidará de mim em tempos de necessidade", dizem tais funcionários (veja abaixo porque essa situação acaba por diminuir os retornos para a empresa).

- **LIBERDADE PARA FAZER EXPERIMENTOS E COMETER ERROS NO NÍVEL OPERACIONAL**

Muitas dessas PMEs proporcionam aos funcionários excelentes oportunidades para aprender. Diferentemente das organizações maiores, funções e procedimentos não são entalhados em pedra. Um chefe de operações competente também pode cuidar de projetos. Os desafios que se apresentam e, portanto, as oportunidades para aprender, são muito mais do que se pode esperar em uma organização maior. Muito frequentemente, a organização adquire uma nova tecnologia ou processo, como por exemplo, uma ferramenta ERP (Enterprise Resource Planning), mas não investe no treinamento necessário para as pessoas. Tecnologia ou máquinas caras podem ser usadas, mas não são fornecidos os equipamentos ou ferramentas adequados. São todas excelentes oportunidades para aprender a inovar, improvisar ou melhorar. O dono, sabendo que o suporte adequado não foi fornecido, é mais tolerante com erros cometidos pelas pessoas.

O foco fornece o oxigênio para atiçar o fogo do envolvimento do funcionário.

• FLEXIBILIDADE

Diferentemente de muitas organizações grandes, as PMEs dão mais flexibilidade aos funcionários. Ouvimos, por exemplo: "Fui deslocada para a matriz porque a empresa de meu marido o transferiu para a cidade onde está aquele escritório." E também: "Durante minha gravidez, tive total flexibilidade sem perda de salário." De fato, em parte devido a essa flexibilidade e em parte pelos níveis mais baixos de remuneração, muitos funcionários descobrem que têm tempo livre para abrir seu próprio "negócio paralelo".

• UM FORTE SENSO DE ORGULHO

Mesmo sendo um negócio relativamente seguro, a maioria das PMEs se deparam com desafios que ameaçam a vida do negócio. Os funcionários sabem que seu negócio é um sobrevivente, que sobreviveu quando as condições eram desfavoráveis. Há muitas histórias de heroísmo pessoal e coletivo que as pessoas relembram com orgulho. E contanto que as ameaças a sua existência não se tornem regulares, elas podem gerar orgulho nos funcionários. O fundador muitas vezes sabe como narrar essas histórias para se tornarem parte do folclore dentro da organização.

Uma PME com os pontos fortes mencionados acima poderia ser um excelente ambiente de trabalho. No entanto, a realidade pode ser que a PME ainda acha muito difícil ser um das Melhores Empresas para Trabalhar. Veja abaixo alguns dos motivos:

• DEPENDÊNCIA EXCESSIVA DE UM ÚNICO INDIVÍDUO — O DONO OU FUNDADOR

A lealdade da maioria dos funcionários é muitas vezes dirigida ao fundador, e não à empresa ou sua visão, missão ou valores articulados. As coisas acontecem porque o fundador está com a mão na massa. A maioria das pessoas é ávida por impressionar o fundador. Eles chegam cedo se ele estiver lá, ficam até tarde se for provável que ele os observe. Consequentemente, é difícil para outros gestores comandarem com autoridade significativa. Se um novo gestor tenta fazê-lo, não demora muito para alguns "legalistas" encherem os ouvidos do dono.

O fundador tenta recrutar gestores seniores de fora, mas logo os considera incompetentes, pouco percebendo que o responsável é seu próprio estilo e a cultura que ele criou. Frustrado, ele se volta novamente para a velha guarda – os legalistas confiáveis.

"Preciso dizer-lhes o que fazer, mas posso confiar neles", raciocina. Percebendo que alguns dos gestores seniores que recrutara de fora não conseguiram fazer com que o trabalho fosse concluído de maneira eficaz por aqueles abaixo deles, o dono retorna ao modo *default* de ser um gestor que põe a mão na massa. Os funcionários ficam felizes. Eles não querem receber ordens de ninguém além do dono.

Como o dono é o centro de tudo, seus reportes diretos ficam ocupados obtendo dele instruções individuais e tentando impressioná-lo. Eles não trabalham em uma equipe coesa. Durante a ausência do dono, toda a coordenação entre seus reportes diretos é interrompida. O dono, portanto, mesmo em sua ausência, precisa revisar se os membros da equipe estão dando as informações necessárias uns aos outros!

Frustrados com a situação, alguns dos novos gestores recrutados de fora se demitem. Isso reforça ainda mais a crença do dono de que "não é possível confiar em um gestor profissional". Às vezes, ele mantém um ou dois profissionais em cargos importantes como "máscaras" para o mundo exterior. Contudo, ele resigna-se em ter de dar instruções precisas ao seu pessoal. Os mais antigos se sentem felizes e seguros. "Você é como um vírus, nosso corpo logo, logo o rejeitará", eles parecem dizer a qualquer recém-chegado. A dependência excessiva do dono e a falta de líderes de segunda linha fortes trazem uma série de consequências:

A comunicação é retardada

Como a única comunicação de relevância é a do dono, todos os outros gestores e todos os fóruns em que o dono não está presente tornam-se ineficazes como ferramentas de comunicação. Enquanto parte da mensagem do dono ainda está impregnada, graças a sua proximidade às pessoas em toda a hierarquia, gestores seniores e de nível médio não se interessam em elevar suas vozes das trincheiras, para que sua própria imagem não seja afetada negativamente. À medida que a organização cresce, o dono passa menos tempo com os funcionários da linha de frente e nunca desacompanhado de seus gestores seniores. "Ele somente saberá a verdade se falar conosco diretamente – sem seus gestores seniores", dizem muitos funcionários da linha de frente.

> Uma estratégia de negócio claramente articulada e os passos para chegar lá também é uma área de melhoria para muitas PMEs.

O gerenciamento de impressão torna-se a chave

Se o dono ficar longe ou a empresa tiver muitas localidades, cada visita do dono torna-se um "evento" a ser administrado. As paredes são lavadas, as passagens são varridas, a casa de hóspedes é redecorada e toda a equipe local de administração espera o dono no portão para recebê-lo com flores. "Eu sei que tudo isso está sendo feito para meu benefício, mas pelo menos algum bom trabalho está sendo feito dessa maneira", racionaliza o dono.

Processos robustos para gestão de desempenho, recompensas e reconhecimento não se desenvolvem

Com o dono coloca a mão na massa, processos formais do tipo acima não se desenvolvem. Embora o dono inicialmente conheça cada indivíduo suficientemente bem para avaliar seu desempenho, com o tempo ele começa a confiar em seus executivos-chave para avaliarem as pessoas e seu desempenho em toda a hierarquia, criando assim centros de poder, o que acaba por resultar em panelinhas, facções e politicagem. Isso toma diversas formas, desde castas até comunidade.

Falta de exposição a boas práticas

Apesar de o dono estar relativamente bem informado em virtude de sua associação com clientes, fornecedores e colaboradores, a maioria de seus gestores viu muito pouco fora de sua organização. O dono representa a organização nos fóruns da indústria. O dono viaja para outros países para participar de feiras e conferências da indústria. Em consequência, seus executivos-chave não têm oportunidades adequadas para aumentar sua expertise profissional. Isso leva a ainda mais consequências:

Falta de desenvolvimento de segunda linha

Os executivos seniores que não desenvolveram exposição adequada em suas áreas profissionais têm pouco incentivo para desenvolver sua segunda linha. Como suas próprias habilidades nem sempre são comercializáveis e muitos ficaram presos à organização devido à localização ou a restrições pessoais, há pouco a se ganhar com o desenvolvimento de seu potencial.

Com pouco crescimento por meio de aquisições ou projetos totalmente novos (lembre-se de que o dono está ocupado demais com seu envolvimento ativo), por que desenvolver pessoas? Não há funções para as quais crescerem. Jovens profissionais que se juntam à empresa logo percebem a situação e vão embora. Este é um ciclo vicioso e, mesmo se adquirisse um novo negócio ou começasse um projeto totalmente novo, o dono não tem um *pipeline* de talentos para ajudá-lo a desenvolver seus novos negócios.

Incapacidade ou relutância em pagar salários competitivos de mercado

Um aspecto-chave de tais PMEs é sua capacidade de manter baixos os custos de funcionários (como observado acima). Depois de certo ponto, essa estratégia produz retornos minguantes. Enquanto os mais antigos estão dispostos a trabalhar por baixos salários, em parte por causa das qualificações inadequadas e em parte em virtude da lealdade ao dono, novos funcionários não virão por tais baixos salários. Em vez de criar imensa injustiça interna e descontentamento entre os legalistas, o dono opta por recrutar como "consultores" ou até mesmo funcionários em tempo integral em níveis seniores muitas pessoas que se aposentaram em outros lugares. Embora tragam as habilidades necessárias a um preço acessível, esses funcionários raramente têm a capacidade ou inclinação para sacudir os alicerces. Para eles, esta é uma segunda renda, uma extensão de mandato pós-aposentadoria. Manter a paz com os donos e os legalistas torna-se mais importante do que iniciar uma cruzada em prol de uma mudança significativa. Em qualquer caso, não demora muito para muitos desses antigos se graduarem para papéis de "consultores/ assessores" e até mesmo o dono começar a se sentir impotente diante desse conluio. A gratidão por serviços prestados no passado e seu conhecimento de muitos segredos sobre o negócio e a família do dono impedem que o dono vá além desse grupo para tentar revitalizar a empresa.

Todos esses fatores começam a afetar o moral dos funcionários. Eles relutam em dar sugestões ou contribuir porque ficam preocupados que os gestores seniores possam levar o crédito por suas ideias. No processo, muitos funcionários tornam-se pesos mortos que, no entanto, se mantêm na empresa por falta de habilidades comercializáveis, localização conveniente ou restrições pessoais.

• Porque Muitas PMEs Caem Nessa Armadilha e O Que Pode Ser Feito

Na realidade, cada organização é única e seguir a cartilha pode não funcionar para todas. Entretanto, tendo observado diversas PMEs, acredito que determinados princípios sirvam para a maioria. Tenho em mente uma organização de médio porte com 250 a 500 funcionários que já seja um bom lugar para trabalhar em muitos aspectos e com desempenho financeiro razoavelmente seguro. Aqui estão alguns dos passos que uma PME pode dar para ser um excelente ambiente de trabalho:

• Compromisso com o Dono de Criar um Excelente Ambiente de Trabalho

O compromisso de criar um excelente ambiente de trabalho não é complementar à meta de gerar riqueza, mas sim uma meta distinta e importante em si mesma. Não é uma meta que você enfoca depois de atingir a meta "primária" de ganhar dinheiro. Assim como produtos ou serviços excelentes não acontecem por acidente, excelentes ambientes de trabalho são resultados de uma escolha deliberada.

Fazer essa escolha não é uma decisão intelectual para o dono. Suas ações são o que ajuda a fazer de sua organização um dos melhores lugares para trabalhar. Inversamente, ele é a principal razão para ela não ser ainda um Great Place to Work®. Nossa pesquisa mostra que um dos *drivers* mais importantes na criação de um Great Place to Work® é uma percepção compartilhada pelos funcionários de que as ações da direção correspondem às suas palavras. Mas quem vai dizer ao dono que suas ações (ou inação) estão atrapalhando a criação de um excelente ambiente de trabalho?

Elaborar um processo de feedback ao dono para ajudá-lo a entender a realidade e sua contribuição para isso (sem que ele fique na defensiva) é um primeiro passo essencial. A maneira mais eficaz de fazer isso é recrutando a ajuda de um *coach* externo competente. Se chegar a esse estágio, o dono percebe que o desafio mais difícil para ele é aceitar o feedback de suas pessoas. Ele pode sentir que "é fácil para eles dar feedback; o que eles têm a perder? Ajo como ajo porque sei que, enquanto meus funcionários podem me abandonar por um aumento de 20% no salário, eu vou continuar segurando o bebê". É uma situação sem saída para o dono, principalmente quando o feedback refere-se a qualidades que também são responsáveis por seu sucesso. É comum que os donos tenham muita iniciativa, o que lhes fez ter sucesso, mas também os faz estar sempre interferindo!

Este também é o motivo pelo qual processos como feedback em 360° (feedback de múltiplas fontes) muitas vezes fracassam – porque um ponto

Melhorias no desempenho muitas vezes compensam qualquer investimento feito na transformação da cultura da empresa.

forte, quando exibido em excesso, é uma área que necessita de melhoria. Um bom coach ajuda o dono a navegar por esses dilemas e assegura que o bebê não seja jogado fora junto com a água do banho.

• Construindo Credibilidade para o Processo de Mudança

Uma vantagem de muitas PMEs ao iniciar o processo de mudança – diferentemente de organizações maiores que passam por uma superabundância de novas iniciativas a cada vez que muda o CEO – é o fato de haver menos bagagem do passado. O dono de PME com participação ativa tem forte credibilidade. Ele precisa comunicar pessoalmente a todos os funcionários porque há uma necessidade de mudança e quais são seus objetivos, os quais muitas vezes não estão adequadamente claros a essa altura. O dono pode usar termos como Great Place to Work®, empregador de escolha ou de bom para excelente para descrever o que ele quer. Ele não precisa articular uma diretriz, apenas comunicar a necessidade de mudança e seu compromisso de fazer acontecer. O dono não finge ter todas as respostas, mas se compromete a encontrar as respostas certas junto com suas pessoas ao embarcarem nessa jornada.

O dono também tem de deixar explícito como ocorrerá a mudança, quem fará o trabalho inicial e quais serão as funções da equipe do projeto. Os passos a seguir podem ajudar na construção da credibilidade para o processo de mudança:

Nomeação de agentes de mudança e criação de um conselho de mudança: Uma vez comunicados os objetivos da mudança pelo dono, ele convida cada departamento ou função para indicar agentes da mudança que, na opinião do departamento, são as pessoas certas para liderar o processo. Qualquer um abaixo do chefe de departamento é elegível. O departamento escolhe os agentes por consenso, por meio de votação. No caso de departamentos maiores, onde mais de uma pessoa pode ser nomeada, toma-se cuidado para escolher pessoas em todos os níveis. Esses agentes de mudança normalmente têm um mandato de um ano e fazem parte do conselho de funcionários para a organização. A equipe de liderança, então, nomeia até um terço dos membros do conselho de mudança, tomando cuidado para que os vitais gestores seniores e especialistas técnicos façam parte desse conselho. O dono comanda o conselho, cujo papel é finalizar a composição da equipe de projeto, aprovar a diretriz para a mudança, examinar e monitorar o progresso e remover os obstáculos.

> A comunicação é uma religião nas melhores PMEs – 95% das informações são comunicadas 95% do tempo a 95% das pessoas.

A criação do conselho é uma maneira deliberada de criar uma estrutura "extraoficial" mais inclusiva que busca envolver todos os públicos de interesse entre os funcionários. Também serve para ressaltar os comportamentos dos gestores seniores diante de um grupo maior. Se necessário, são definidas normas de comportamento para o conselho, o qual é uma oportunidade para todos, especialmente para o dono e seus gestores seniores, de serem exemplos dos comportamentos certos.

- **Criando um Great Place to Work®: Programa de Atores da Mudança para Gestores Seniores e os Membros do Conselho de Mudança**

Esta é uma poderosa experiência de aprendizagem que normalmente tem lugar em um workshop de 2 a 3 dias e investiga mais a fundo todos os aspectos de mudança necessários para ir em direção á criação de um excelente ambiente de trabalho. Esse programa é precedido por um exercício diagnóstico que para garantir que gestores seniores e membros do conselho sejam claros a respeito da realidade atual. O programa os ajuda a entender os diferentes aspectos de um excelente ambiente de trabalho, avaliar a efetividade das práticas de suas pessoas e priorizar áreas de ação. A equipe de projeto redige os achados do programa acima em uma diretriz para a mudança que será apresentada ao conselho em um momento apropriado.

• Missões de Estudo para um Great Place to Work®

Os membros do conselho são divididos em grupos de estudo e expostos a um grupo cuidadosamente escolhido das Melhores Empresas para Trabalhar – organizações que sejam relevantes para o aprendizado, mantendo em mente a diretriz desenvolvida pela equipe de projeto. Cada grupo de estudo prepara uma apresentação de 15 a 20 minutos das principais observações e lições aprendidas em seu tour de estudo. A equipe de projeto, então, dá os retoques finais na diretriz redigida e apresenta-a ao conselho para ratificação.

• Comunicação Interna

A equipe de projeto prepara uma apresentação de 2 horas sobre a necessidade de mudança, os resultados do diagnóstico interno (feedback dos funcionários), achados das missões de estudo e a diretriz para a mudança. Os membros do conselho apresentam esses achados a toda e qualquer equipe, chegando a todos os funcionários. O dono ou um dos colegas seniores do conselho está presente para responder perguntas e anotar as sugestões dos funcionários. O conselho reúne-se novamente após essa apresentação para fixar a diretriz para a mudança.

• Implementando Ganhos Rápidos

O conselho aprova de 8 a 10 ideias de ganho rápido que eles adaptaram dos outros para implementação imediata com pouco ou nenhum recurso financeiro ou material. Muitas dessas ideias estão relacionadas a melhorar a comunicação, o reconhecimento e a criação de um elemento de divertimento/ prazer no ambiente de trabalho. Muitos dos passos subsequentes diferirão dependendo da diretriz desenvolvida neste estágio.

- **Vislumbrando o Futuro**

A essa altura, espera-se que já tenha se estabelecido credibilidade suficiente para a empresa articular seu propósito central e valores centrais – uma visão inspiradora do futuro e os valores que necessitam para se desenvolver e se transformar em uma organização de substância. Esses valores são cruciais para cimentar o estado de espírito necessário para ocasionar a mudança desejada. Estes são valores que ressoam com as pessoas aqui. Não são valores simplesmente copiados de outras organizações e finalizados por algum grupo de administração sênior em workshop de um dia. Por exemplo, "Seja honroso" pode não ser algo claro para os outros, mas as pessoas dessa organização sabem o que significa e porque é importante. Para os novos funcionários que chegarem no futuro, a organização pode definir claramente alguns comportamentos, talvez com histórias ou anedotas que exemplifiquem tais valores.

Como criamos um propósito central e valores centrais mantidos pela maioria das pessoas na organização? Fazemos isso ao envolver a maioria das pessoas na organização. As PMEs podem envolver todos os funcionários em processos interativos de larga escala (LSIP) especialmente elaborados, uma tecnologia muito eficaz na cocriação da mudança ao envolver todos. Todos os funcionários se reúnem por dois dias para cocriar a visão e os valores, os comportamentos necessários para demonstrar os valores e os planos de ação necessários para cimentar a visão e os valores. O exercício de cocriação de um propósito central e dos valores centrais libera quantidades enormes de energia e à medida que todas as decisões dentro da organização são vistas a partir do prisma da visão e dos valores, o novo estado de espírito começa a criar raízes.

O dono e a equipe de liderança logo enfrentam o real teste dos valores. Um gerente sênior chave ou um conjunto de executivos-chave faz algo que antes poderia ter sido ignorado, mas que é uma violação clara de um dos valores centrais recentemente adotados. O dono pode escolher ignorar a violação – e nesse caso todo o processo vai se tornando lentamente um exercício fútil. Ou o dono pode enfrentar a situação de frente e deixar que esse gerente se vá. Nesse caso, esse incidente torna-se parte do folclore e é recontado por anos dentro da organização. A maioria dos excelentes lugares tem exemplos semelhantes.

• Esclarecendo a Estratégia do Negócio e as Proposições de Valor para os *Stakeholders*

Em um Great Place to Work®, a liderança tem uma visão da direção que a organização está seguindo e, igualmente importante, as pessoas acreditam que eles sabem como chegar lá. As PMEs que lutam para se tornar excelentes ambientes de trabalho logo percebem que não é possível ser um excelente ambiente de trabalho sem um foco do negócio. Não importa se são oportunidades de carreira para talentos superiores, remuneração de mercado ou simplesmente o orgulho de fazer parte de uma equipe com alto desempenho, o foco fornece o oxigênio para atiçar o fogo do envolvimento dos funcionários.

Uma estratégia claramente articulada de negócio e os passos para chegar lá são também uma área de melhoria para muitas PMEs, nas quais o dono se vê atolado apagando o incêndio do dia a dia. A visão e os valores envolveram todos os funcionários, mas a formulação da estratégia de negócio e das proposições de valor do stakeholder envolve um pequeno grupo de pessoas cuidadosamente escolhidas. Elas trabalham com um processo estruturado para definir os limites do negócio e respondem às perguntas fundamentais – O que é o nosso negócio? Quais são os produtos e serviços que fornecemos agora e forneceremos no futuro? Quem são nossos clientes atuais e futuros? Como nos diferenciaremos de nossos concorrentes? Esse grupo também trabalha com a visão, os valores e a estratégia e os traduz em proposições de valor para os grupos de *stakeholders*, como clientes, funcionários, acionistas e a comunidade. O dono envolve-se intimamente nesse exercício.

A prova do pudim está em comê-lo. Há três conjuntos de planos de ação que agora se encontram em estágios diferentes de implementação – a diretriz, os projetos-piloto que surgem a partir do exercício de visão e valores e os projetos-piloto que surgem a partir da estratégia de negócio e proposições de valor para os *stakeholders*. A última categoria muitas vezes leva à melhoria nos processos do negócio, introdução de novas técnicas como Six Sigma e uma série de iniciativas para redução de desperdício. Às vezes, também leva a fusões e aquisições e outras ações de alto impacto.

Os projetos-piloto ajudam a incorporar na cultura da empresa a mudança necessária e produzem resultados tangíveis no negócio. Muitas vezes, os ganhos tangíveis nesse estágio mais do que compensam qualquer investimento feito no processo de mudança.

O exemplo consistentemente dado pelo dono e seus gestores seniores é visível nesse estágio. Existem processos para dar feedback aos gestores seniores. Os funcionários podem fazer perguntas e as respostas são ouvidas por outros funcionários. Os valores se refletem nas ações e nas decisões tomadas pela empresa. Histórias sobre viver os valores (e violações de valores) circulam livremente. Muitas vezes, os valores foram codificados e são comumente reconhecidos como as "regras para o sucesso". A comunicação é uma religião. 95% das informações são comunicadas 95% do tempo a 95% das pessoas. Fóruns de envolvimento dos funcionários são ativos e a maioria dos funcionários está envolvida em dar e implementar sugestões. Os funcionários se oferecem como voluntários para organizar uma série de atividades para tornar o ambiente de trabalho divertido. A organização possui um processo crível para fazer justiça. Se qualquer funcionário sentir que está sendo tratado injustamente, ele sabe que existe um processo justo de apelação. A maioria dos funcionários sente que "somos únicos" e, em muitos casos, diz que seu ambiente de trabalho parece uma família.

Observamos muitas organizações que deram um salto de bons lugares para trabalhar e se tornaram excelentes lugares para trabalhar usando a diretriz acima.

2009

UM **EXCELENTE** LUGAR PARA TRABALHAR

Por **Ruy Shiozawa**

[REVISTA INFORMATION WEEK BRASIL]

Ruy, CEO do Great Place to Work® Institute Brasil, alerta as empresas a importância da consistência entre discurso e ações.

Um e-mail de uma leitora me despertou a curiosidade. Ela falava do que considerava um grande esforço que sua empresa vem fazendo para que as pessoas gostem de trabalhar lá. A premissa é simples: funcionários mais felizes são mais criativos e produtivos, a empresa tem uma menor rotatividade e sua capacidade de atração é maior, ou seja, as chances de recrutar os melhores talentos do mercado crescem muito. Em suma, significa também bolso do acionista mais cheio. Ideia óbvia, mas como tudo que é óbvio requer força e determinação para ser atingido. Significa também fugir da armadilha de querermos definir o que é bom para os outros. Bem, se queremos saber o que é bom para os funcionários, que tal perguntar a eles? Passou o tempo (ou não chegou ainda?) em que o *Big Brother*, que tudo sabe e tudo vê, determina onipresentemente que será feito isso ou aquilo, pois "eu sei o que é bom para vocês".

Saí conversando por aí sobre o que as pessoas consideram um bom lugar para trabalhar. A primeira característica que apareceu foi o orgulho. Orgulho de cada um com aquilo que faz, orgulho dos resultados de sua equipe, orgulho em trabalhar para uma empresa bem sucedida. A partir daí passei a observar melhor algumas pessoas e as diferenças entre seu "grau de orgulho". Variando de uma paixão profunda pelo trabalho, empresa e colegas até uma rejeição absoluta de tudo o que está relacionado ao seu dia a dia profissional. Troquei ideias também com alguns dos CIOs com quem tenho contatos regulares e um deles comentou que considera decisiva a relação de camaradagem entre as pessoas que trabalham juntas, ou seja, se as pessoas gostam das demais com quem passam grande parte do seu dia. Afinal de contas, ter que passar o tempo todo encenando um personagem é tarefa cansativa e estressante. Para completar o tripé dos aspectos fundamentais para se construir um excelente lugar para se trabalhar vem a confiança. Significa entender se as pessoas confiam na direção da empresa e em suas ações, se a empresa desenvolve práticas e políticas que estimulam a confiança, como por exemplo canais de comunicação abertos, divulgação rápida de tudo o que acontece na empresa, se as pessoas são sempre ouvidas e os indivíduos tratados como pessoas e não recursos. Em outras palavras, trata-se da própria construção da liderança da empresa e de sua credibilidade.

É incrível como tudo isso parece tão evidente. É claro que se tenho confiança na direção, gosto das pessoas com quem trabalho e tenho orgulho do que faço, estarei num bom lugar para se trabalhar e minha performance será melhor. E a da empresa também. Pena que em muitos casos, talvez a maioria, isso não saia do papel e cansamos de ouvir exemplos em que a empresa está sensível a tudo, menos à voz de seus funcionários. Ouvir talvez seja uma das habilidades mais difíceis de ser adquirida ou desenvolvida. José Tolovi Jr., uma referência na consultoria nacional, comenta que as regras do jogo mudaram – e continuam mudando – muito. Foi-se o tempo do "emprego vitalício", ou seja, o grande sonho de entrar numa empresa e nela permanecer por muito tempo. Foi-se o tempo em que o empregado precisava conquistar a confiança da empresa. Na fase *pós-downsizing* e pós-reengenharia quebrou-se um paradigma de que a empresa sempre vai fazer tudo pelo seu funcionário. Ficou claro que ela vai retê-lo quando precisa e descartá-lo quando não lhe convém. A contrapartida é que o funcionário passa a se colocar em primeiro plano, ou seja, suas decisões passam a ser guiadas pelo que é bom para ele e não apenas para a empresa. Se esta não puder dar o que ele espera, adeus. A lealdade não pode mais ser assumida e o comprometimento deve ser conquistado. No mundo competitivo, acirra-se também a concorrência por empregados qualificados. Ou seja, não basta colocar na carta de valores da empresa de que as pessoas vem em primeiro lugar. É preciso demonstrar com ações muito concretas. Caso contrário, a empresa vai precisar contratar um headhunter e tentar caçar os talentos em fuga!!

2010

CONTRATAR E RECEBER **NOVOS COLABORADORES:** O INÍCIO DA CONSTRUÇÃO DE UM **EXCELENTE LUGAR PARA TRABALHAR**

Por **José Tolovi Jr.**

[REVISTA LIDERANÇA]

Os cinco artigos a seguir fazem parte de uma série de publicada na Revista Liderança por José Tolovi Jr., como colunista especial, bimestralmente. Cada um destes artigos descreve e comenta uma das dimensões do Modelo Great Place to Work® tanto na visão dos empregados quanto na dos líderes. Nestes artigos é mostrada a visão pessoal do autor assim com vários exemplos concretos de cada tema.

Sempre há alguém que me pergunta quais são os passos para construir um excelente ambiente de trabalho. Algumas questões, inclusive, são muito recorrentes. Qual é a fórmula mágica dessas empresas reconhecidas como um *great place to work*? O que é possível fazer para mudar as atitudes dos meus gerentes? É claro que não existem fórmulas mágicas nem respostas únicas para essas perguntas, que são genuínas e demonstram, de certa forma, as dificuldades para se transformar o ambiente das empresas. No entanto, no decorrer de 25 anos de estudos e pesquisas sobre o ambiente de trabalho – em particular naqueles melhores ambientes, onde as pessoas realmente se sentem bem e produzem mais – chegamos a algumas conclusões bem interessantes; conclusões que resultam de um processo de avaliação criterioso, da comparação de práticas entre as empresas e da busca do que há de diferente e inovador. Além disso, verificamos se as práticas refletem as percepções dos funcionários.

Nos últimos sete anos, analisamos cerca de 4 mil empresas, em média, a cada ano. Desse montante, selecionamos mil companhias que são reconhecidas publicamente como as *"Melhores Empresas para Trabalhar"* em mais de 40 países. Nas nossas análises, pesquisamos os funcionários e também recolhemos informações, em geral da área de recursos humanos das empresas, sobre as práticas de gestão de pessoas. Pudemos concluir que existem algumas áreas – ou práticas culturais, como as chamamos –, que consistentemente são priorizadas pelas melhores empresas. Essas áreas são tratadas como cruciais para o bom desempenho das pessoas e, consequentemente, da empresa; são locais onde encontramos práticas especiais e, muitas vezes, surpreendentes pela inovação e pela criatividade. Algumas das práticas culturais são bastante intuitivas como "falar a verdade" e "ouvir com sinceridade", ou seja, ações que normalmente são citadas como "comunicação interna"; no entanto, outras são um pouco mais sutis e nem sempre bem compreendidas.

> As melhores empresas para trabalhar buscam, além de talentos, pessoas com características culturais adequadas à empresa. Atitude é tão ou mais importante que competências necessárias.

Umas das práticas culturais que encontramos sempre nas melhores denominamos "contratar e receber", ou "contratar as pessoas certas e recebê-las como as mais importantes da empresa". O que parece óbvio, não é. Todas as empresas estão interessadas em contratar os melhores profissionais – embora, em algumas, isso nem seja uma preocupação. Mas, como detectar os melhores profissionais? Essa indagação, aparentemente singela, pode ser a chave do sucesso, ou fracasso, da construção de um ambiente de trabalho melhor.

As melhores empresas não contratam, simplesmente, os melhores profissionais em termos técnicos, pelos seus conhecimentos. Quem faz esse tipo de contratação são as empresas convencionais; esse não é o tipo de contratação das companhias com um grau elevado de excelência em gestão de pessoas. As melhores, obviamente, também querem os melhores técnicos, no sentido amplo do termo, ou os melhores talentos – como se diz atualmente. Mas não se limitam a essa característica profissional. Isso não é suficiente para as melhores! As *"Melhores Empresas para Trabalhar"* buscam os melhores profissionais; pessoas dotadas de certas características comportamentais adequadas à cultura da empresa. Muitas vezes, a adequação cultural – *cultural fit*, em inglês – tem um peso maior do que o conhecimento técnico exigido pela função. O que é mais fácil, mais rápido e mais barato: ensinar técnicas a uma pessoa ou mudar o seu comportamento? Por que essa verdadeira obsessão pelo *cultural fit*? Porque essa é a forma de manter uma cultura corporativa homogênea e consistente. Vários livros, artigos e estudos já comprovaram que as empresas mais sustentáveis são as que possuem valores fortes e duráveis, ou seja, uma cultura consistente.

Contratar uma pessoa com características comportamentais muito diferentes da cultura vigente na empresa causa enormes problemas de relacionamento, sobretudo impacto negativo no trabalho em equipe, moral do pessoal etc. E o que acaba acontecendo é que essa pessoa sai da empresa porque não se adequa ao ambiente – ou é despedida, pelo mesmo motivo. E aí vão custos de demissão, recontratação, treinamento... Além de todo o desgaste com outras pessoas, eventual desagregação de equipes e outros efeitos negativos que quase todos nós já sofremos.

Para exemplificar o que estamos falando, o Google desenvolveu um sistema de contratação bastante avançado. Evitam contratar pessoas muito especializadas, optam por pessoas com conhecimento mais genérico e, principalmente, com capacidade de aprender e de aceitar desafios. O processo de contratação no Google é demorado, pois acreditam que as boas contratações requerem tempo. Há um bônus, em dinheiro, para o funcionário que indicar profissionais e para o contratado; quase metade das contratações vem de indicações de funcionários. Normalmente, nas melhores empresas, os processos de seleção são mais demorados e sofisticados, porque cada pessoa a ser contratada é importante – independentemente do cargo ou função.

Na Chemtech, uma empresa de engenharia química, a contratação é feita de diversas formas criativas. Uma delas consiste em oferecer aos melhores alunos do último ano de engenharia química de algumas universidades selecionadas, um curso sobre "como conseguir um bom emprego". Nesse curso há aulas de como fazer entrevistas, como escrever um bom currículo, como fazer apresentações e conhecimentos necessários. Durante o curso, os alunos são observados pela equipe da Chemtech e os que apresentam os comportamentos desejados são admitidos pela empresa. É bom lembrar que esses alunos já haviam sido selecionados anteriormente, ou seja, são os melhores em seus cursos.

E depois da contratação? Nas melhores empresas há uma preocupação muito grande em fazer o novo funcionário se sentir bem; ter certeza que tomou a melhor decisão de sua vida. Voltando ao exemplo do Google, a empresa envia um kit de boas-vindas para a casa do Noogler – como chamam todo novo funcionário; os veteranos são Googlers – dias antes do início do trabalho na empresa. O kit contém documentos, informações sobre benefícios, camiseta, adesivos, bloco de notas e boné (com hélices no topo!). Além disso, todo Noogler recebe uma verba para gastar da forma como quiser na loja virtual Google e mais outra para gastar como quiser na decoração da sua mesa.

Uma agência de publicidade do Canadá recebe os novos funcionários de uma maneira única, o *bear chart*, ou seja, o profissional passa pelo escritório distribuindo cerveja. É uma maneira de quebrar o gelo e de facilitar a integração. O interessante é que um escritório de advocacia ouviu a história e gostou da prática. Mas achou que a cerveja não daria certo no ambiente deles. Então, o novo funcionário passa distribuindo *doughnuts* – ou seja, a ideia foi adaptada à cultura da empresa.

Em uma empresa de serviços financeiros, na Cidade do México, o novo contratado faz um curso em *e-learning* dinâmico com quatro horas de duração, adaptando-se aos diversos estilos de aprendizagem. Após isso, tem um curso presencial de três horas e meia com os "guardiães dos valores", colaboradores que ministram o curso com testemunhos sobre a vivência dos valores, experiências de sucesso presenciadas, erros cometidos e como foram solucionados. Finalmente, fazem um treinamento técnico com instrutores especializados. Cabe mencionar que há uma nova integração depois de dois anos para reviver a experiência com os "guardiães dos valores". Os novos colaboradores devem obter certificação do código de ética; os antigos funcionários, periodicamente, buscam a recertificação.

Naturalmente, esses são só alguns exemplos do que algumas empresas fazem para garantir a contratação das pessoas certas e certificar-se que se integrarão na empresa de forma correta. A mensagem mais importante é que a seleção e contratação de pessoas não é uma atividade trivial ou de menor valor na construção de um excelente ambiente de trabalho; é, antes, uma das atividades essenciais e que merece um tratamento inovador – e muitas vezes trabalhoso. Mas, os resultados dessas excelentes empresas mostram que vale a pena.

2010

RESPEITO, UMA DAS CARACTERÍSTICAS DA **CONFIANÇA**

Por **José Tolovi Jr.**

[REVISTA LIDERANÇA]

Respeito é bom e eu gosto! Lembra-se da frase usada e imortalizada pelo presidente Jânio Quadros? A máxima ilustra o respeito devido aos superiores, aos mais velhos, às autoridades, aos professores, aos pais... enfim, àqueles que estão acima de nós na hierarquia. Esse comportamento é válido, especialmente no mundo contemporâneo – repleto da informalidade nas relações –, pois se tornou demonstração de educação. O problema desse "comportamento" é o fato de estar atrelado ao desenvolvimento de uma presunção que restringiu o respeito a esferas "elevadas". Você deve respeito a um superior hierárquico, mas não necessariamente merece a retribuição desse respeito. Afinal, a pessoa é superior! Creio que essa herança social inspirou as empresas a imitação impositiva. Esse comportamento está expresso, por exemplo, nas frases:

- "Manda que pode, obedece quem tem juízo."
- "Você sabe com quem está falando?"

Não que eu seja contra o respeito aos superiores. Aliás, como já mencionado, acredito que a prática representa uma forma educada de relacionamento. O problema nas organizações foi a criação de uma atitude autoritária, unilateral de comunicação e ação; atitude que gera poucas oportunidades de expressão dos subordinados. E qual o problema? Se as pessoas não podem ou não querem se expressar, perdemos oportunidades de descobrir problemas potenciais e de evitá-los. Todas as empresas ouvem os funcionários quando há uma greve; algumas, um pouco melhores, quando há ameaça de greve. Nas *"Melhores Empresas para Trabalhar"*, os gestores ouvem continuamente os funcionários para resolver os problemas constantemente; para que não haja necessidade da greve para solucionar situações incômodas.

Aqui está já a primeira atitude dos gestores nas *"Melhores Empresas para Trabalhar"*: ouvir sempre e com sinceridade os colaboradores. Essa é uma característica forte e presente em todas empresas com grau de excelência na gestão de pessoas; empresas com mecanismos bastante diversos. O mais simples é a formação e a exigência que os profissionais em cargos de liderança tenham entre as atribuições a disponibilidade para ouvir sempre os subordinados. Há, também, mecanismos gerais como linha direta com o presidente, ou uma linha especial com um grupo de pessoas que analisa o problema fora da hierarquia, encaminha soluções e toma providências. As reuniões abertas com a diretoria – na qual um grupo de funcionários que representa todos os níveis hierárquicos da empresa pode fazer perguntas diretas – é uma prática adotada há vários anos pelo grupo Accor, entre outras. Há uma empresa norte-americana que oferece um prêmio de 100 dólares ao funcionário que fizer a pergunta mais "embaraçosa" – desde que relevante –, aos diretores em cada encontro.

O que se nota na prática de se ouvir com sinceridade e constância é que os problemas são resolvidos constantemente, ou seja, perdem o potencial de se tornar ameaças à produtividade do negócio. Melhor do que isso é que as reclamações tendem a diminuir e as pessoas passam a dar sugestões, a trazer as melhores ideias para que sejam aproveitadas pela empresa. Ou seja, cria-se um clima de confiança entre chefes e subordinados, que é a essência de um excelente lugar para trabalhar. Para nós do Great Place to Work, *Respeito* é uma das três dimensões da Confiança. As outras são Credibilidade – já abordada em artigo anterior – e Imparcialidade.

Mas o respeito não se resume a ouvir; abarca, também, a forma como as pessoas são tratadas. Na verdade, se são tratadas como pessoas ou meros recursos substituíveis. Em outras palavras, o correto (e óbvio) é tratar pessoas como pessoas. O equilíbrio entre vida pessoal e profissional, por exemplo, é um dos temas críticos da atualidade. E não tem forma única; não se trata de menos horas de trabalho, mas da percepção individual do equilíbrio. Muitas vezes, as empresas criam mecanismos que facilitam a vida das pessoas como, por exemplo, flexibilidade de horários. Em muitas funções – e cada vez mais – não é necessário estar no escritório exatamente entre 9 horas e 18 horas. A simples possibilidade de entrar, ou sair fora das horas de tráfego intenso, pode ser crucial nas metrópoles. Ou poder fazer parte do trabalho em casa.

As empresas com grandes contingentes de mulheres têm cheches, lactários e pequenas escolas com atividades para que a mães possam

> **O respeito não se resume somente a ouvir os subordinados, mas também a forma como são tratados. Como pessoas ou como mero recursos substituíveis?**

trabalhar com tranquilidade. A Mantecorp é um excelente exemplo nacional. O equilíbrio, principalmente para jovens – às vezes dentro da própria organização, onde os funcionários podem jogar vídeogames, bilhar ou desenvolver atividades que os retirem da pressão criativa exigida por determinadas funções – os faz voltar renovados. Há, ainda, intervalos para a prática de esportes ou paradas programadas nas tarefas pessoais. Uma sugestão é se informar sobre as práticas da Google ou da *DreamWorks* para ter uma boa ideia do que estou falando.

O respeito compreende os cuidados das empresas com o desenvolvimento dos colaboradores. As *"Melhores Empresas para Trabalhar"* não cuidam apenas do desenvolvimento profissional, que é mínimo esperado, como do pessoal. Cursos, atividades, projetos – que muitas vezes não estão associados à função atual do funcionário – podem desenvolver resultar em um cidadão e profissional melhor.

Um último aspecto do respeito, pelo menos nesse artigo, é a forma como a empresa reconhece o bom trabalho dos funcionários. O reconhecimento é fundamental para a autoestima das pessoas; para sentirem que podem fazer mais – isso faz parte da natureza humana. Várias empresas incorporam o reconhecimento aos funcionários em festas com prêmios e honrarias – muitas vezes em eventos inspirados na entrega do Oscar. Outras reconhecem, como a FedEx, por meio de prêmios em dinheiro a cada gesto excepcional dos funcionários; prêmio entregue pelo gerente imediato. Outras formas de reconhecimento incluem a oferta de projetos audaciosos – ou complexos – a pessoas ainda em formação. Há, também, o simples reconhecimento público conduzido pelo chefe na frente dos demais colegas.

Para terminar – apesar deste tema ser bastante extenso e por vezes negligenciado pelos líderes – uma das formas de respeito é o reconhecimento que erros podem ser cometidos pelas pessoas. Errar é humano e a única forma de se progredir, inovar e desenvolver uma empresa é permitir que as pessoas ousem! Toda ousadia está sujeita a erros, ou pior, a punições. As empresas que só punem os erros sem os considerar forma de aprendizado estão cometendo um erro; estão perdendo a oportunidade de ser uma empresa inovadora. Não há inovação sem erros! A inovação é o desconhecido; algo que ninguém fez antes e por isso sujeito a falhas.

Creio que um grande exemplo sobre o tema vem de um banco brasileiro. A cada erro cometido por um caixa da instituição financeira – que deveria ser reembolsado pelo próprio funcionário, por contrato – é tratado da seguinte forma:

• Erros não intencionais, se fossem passíveis de serem cometidos por outros profissionais, são considerados oportunidade de treinamento.

• O caixa é convidado a explicar porque cometeu o erro e indicar como evitá-lo a grupos de profissionais que desenvolvem a mesma função.

• O erro, nesse caso, se torna treinamento, sendo que o custo sai da verba de treinamento.

O breve resumo sobre o respeito é que sempre devemos nos lembrar que estamos liderando pessoas com qualidades e fraquezas. Na prática, devemos administrar essas diferenças com o respeito que o indivíduo merece. Simples, não?

2010

COMO AS **MELHORES EMPRESAS** INSPIRAM OS **FUNCIONÁRIOS**

Por **José Tolovi Jr.**

[REVISTA LIDERANÇA]

Fala-se muito em motivar pessoas, mas a forma mais eficaz de se conseguir o entusiasmo e a dedicação dos colaboradores é inspirá-los, mostrar-lhes que o que fazem e o que a empresa faz merecem que cada um se dedique não só de corpo, mas principalmente de alma.

Motivar os funcionários sempre foi uma das principais preocupações de empresários, diretores, gerentes, supervisores e de qualquer gestor que precisa de uma equipe que apresente resultados. Vários artigos e livros foram escritos sobre o tema, inclusive com conteúdo controverso. Mais recentemente se criou o termo engajar – palavra que deveria significar mais que motivar. Funcionários engajados seriam pessoas motivadas, comprometidas e conscientes dos próprios objetivos e da empresa na qual atuam. Tudo isso está certo e seria ótimo se pudéssemos obter esses comportamentos de todos os que trabalham conosco. A grande dificuldade, entretanto, é a "fórmula" para obtermos um alto nível de engajamento ou motivação. Alguns pesquisadores chegaram a comprovar que não se pode motivar pessoas por ser a motivação um sentimento interno, ou seja, são as próprias pessoas que conseguem, ou não, se automotivar. Na prática, o que há são chefes capazes de desmotivar as pessoas.

O que temos observado nas milhares de empresas que avaliamos a cada ano é que as "Melhores Empresas para Trabalhar" usam uma série de práticas – chamadas pelo Great Place to Work® como práticas culturais – que em conjunto conseguem despertar atitudes individuais que contribuem para os objetivos e os resultados do negócio. Em outras palavras, obtêm o "engajamento" dos profissionais com uma série de práticas aplicadas e renovadas com criatividade, de maneira contínua.

Do ponto de vista gerencial, uma excelente empresa para trabalhar é composta de três características: é aquela na qual atingimos os objetivos empresariais; na qual as pessoas dão o máximo de si; onde se trabalha em equipe com um sentimento de família. Em resumo, os objetivos são realizados; as pessoas dão o melhor de si; e trabalham regime de cooperação e colaboração. Em cada uma das dimensões, encontramos três práticas culturais que se repetem nas "Melhores Empresas para Trabalhar". Uma dessas práticas – entre as nove identificadas pelo Great Place to Work® – está inserida na dimensão "atingir os objetivos empresariais" e chama-se Inspiração. As melhores empresas buscam constantemente fazer com que os colaboradores sintam qual é o seu papel na empresa, ou seja, essas organizações se empenham em mensurar os motivos de esses profissionais serem importantes para a organização; mostram porque a contribuição individual é única e imprescindível; e porque é importante se atingir os objetivos definidos.

Sabemos que as pessoas precisam ter uma meta e uma causa para se envolver e se dedicar. Às vezes, fazem isso até sem receber compensação financeira – como é o caso dos inúmeros voluntários de causas sociais nos quatro cantos do mundo. A inspiração, portanto, é fundamental para que as pessoas queiram contribuir e se engajar na causa da empresa. Pode-se observar que as empresas bem-sucedidas em geral têm causas muito fortes; causas normalmente expressas na missão ou visão da organização. Entretanto, algumas causas não são tão explícitas, mas representam a própria marca da empresa – seja pelo orgulho que os funcionários têm da marca ou dos produtos.

Mais e mais empresas buscam associar a marca a algo mais amplo como, por exemplo, a Danone. A empresa não pretende ser simplesmente uma companhia de produtos essencialmente lácteos, mas uma organização preocupada com a saúde dos consumidores, investindo em produtos lácteos que alimentam e produzem, ao mesmo tempo, efeitos medicinais. Isto é mais uma causa do que uma marca! A mensagem é que os supermercados devem aderir à causa da purificação da alimentação; da salvação do planeta e da humanidade como o Whole Foods e vários outros ao redor do mundo. E não apenas com campanhas de alimentos mais saudáveis – o que seria óbvio – mas com o uso de sacolas e embalagens recicláveis, menos plástico que não seja reciclável ou biodegradável etc.

Essas empresas inspiram os funcionários, mostrando que não são simples atendentes ou caixas, mas que fazem parte de uma organização que contribui para um mundo melhor. Algumas empresas inspiram os colaboradores por meio de seus "gurus" e principais líderes. A Microsoft de Bill Gates, ou a Apple de Steve Jobs são excelentes exemplos desse tipo de inspiração. A cada apresentação de um novo produto por Steve Jobs, uma nova carga de energia se espalha por toda a empresa, fazendo com que todos se sintam mais orgulhosos e com mais vontade de fazer mais – e melhor. Ou seja, inspirados!

Mas nem todas empresas possuem líderes carismáticos. Aliás, a maioria dos líderes empresariais não é carismática. Temos a sensação que todos o são, porque alguns líderes são os que mais aparecem na mídia e são citados por façanhas carismáticas! E claro que seria mais fácil se todas as empresas tivessem líderes carismáticos, mas como isso não é verdade, encontram outras formas de inspirar as equipes e pessoas. Um exemplo bastante dramático é a prática de uma empresa norte-americana de produção de marca-passos. Periodicamente, a empresa convida pacientes para visitar a empresa. Essas pessoas contam histórias de vida a grupos de funcionários; contam como foi importante a cirurgia de implantação do marca-passo; como o equipamento ofereceu sobrevida; e o que puderam fazer mais com a vida prolongada pelo instrumento eletrônico. Podem estar certos que esses funcionários que ouviram uma dessas histórias nunca mais se sentirão produtores de produtos eletrônicos, montadores ou embaladores. Todos se sentirão responsáveis por produzir equipamentos que salvam vidas. Portanto, cada detalhe do que fazem pode significar uma vida prolongada ou uma morte. Isso é muito forte e inspirador, sem dúvida alguma!

Mas nem todas as empresas são produtoras de marca-passos e nem todas possuem líderes exuberantes. Ainda assim, as melhores empresas sempre encontram formas de inspirar os colaboradores. O presidente da Caterpillar Brasil, quando visita a seção de pintura e tratores, salienta o quanto é importante o trabalho de cada funcionário; quanto a qualidade da pintura – portanto, o acabamento do produto –, leva clientes a acreditar na qualidade total do trator e a tomar a decisão de comprá-lo. Esse líder faz com que os profissionais se sintam realmente parte do conjunto da Caterpillar, não simplesmente operários da linha de pintura.

A Promon, como outras empresas, transmite com certa frequência vídeos com falas do presidente sobre diversos temas, mostrando sempre a importância da organização e o orgulho em nela trabalhar. O Magazine Luiza promove, anualmente, um "Encontrão" no qual um grande número de funcionários participa de um evento que se assemelha aos grandes shows das tardes dominicais da televisão brasileira. É uma injeção direta de ânimo, orgulho, engajamento e comprometimento com a empresa e futuro.

Muitas outras empresas procuram definir frases inspiradoras, constantemente lembradas aos colaboradores em cursos, palestras e ações no dia a dia. Como os hotéis da Accor com o *L'esprit sourire* (Cultivando sorrisos). Esta frase inspira todos os funcionários a lembrar da importância do atendimento atencioso expresso no sorriso cordial. Ou ainda, em uma jovem empresa de software SalesForce.com – hoje internacional – que resolveu mudar a forma de vender o produto, oferecendo-o como serviço e a um custo totalmente variável, criando a expressão paradoxal: "o fim do software". O logo da campanha, quase da empresa, é uma placa de proibido estacionar na qual no lugar do "E", está a palavra "software"! Não apenas é uma campanha ousada e arriscada, que se tornou permanente, mas uma campanha na qual internamente ninguém acreditava. O CEO e fundador da empresa encomendou *bottoms*; obrigou todos a usarem diariamente a peça; criou programas de treinamento para ensinar o que a empresa pretendia; e como reafirmou que a campanha tornava a empresa única e especial. Em pouco tempo todos estavam inspirados e coesos na inovadora proposição estratégica da empresa.

Como vemos, há muitas formas criativas de inspirar colaboradores, mas todas seguem algumas regras elementares:

• é preciso acreditar de forma apaixonada, ou fanática, no que se quer espalhar pela empresa;

• é preciso comunicar de forma inovadora e constante essas crenças;

• é preciso verificar constantemente se a mensagem está sendo absorvida, entendida e reproduzida em todos os níveis da organização.

Além desses fatores, é necessário não se ter ilusão de que uma bela missão escrita em um belo pedaço de papel é o suficiente para inspirar pessoas automaticamente.

2010

A **IMPARCIALIDADE** COMO CATALISADORA DA CONFIANÇA

Por **José Tolovi Jr.**

[REVISTA LIDERANÇA]

A imparcialidade no ambiente de trabalho, nomeada pelo Great Place to Work® como justiça ou trato justo aos empregados, tem inspiração na palavra inglesa *fairness* – que coloquialmente pode ser traduzida por jogo limpo. Todos nós entendemos o significado dessa expressão, ou até entendemos melhor o que é um jogo sujo. Imparcialidade (jogo limpo) é quando o ambiente corporativo conta com regras claras e não alteradas no decorrer do certame; é quando todos os jogadores, em nosso caso os empregados, entendem perfeitamente as regras. Parece que estamos falando de futebol ou de algum outro esporte, correto? Mas este é o cenário das organizações! As pessoas esperam a existência de regras, escritas ou não, e que sejam seguidas. Com essa prática, espera-se uma certa redução da incertezas relacionadas às empresas. As pessoas querem saber o motivo de alguns profissionais serem promovidos e outros não; porque determinadas pessoas demoram a ser promovidas.

Os funcionários querem saber, especialmente, os aspectos que envolvem o crescer na carreira – como evoluir na remuneração; o que aprender; competências a desenvolver; atitudes e comportamentos esperados; e como têm desempenhado as suas funções.

A inexistência de regras – ou a aplicação inconsistente de regras pelos líderes – tem consequências bastante conhecidas no ambiente de trabalho. Uma delas é a situação de incerteza, já mencionada, que gera a insegurança, o medo de tomar decisões; ainda pior, gera a busca de um protetor a quem bajular para garantir que carreira e salário tenham futuro. Essas situações levam o funcionário à constante preocupação de se proteger – o que faz, usando os meios possíveis. O tempo gasto com a autodefesa é totalmente improdutivo e compromete os resultados do negócio.

Uma outra consequência da não imparcialidade é a deterioração da credibilidade dos líderes. Se determinado líder age adequadamente, seguindo até as regras não escritas da organização, mas seus pares não adotam o mesmo procedimento, o conjunto perde credibilidade. Mais do que isso, a aplicação inconsistente de regras leva à percepção de desrespeito. Se um líder desrespeita as regras da empresas e promove, por exemplo, aumentos salariais indevidos, a percepção dos demais funcionários é que o chefe não o valoriza, portanto não o respeita. Finalmente, se a imparcialidade não é percebida pelos colaboradores, a confiança se deteriora e sabemos que um ambiente com relações de confiança é fundamental para os bons resultados das equipes e das empresas.

Como devem agir, então, os líderes para garantir a percepção de imparcialidade no ambiente de trabalho? Embora não seja fácil manter a imparcialidade consistente ao longo do tempo, é possível. Como a Promon garante que a empresa

> A inexistência de regras – ou a aplicação inconsistente de regras – tem consequências bastante conhecidas no ambiente de trabalho. Uma delas é a situação de incerteza que gera a insegurança, o medo de tomar decisões.

não perca funcionários por causa de salários inadequados? É claro que algumas – acredito que poucas vezes –, propostas irrecusáveis de remuneração são realmente irrecusáveis. Mas como garantir que se está pagando dentro dos padrões de mercado? A Promon possui uma política que permite a qualquer funcionário mostrar ao chefe que o salário recebido está em desacordo com o mercado; em resposta, esse chefe é obrigado a adequar o salário ou demonstrar de forma concreta a inconsistência da queixa. Parece uma política suicida permitir que os funcionários solicitem acertos de salário, não? No entanto, a proporção em que isso acontece é muito baixa. Por que? Porque todo líder na Promon sabe que deve prestar atenção ao nível salarial dos subordinados e garantir que esteja alinhado ao mercado. O gerente que não adota essa prática é mal avaliado pela empresa. Esta é uma forma institucional encontrada pela Promon, mas pode ser aplicada individualmente por qualquer líder e em qualquer organização.

E como cuidar das promoções? Quando um membro da equipe é promovido, todos os preteridos tendem a achar que houve injustiça. O que fazer? Só há uma solução: muita conversa e explicações sobre porque outra pessoa foi escolhida; mostrar o que falta para que o profissional seja considerado em uma próxima promoção. Em resumo, fazer com que todos entendam porque a promoção foi dada a determinada pessoa. A medida, com certeza, não deixará todos contentes, mas fará com que entendam que a promoção é justa e imparcial.

Na imparcialidade há questões menos frequentes como a discriminação por raça, sexo e idade, por exemplo, mas não de menor importância. No Brasil, muitas organizações – inclusive entre as "Melhores Empresas para Trabalhar" – têm programas específicos para estimular a diversidade que, além do valor intrínseco, geram um ambiente de harmonia, entendimento e desenvolvimento das pessoas nos âmbitos profissional e pessoal. Para garantir que os gerentes estejam atentos aos vários aspectos da imparcialidade, mais e mais empresas implementam ferramentas de comunicação para os funcionários – linhas exclusivas e sigilosas de atendimento a problemas no trabalho e pessoais; canais abertos com diretores e presidentes, que utilizam do trivial telefone até os meios mais modernos de mídias sociais.

Enfim, a manutenção da imparcialidade – que, aliás, nunca é perfeita – funciona como catalisadora da confiança nas organizações. No entanto, o sucesso dessa empreitada depende essencialmente da atitude dos líderes, mas pode ser estimulada e reforçada por ações corporativas que os mantenham constantemente alertas a essa necessidade.

2010

CREDIBILIDADE: UMA PERCEPÇÃO QUE FAZ A DIFERENÇA

Por **José Tolovi Jr.**

[REVISTA LIDERANÇA]

A inexistência de regras – ou a aplicação inconsistente de regras – tem consequências bastante conhecidas no ambiente de trabalho. Uma delas é a situação de incerteza que gera a insegurança, o medo de tomar decisões.

A credibilidade é a percepção que as pessoas têm de seus superiores. Você já se perguntou: meu chefe inspira confiança? Acredito e confio no meu chefe? Tenho certeza de que você já passou pelas mãos de chefes com alta credibilidade – sejam eles supervisores, gerentes, diretores ou presidentes – e, espero, que não por muitos nos quais você não confiava. A diferença é brutal. Quão desmotivante é trabalhar para uma pessoa em quem você não acredita ou não confia? E como é entusiasmante poder cooperar com superiores que você sabe que sabem o que estão fazendo; que são consistentes; que dizem sempre a verdade?

A credibilidade é uma dimensão essencial na construção e na manutenção de excelentes lugares para trabalhar. Falamos comumente em credibilidade da empresa, mas o que é a empresa senão seus gestores? A credibilidade da empresa é notada pelos funcionários – e também pelo público externo – pelas atitudes e comportamento de seus líderes.

Por que é tão importante a credibilidade? Intuitivamente podemos responder que é muito clara e óbvia a sua importância. Mas, objetivamente, podemos dizer que líderes com alta credibilidade são aqueles que:

- cumprem o que prometem;

- têm competência para gerir pessoas e alocar tarefas;

- comunicam-se com seus subordinados frequentemente, informando-os sobre tudo o que pode afetá-los;

- são abertos e acessíveis;

- respondem sempre direta e claramente a qualquer pergunta de seus subordinados;

- deixam claro o que esperam de seus subordinados;

- agem de acordo com o que dizem;

- são honestos e éticos.

Como se pode notar, são atitudes individuais que caracterizam a credibilidade, porém, existem práticas que reforçam esses comportamentos. Por exemplo, várias empresas conduzem reuniões mensais ou trimestrais nas quais a diretoria se expõe a grupos de empregados de diversos níveis hierárquicos para responder a qualquer pergunta. E qualquer pergunta tem que ser realmente qualquer pergunta. Portanto, vê-se

> A Credibilidade é uma dimensão crítica da Confiança. As pessoas seguem líderes porque acreditam em suas idéias, acreditam que suas ações são compatíveis com seu discurso e concordam com sua ética.

que na construção da credibilidade há uma dose de vulnerabilidade embutida. Os líderes que querem fazer a diferença têm que aceitar essa vulnerabilidade – o que nem sempre é muito confortável.

Recentemente, uma empresa multinacional estabelecida no Brasil fez uma comparação do nível de credibilidade de cada líder com o número de reuniões que esse líder havia feito com seus subordinados nos últimos seis meses. Alguma duvida sobre os resultados? Sim, aqueles que mais haviam se encontrado face a face com sua equipe eram os que tinham os mais altos índices de credibilidade.

Também se tornaram muito comuns os encontros individuais de presidentes ou diretores com grupos de funcionários de vários níveis hierárquicos em cafés da manhã, almoços ou simples encontros. Ou, ainda, o email direto do presidente e outras formas de comunicação que a tecnologia permite.

Mas, tão ou mais importante do que a comunicação é a consistência das ações, das atitudes e do discurso das pessoas em cargos de liderança. E, muitas vezes, as pessoas não se dão conta que estão agindo de forma inconsistente ou mesmo incoerente. Por exemplo, não cumprir o que promete pode ter origem no ato de prometer o que já se sabe que não se pode cumprir. Assim, algumas empresas estimulam o *feedback* constante de baixo para cima. Como estou agindo como chefe? O que poderia fazer melhor? O que deveria deixar de fazer? São perguntas que, quando feitas em um ambiente de confiança, podem revelar muitas atitudes das quais não estamos conscientes e que podemos mudar.

Como surgiu a Credibilidade no Modelo Great Place to Work®? Há, aproximadamente, 25 anos, Robert Levering e Milton Moskowitz entrevistaram gerentes e empregados de cerca de 200 empresas americanas, procurando entender porque em algumas empresas as pessoas se sentiam tão bem e, na maioria, tão mal.

Recolhendo e analisando o que diziam as pessoas concluíram que nas empresas realmente boas existia forte relação de **confiança** entre chefes e subordinados, **orgulho** no trabalho e uma sensação de família e **camaradagem**. Concluíram também que a característica mais marcante dessas empresas tão especiais, onde as pessoas produzem mais e adoram seu local de trabalho, era a **Confiança**. E, para melhor explicar a Confiança, dividiram-na em **Credibilidade, Respeito** e **Imparcialidade.**

2. GIFTWORK®

2006

COMO AS **MELHORES EMPRESAS PARA TRABALHAR** CRIAM "CULTURA GIFTWORK®"

Por **Robert Levering**

[ÉPOCA]

Neste artigo para uma importante revista semanal brasileira, Robert Levering identifica as nove ocasiões em que gestores podem ajudar a criar o que ele chama de "cultura *Giftwork®*", a essência de um "excelente lugar para trabalhar."

Como algumas empresas se tornam Great Places to Work®? Ou poderíamos perguntar: O que há de especial no que os líderes fazem em empresas como Promon, Serasa, Dow, Magazine Luiza, DPaschoal, Accor, Nestlé e as outras empresas que aparecem na lista do Great Place to Work® publicada nesta edição da Época das Melhores Empresas para Trabalhar no Brasil.

Nós que trabalhamos no Great Place to Work® Institute frequentemente ouvimos essa pergunta. Não é de admirar. Criamos as "competições" das Melhores Empresas para Trabalhar há mais de 20 anos e atualmente conduzimos competições em 29 países, inclusive esta no Brasil. Ao selecionar empresas para estas listas, fizemos pesquisas com mais de 600 mil funcionários em cerca de três mil empresas.

Com base nessa riqueza de dados e centenas de entrevistas internas que conduzimos em excelentes ambientes de trabalho em todo o mundo, chegamos a esta conclusão: Excelentes ambientes de trabalho criam culturas organizacionais que são qualitativamente diferentes de outros. Em particular, observamos que a estratégia de negócio gira em torno de sua cultura no ambiente de trabalho e que eles acreditam ser a confiança a chave para a produtividade e têm um modo em comum de iniciar programas relacionados a pessoas. Vamos dar uma olhada em cada uma dessas três características:

Primeiro, os líderes de excelentes ambientes de trabalho veem a qualidade da cultura no ambiente de trabalho como primordial para sua estratégia e para o sucesso do negócio. Muitas vezes, declaram essa crença explicitamente. A Accor Brasil, por exemplo, expressa isso na forma de um slogan: "People-Service-Profit". Ou seja, eles insistem que a direção deve criar uma excelente cultura no ambiente de trabalho para seus funcionários, os quais irão, por sua vez, fornecer um serviço superior aos clientes, o que então levará à maior lucratividade para os investidores. Essa estratégia de "Pessoas em Primeiro Lugar" contrasta com aquela mais convencional de ver a área de "recursos humanos" como um dos muitos componentes (assim como ativos financeiros, marketing, tecnologia, etc.) que podem ser manipulados independentemente de atingir o sucesso do negócio. A estratégia de "Pessoas em Primeiro Lugar" tem sido extremamente bem sucedida. Por exemplo, uma carteira de ações das "100 Melhores Empresas para Trabalhar" da Fortune superou o índice de mercado de ações Standard & Poors 500 por um fator de 5 para 1 nos últimos nove anos.

Segundo, excelentes ambientes de trabalho acreditam que a confiança seja crucial para aumentar a produtividade, promover a inovação e incentivar o trabalho em equipe. Portanto, eles invariavelmente questionam qual será o impacto de novas práticas ou políticas específicas sobre

Em uma cultura do tipo *gift-like*, as empresas vão além dos comportamentos mercadológicos convencionais quando se trata de compartilhar informações, demonstrar reconhecimento, comemorar e outras interações no dia a dia: elas são simplesmente mais generosas do que o necessário.

a cultura como um todo. Eles se preocupam especialmente se as novas práticas ajudarão ou não a aumentar o grau de confiança em seu relacionamento com os funcionários. Isto porque acreditam que os funcionários trabalham com mais empenho, de forma mais inteligente e de maneira mais cooperativa com a direção e uns com os outros quando confiam nela e sentem que a direção confia neles. Essa atitude diverge das abordagens mais convencionais à produtividade, às quais me refiro como A Grande Cenoura (oferecer incentivos para fazer que as pessoas trabalhem com mais empenho), A Grande Vara (recorrer a medidas coercivas), O Grande Pai (práticas paternalistas) ou As Grandes Estrelas (desenvolver sistemas que enfocam os que têm alto desempenho dentro da empresa). Outros métodos para obter produtividade podem ser válidos no curto prazo, mas cada um tem sérias limitações na forma de estratégia de longo prazo, especialmente quando comparados com a abordagem de tentar criar um ambiente onde há um alto grau de confiança entre funcionários e gestores.

A terceira principal característica diferenciadora é o modo como excelentes ambientes de trabalho criam uma cultura de confiança. Começa com sua abordagem ao trabalho em si. A maioria das organizações trata o trabalho dos funcionários somente como uma *commodity*, o que muitas vezes leva os funcionários a se sentirem alienados, como uma parte intercambiável de uma máquina. As pessoas sentem que seu trabalho é simplesmente uma troca entre pagamentos e quantidade de seu tempo e esforço. Mas o que acontece no típico ambiente de trabalho ao longo do tempo é que os funcionários sentem que a empresa não somente encara seu trabalho, mas também a eles mesmos como uma *commodity*. É por isso que as pessoas consideram seu próprio trabalho como parte de sua identidade pessoal e seu sentimento de valor próprio. É difícil para nós separar nosso trabalho de nós mesmos, assim nos sentimos degradados quando um empregador trata de maneira impessoal aquilo que fazemos.

Trocas *gift-like* versus *market-like*

Em contraste com o que acontece nos típicos ambientes de trabalho, excelentes empregadores demonstram que as pessoas estão dando parte de si mesmas ao trabalho. Eles respondem de maneira mais generosa do que poderia ser esperado ou requerido. Essa generosidade é demonstrada pelas políticas e práticas incomuns e distintivas dos excelentes empregadores. Mas também se caracteriza pelas maneiras como a empresa (por meio de seus gestores) vai além do exigido ao compartilhar informações, demonstrar reconhecimento, comemorar e uma série de outras interações cotidianas com os funcionários. Tais práticas e comportamentos podem ser caracterizados como mais do tipo "presente" do que como interações mercadológicas convencionais. Sendo mais generoso, o relacionamento entre a empresa e os funcionários é fortalecido, assim como os relacionamentos pessoais são invariavelmente fortalecidos quando presentes são trocados entre amigos e parentes. Essas empresas criam o que eu chamo de "Cultura *Giftwork*®", pois são ambientes onde a direção trata o trabalho dos funcionários como presentes, e não como *commodities*.

Na prática, como as Melhores Empresas para Trabalhar criam Cultura *Giftwork*®? A maneira mais fácil de explicar é observando os tipos específicos de políticas e práticas onde podemos ver interações no estilo *Giftwork*®. Mas primeiro, é importante ressaltar que essas interações não se aplicam a todas as áreas de políticas de recursos humanos. Por exemplo, a remuneração raramente é um fator diferenciador. Ou seja, as Melhores Empresas para Trabalhar em geral pagam às pessoas nas médias do mercado ou perto disso. Nem as avaliações de desempenho são feitas de forma diferente. Em geral, estes são aspectos do relacionamento entre o funcionário e a gestão aos quais me referi anteriormente como parte da troca de *commodities* de um emprego – o tempo e o esforço do funcionário em troca de pagamento e benefícios. Mas há outras áreas onde as empresas têm a oportunidade de se envolver em interações do tipo troca presente com os funcionários. Com base em nossa pesquisa, há nove áreas nas quais as Melhores Empresas para Trabalhar normalmente possuem políticas e práticas únicas e distintivas. Abaixo se encontra um breve resumo das nove práticas cultural no ambiente de trabalho nas quais os empregadores podem ajudar a criar uma Cultura *Giftwork*®:

PRÁTICA CULTURAL 1 – Contratar e receber

Excelentes ambientes de trabalho contratam pessoas enfocando-se no potencial e na personalidade de uma pessoa em vez de primordialmente em suas habilidades. Normalmente, eles também contam com um árduo processo de contratação para certificar-se da adequação do indivíduo à cultura da organização. E quando os novos contratados são trazidos a bordo, a direção normalmente os recebe na família/equipe com extensos programas de orientação, pequenos presentes, comemorações, etc. Isso dá início à dinâmica de dar presentes ao trazer o recém--chegado para um relacionamento especial como um membro da equipe/família em vez de meramente como um funcionário.

PRÁTICA CULTURAL 2 – Inspirar

Líderes de excelentes ambientes de trabalho percebem que uma de suas funções mais importantes é ajudar as pessoas a entender como seu trabalho tem significado para a organização e a sociedade; não é apenas uma tarefa para ganhar dinheiro para si mesmo e para os donos do negócio.

PRÁTICA CULTURAL 3 - Falar

A direção em excelentes ambientes de trabalho normalmente vai bem longe para ser aberta, até mesmo transparente, com relação às informações. Tal comportamento leva a uma disposição muito maior por parte dos funcionários para oferecer sugestões e ideias criativas.

PRÁTICA CULTURAL 4 - Escutar

Nas Melhores Empresas para Trabalhar, eles certificam-se de ter sistemas especiais para incorporar as ideias das pessoas, bem como para envolvê-las na tomada de decisão.

PRÁTICA CULTURAL 5 - Agradecer

Os gestores em excelentes ambientes de trabalho reconhecem e recompensam o bom trabalho e o esforço extra. Eles tentam alcançar o que uma empresa chama de "um clima de aprovação."

PRÁTICA CULTURAL 6 - Desenvolver e desafiar

Em excelentes ambientes de trabalho, é colocada muita ênfase na promoção de um ambiente de aprendizado, onde os funcionários podem descobrir e desenvolver seus talentos e interesses, bem como no fornecimento de caminhos para eles crescerem profissional e pessoalmente.

PRÁTICA CULTURAL 7 - Cuidar

Nossa pesquisa com funcionários tem demonstrado consistentemente que o principal fator para eles considerarem sua empresa como um Great Place to Work® é se eles sentem-se ou não cuidados como "indivíduos, e não apenas como funcionários". Descobrimos que muitos funcionários associam o "sentir-se cuidado" ao modo como a direção responde a uma crise em suas vidas pessoais, como por exemplo, uma doença séria ou a morte de um familiar. No nível organizacional, empregadores excelentes desenvolvem uma multiplicidade de maneiras (muitas vezes identificadas como programas de trabalho-família) para criar um ambiente estimulante.

PRÁTICA CULTURAL 8 – Celebrar

Os de fora notam que as pessoas fazem muitas festas nos excelentes ambientes de trabalho. As celebrações muitas vezes são por eventos pessoais, desde aniversários até outros marcos importantes. Mas as próprias empresas invariavelmente comemoram pequenos e grandes sucessos corporativos.

PRÁTICA CULTURAL 9 – Compartilhar

Em excelentes ambientes de trabalho, as empresas certificam-se de que os funcionários compartilhem dos frutos de seu trabalho por meio de vários mecanismos, desde a distribuição de lucros e a transferência de ações aos funcionários até métodos menos formais, mas igualmente significativos de recompensar as pessoas por suas contribuições.

Ao aproveitar essas nove práticas culturais para realizar interações *gift-like*, vemos como as Melhores Empresas para Trabalhar criam a cultura no ambiente de trabalho onde os funcionários se sentem realizados e a empresa pode ter mais sucesso.

Essas empresas criam o que eu chamo de "Cultura *Giftwork*®", pois elas são ambientes onde a direção trata o trabalho dos funcionários como um presente, e não como uma *commodity*.

2006

O QUE **DIFERENCIA** OS EXCELENTES **AMBIENTES DE TRABALHO** É O GIFTWORK®

Por **Robert Levering**

[MELHOR]

P: Qual seria, em sua opinião, a diferença básica entre um Great Place to Work® e os outros?

R: Descobri que as empresas com os Melhores Ambiente de Trabalhar em todo o mundo têm o que eu chamo de um ambiente onde se há interações *gift-like*. A ideia básica é muito simples. No ambiente de trabalho mais tradicional, o trabalho em si é considerado como uma *commodity*, ou seja, espera-se que o trabalhador faça determinadas tarefas durante um número específico de horas por dia. Em troca, ele recebe certa quantia em salário e benefícios. Em um excelente ambiente de trabalho, as pessoas também são pagas para fazer seu trabalho, mas há algo mais acontecendo. Por considerar o trabalho que as pessoas fazem como um *gift*, os gestores tratam-as como tal. Isso fica especialmente evidente na variedade de maneiras pelas quais os excelentes ambientes de trabalho demonstram reconhecimento às pessoas por fazerem um excelente trabalho.

Há vários anos, Robert Levering cunhou a palavra *giftwork*® para descrever os tipos de interações regulares que distinguem os excelentes ambientes de trabalho. Nesta entrevista para uma revista brasileira de RH, ele explica o conceito.

P: Então as empresas têm que demonstrar gratidão. O senhor acha que as empresas precisam de mecanismos formais de recompensas ou essa gratidão pode ser demonstrada por meio do relacionamento entre líderes (ou chefes) e funcionários na rotina de trabalho?

R: Ambos são importantes. Todas as Melhores Empresas para Trabalhar possuem métodos formais específicos que normalmente incluem prêmios de reconhecimento tanto à equipe como pessoais. Mas geralmente eles desenvolveram um ambiente em que é comum dizer "obrigado". Em alguns casos, isso requer algum treinamento dos gestores e supervisores. Mas muitas vezes é feito pelo exemplo, onde os altos líderes mostram seu agradecimento de maneira rotineira em todas as suas interações com os funcionários.

P: Que tipos de necessidades das empresas e dos trabalhadores devem ser satisfeitas, segundo o conceito *Giftwork*®?

R: Do ponto de vista do *Giftwork*®, não é tanto uma questão de necessidade como é de momento. Ou seja, há certas ocasiões no relacionamento com os funcionários em que é importante que a direção mostre sua generosidade. Já mencionei um desses momentos: depois de um funcionário fazer um trabalho além daquele de rotina. Outros momentos são: quando um funcionário começa na empresa; quando a direção deseja comunicar uma nova iniciativa aos funcionários; quando um funcionário está passando por uma crise pessoal não relacionada ao trabalho; quando um funcionário precisa de tempo para tratar de assuntos pessoais ou de família (como por exemplo, precisa de um horário mais flexível para cuidar dos filhos). Em todos esses momentos, as Melhores Empresas para Trabalhar contam com programas ou políticas que são percebidos pelos funcionários como generosos.

P: Como deve ser o relacionamento entre funcionários e empregadores nesse contexto?

R: Na estrutura do *Giftwork*®, empregadores e funcionários estão constantemente trocando presentes: O empregador é mais generoso naquilo que oferece aos funcionários (benefícios, tempo, informações etc.) e os funcionários oferecem mais trabalho do que lhes é exigido. Ao agir de forma generosa, o relacionamento é fortalecido e a confiança é construída, levando a uma empresa mais forte.

P: Qual seria a principal contribuição dos líderes no contexto do *Giftwork*®?

R: Primeiro, seu próprio exemplo é crucial. Como já disse, é importante que eles demonstrem gratidão aos funcionários por suas contribuições. Segundo, eles precisam ter certeza de que todos os gestores e supervisores tratam os funcionários de maneira positiva. Por exemplo, os altos líderes na maioria dos excelentes ambientes de trabalho têm mecanismos para certificar-se de que os supervisores não abusem dos funcionários verbalmente ou os tratem de forma injusta. Normalmente, isso requer que eles tenham políticas em vigor para permitir aos funcionários de nível mais baixo apelar diretamente à liderança sênior. Terceiro, eles precisam comunicar-se do modo mais aberto e transparente possível. É impossível desenvolver a confiança necessária a bons relacionamentos no ambiente de trabalho sem comunicações abertas.

P: Os profissionais de RH têm alguma contribuição a dar nesse ambiente?

R: Sim, de duas maneiras. Primeiro, eles têm de estar continuamente tentando encontrar maneiras de expandir o que é dado aos funcionários. Ou seja, eles têm de encontrar novos benefícios e desenvolver novas políticas que sejam consideradas únicas e distintivas. Segundo, a atitude com a qual os profissionais de RH apresentam benefícios ou novas políticas deve ser de generosidade.

P: Em sua opinião, quais são os desafios mais importantes enfrentados pelos profissionais de RH em um futuro de curto prazo?

R: Frequentemente, os profissionais de RH são considerados como técnicos em vez de pessoas que contribuem para o sucesso do negócio. Acredito que os profissionais de RH devem desenvolver um interesse e um forte conhecimento sobre produtividade.

P: Mas quase todas as atividades de RH buscam melhorar a produtividade. O senhor poderia nos dar um exemplo do que seria um RH orientado para a produtividade?

R: É verdade que a maioria das atividades do RH seja essencial para manter uma organização em andamento. Mas eu distinguiria entre atividades de RH que essencialmente mantêm os sistemas básicos de RH, como remuneração e benefícios, e aquelas que ajudam a diferenciar uma empresa de seus concorrentes. Considere, por exemplo, como os funcionários são recebidos em uma organização, algo pelo qual o RH tem responsabilidade na maioria das organizações. Excelentes Ambientes de Trabalho normalmente fazem algo de especial para dar as boas-vindas aos novos funcionários, muitas vezes os altos líderes recebem os novos pessoalmente. Isso faz que as pessoas se sintam como parte de uma equipe ou família. Em muitas outras empresas, os novos funcionários são simplesmente recebidos com uma pilha de papéis para serem preenchidos e, em seguida, são mandados para o início de seu trabalho cujo efeito é: pessoas sentindo-se como se estivessem sendo tratadas como peças em uma engrenagem. Quando as boas-vindas aos funcionários são mais generosas e eles se sentem como parte de uma equipe ou família, é muito mais provável que estejam dispostos a dar mais à organização em retribuição. Ou seja, eles oferecerão mais de seu *Giftwork®* à organização e a empresa será mais produtiva (se tiver interesse em particular no modo como as Melhores Empresas para Trabalhar dão as boas-vindas aos novos funcionários, o leitor pode ler um artigo online adaptado de meu livro para o website da Fortune (http://money.cnn.com/2006/01/09/news/companies/bestcos_welcomerituals/).

P: O senhor visitou algumas empresas brasileiras no ano passado. Existe alguma diferença em termos de gestão de RH entre essas empresas e outras empresas ao redor do mundo? Aliás, o senhor viu o *Giftwork®* nelas?

R: Na realidade, tenho visitado o Brasil regularmente desde 1997, quando abrimos o Great Place to Work® Institute® Brasil. Visitei muitas empresas naquela época em muitas áreas diferentes, inclusive de manufatura e telecomunicação, varejo e serviços financeiros. Também visitei várias empresas nos Estados Unidos, Europa, Ásia e em outros países da América Latina. Vi muitas diferenças em gestão de RH em minhas viagens, mas essas diferenças não estão relacionadas ao país. Especificamente, há empresas em todos os países que exibem o fenômeno do *Giftwork®*. No Brasil, as empresas que visitei e que apareceram em altas posições na lista das Melhores Empresas para Trabalhar do Great Place to Work® Institute Brasil são bons exemplos.

3. PERSPECTIVAS GLOBAIS

2004

DE QUE FORMA OS **MELHORES AMBIENTES DE TRABALHO NA ÍNDIA** SE COMPARAM AOS MELHORES NOS USA?

Por **Robert Levering**

[BUSINESSWORLD]

De que forma as Melhores Empresas para Trabalhar na Índia se comparam aos melhores nos USA? Com base nos dados reunidos pela segunda pesquisa anual das Melhores Empresas para Trabalhar da Businessworld, descobrimos que as Melhores Empresas para Trabalhar na Índia estão, de modo geral, posicionados ligeiramente abaixo dos muito melhores nos USA. No entanto, em certas medidas-chave, as Melhores na Índia classificam-se no mesmo nível ou acima de suas contrapartes americanas. Além disso, muitas das Melhores na Índia desenvolveram inúmeras práticas inovadoras que são genuinamente de classe mundial.

Podemos fazer comparações estatísticas com as Melhores Empresas para Trabalhar nos USA porque a lista da Businessworld é compilada usando a mesma pesquisa com funcionários (Great Place to Work® Trust Index©) que é usada pela Fortune na preparação de sua lista anual das "100 Melhores Empresas para Trabalhar". Para comparar os ambientes de trabalho no topo das listas tanto nos

USA como na Índia, examinamos os escores no Trust Index© das primeiras 10 e das primeiras 25 empresas em ambos os países. Os funcionários das primeiras 25 empresas nos USA classificam suas empresas em níveis mais altos em quase todas as perguntas da pesquisa. Por exemplo, onde 82% de funcionários nos USA das primeiras 25 empresas sentem-se adequadamente informados sobre os problemas e as mudanças no ambiente de trabalho, apenas 71% dos funcionários nas primeiras 25 da Índia concordaram. Na principal pergunta da pesquisa sobre se eles consideram sua empresa um "Great Place to Work®", 92% dos funcionários nas primeiras 25 dos USA responderam afirmativamente contra 78% de suas contrapartes indianas.

O interessante é que essa lacuna estreita-se consideravelmente se compararmos as primeiras 10 empresas de cada país. De fato, na pergunta sobre se os funcionários consideram sua empresa um "Great Place to Work®", a diferença foi de apenas 8% (94% contra 86%). As primeiras 25 empresas indianas têm escores mais altos do que a média dos escores para as empresas classificadas entre as 50 e 100 nos USA. Esses resultados indicam que a diferença entre os escores das primeiras 25 empresas americanas e indianas não é uma questão cultural. Os escores dessas primeiras 10 empresas na Índia enviam uma mensagem mais forte: qualquer ambiente de trabalho pode se tornar um excelente ambiente de trabalho. Realmente, em várias perguntas relacionadas ao fato de as pessoas se sentirem tratadas de forma justa, as primeiras 10 empresas indianas classificam-se perto ou acima das primeiras 10 empresas americanas. Na pergunta sobre se as pessoas sentem que todos têm a oportunidade de receber reconhecimento especial, as 10 primeiras da Índia classificaram-se 11% acima de suas contrapartes americanas.

Isto posto, devemos ainda levantar a questão de quais são os fatores que conduzem aos escores mais baixos entre as 25 primeiras empresas na Índia. A diferença mais drástica entre os dois países na pesquisa foi na pergunta sobre se os funcionários consideram seus ambientes de trabalho "fisicamente seguros". Nesta pergunta, há uma diferença de 43%, sendo que um pouco mais da metade dos funcionários indianos concorda com essa afirmação de que seus ambientes de trabalho são seguros contra uma concordância quase unânime dos funcionários nos USA. Certamente, a noção de segurança no ambiente de trabalho, seja relacionada à estrutura ou segurança do prédio ou os riscos percebidos associados à realização do trabalho, pode influenciar a confiança dos funcionários na direção. A percepção de segurança física dos funcionários nos melhores da Índia é surpreendentemente baixa em comparação com os níveis em geral altos de confiança em outras questões.

Outra área de diferença onde as empresas indianas têm escores significativamente mais baixos é na pergunta sobre se os funcionários sentem que a direção é "acessível, fácil de conversar" (22% mais baixos entre as primeiras 25% e 15% mais baixos entre as primeiras 10). Esta é uma área na qual as Melhores Empresas dos USA possuem vários métodos de comunicação espantosamente informais. Em muitas empresas, o CEO e outros líderes tratam todos os funcionários e são tratados por eles pelo primeiro nome, alguns até revisam as listas de funcionários mensalmente para assegurar-se da familiaridade com os nomes e os rostos de novos funcionários. Alguns desses líderes conduzem cafés da manhã semanais ou mensais com os funcionários de todos os níveis, solicitando ideias e feedback sobre as questões referentes ao ambiente de trabalho. Nos refeitórios, os CEOs juntam-se aos funcionários com frequência para almoçar, sentando-se a cada dia com funcionários diferentes. Algumas empresas fazem questão de que os novos funcionários se reúnam com o CEO após umas poucas semanas ou meses na empresa, a fim de fazerem qualquer pergunta mais demorada, dar feedback ou fazer sugestões. Esses tipos de práticas vão além das políticas de portas abertas comuns em ambos os países. Uma vez que a comunicação é tão vital para criar uma sensação de confiança, suponho que à medida que as empresas indianas desenvolverem mais – e variados – meios de promover a acessibilidade da direção, seus escores gerais melhorarão nessa pesquisa.

Uma última área na qual as empresas indianas têm escores notavelmente mais baixos é no campo do equilíbrio entre trabalho e vida. Entre as primeiras 10 empresas, o escore das empresas indianas está em média 20% abaixo daquele das primeiras 10 dos USA em uma pergunta sobre se eles sentem que a empresa os incentiva a equilibrar sua vida profissional e sua vida pessoal ou a tirar uma folga do trabalho quando eles sentem ser necessário. Essa questão tem sido uma preocupação importante entre as empresas americanas nos últimos 15 a 20 anos, sendo que a maioria instituiu vários programas e políticas para flexibilização do tempo, por exemplo. É de se esperar que os escores das empresas indianas aumentem nessa área à medida que mais empresas indianas instituam tais programas.

Examinando os diversos programas oferecidos pelas empresas em ambos os países, podemos observar que há tanto similaridades como algumas diferenças impressionantes, talvez de origem cultural, quanto ao modo como as empresas incentivam a camaradagem entre os funcionários. Em ambos os países, os empregadores celebram "dias temáticos" (nos quais os funcionários se fantasiam ou comemoram qualquer coisa, desde a sexta-feira até feriados nacionais), elaboram concursos entre os departamentos, promovem grupos de atividade ou passatempo para os funcionários e assumem recolhimentos de impostos de funcionários que estejam passando por uma crise. "Comitês de divertimento" são comuns nas empresas dos Estados Unidos. Os funcionários nos "comitês de divertimento" planejam comemorações, concursos e atividades para seus colegas. Do mesmo modo, "comitês de diversidade" asseguram que seja respeitada e celebrada a diversidade de raça, idade, sexo e orientação sexual no ambiente de trabalho. A maioria das atividades que promovem a camaradagem nas empresas dos Estados Unidos ocorre durante o dia de trabalho. Uma exceção é uma prática comum chamada "Traga seu filho para o dia de trabalho", no qual os funcionários trazem seus filhos para o escritório.

As práticas nas empresas indianas parecem ser mais diversificadas. Algumas das empresas promovem torneios esportivos regularmente, fazem piqueniques mensalmente e têm atividades no fim de semana. Muitas dessas atividades envolvem os filhos ou as famílias, como a exibição de um filme no sábado de manhã para os filhos dos funcionários. Além disso, algumas empresas indianas dão destaque a celebrações culturais, com os funcionários cantando, dançando e atuando. Esses tipos de atividades são bem mais raros nas empresas dos Estados Unidos.

2010

EQUILIBRANDO TRABALHO E FAMÍLIA NAS MELHORES EMPRESAS PARA TRABALHAR DO MÉXICO

Por **Jennifer Amozorrutia**

[GESTIÓN]

Devido às atuais condições no cenário socioeconômico, o papel profissional tem mudado pouco a pouco. O trabalho não somente é uma necessidade, mas também uma fonte de satisfação e realização pessoal. Contudo, conciliar esses dois aspectos (o pessoal e o profissional) não é uma tarefa fácil. Quando esse assunto é posto em discussão, algumas pessoas automaticamente dizem que elas não têm um equilíbrio entre vida pessoal e profissional.

Esse equilíbrio refere-se à integração das demandas profissionais com os papéis na família (ou papéis fora do trabalho). Tal equilíbrio é essencial para as pessoas manterem um estado de bem-estar e sua qualidade de vida. No México, o Great Place to Work® Institute avaliou os níveis de equilíbrio entre vida profissional e pessoal nas organizações. Os resultados da Pesquisa Trust Index© conduzida em 2009 revelam que os níveis de equilíbrio entre vida profissional e pessoal nas organizações sofreu

Equilibrar trabalho e vida familiar tornou-se uma preocupação significativa entre todas as empresas que o Great Place to Work® Institute pesquisou em todo o mundo. Jennifer Amozorrutia, pesquisadora associada do Great Place to Work® Institute México traz insights de seus estudos das Melhores Empresas para Trabalhar de seu país.

modificações ao longo do tempo. Observou-se um crescimento de 2007 para 2008. Apesar da crise, o nível de equilíbrio entre vida pessoal e profissional nas Melhores Empresas para Trabalhar® mexicanas não sofreu maiores infortúnios de 2008 para 2009; como mostrado, eles mantiveram seu nível, apesar do desafio econômico.

AS MELHORES EMPRESAS PARA TRABALHAR® MANTIVERAM SEUS NÍVEIS DE EQUILÍBRIO ENTRE VIDA PESSOAL E PROFISSIONAL DURANTE A CRISE

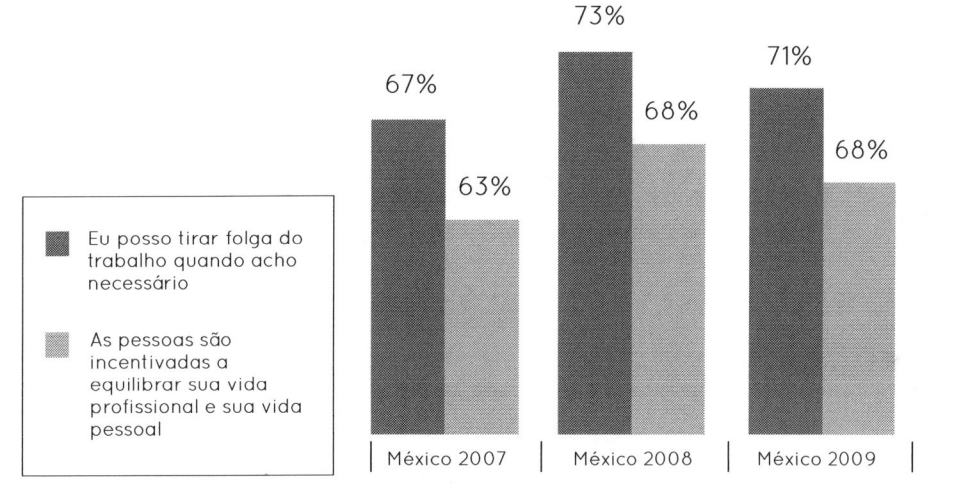

- Eu posso tirar folga do trabalho quando acho necessário
- As pessoas são incentivadas a equilibrar sua vida profissional e sua vida pessoal

	México 2007	México 2008	México 2009
Eu posso tirar folga	67%	73%	71%
Incentivadas a equilibrar	63%	68%	68%

Great Place to Work® Institute México 2009. Todos os Direitos Reservados.

De acordo com a pesquisa conduzida pela Accenture em 2009, quase 8 entre 10 profissionais mencionam desejar um equilíbrio entre seu trabalho e sua vida pessoal como prioridade. Além disso, ao identificar suas prioridades, eles classificaram o equilíbrio entre vida pessoal e profissional em segundo lugar, seguido do salário.

Não ser capaz de encontrar esse equilíbrio acarreta muitas consequências negativas para as pessoas.

Entre elas, problemas de saúde (como doenças ligadas ao estresse, hipertensão, depressão, ansiedade, tendência a abuso de substâncias tóxicas e alimentos não saudáveis), problemas na dinâmica familiar e do casal. Além disso, segundo a Organização Internacional do Trabalho (OIT), no nível profissional, pode trazer consequências como falta de motivação, rendimento profissional mais baixo, níveis mais baixos de desempenho, menos cumprimento de deveres e menos sensação de estabilidade. Tudo isso leva a uma perda de potencial dos funcionários.

Em 2009, 83% dos funcionários nas primeiras 10 empresas incluídas no *Ranking* do Great Place to Work® México consideraram que, em suas organizações, eles são incentivados a buscar o equilíbrio entre vida pessoal e profissional e 85% disseram que podem sair de seus ambientes de trabalho para resolver problemas pessoais. Neste gráfico, também se observa uma diferença marcante (mais de 20%) entre as empresas não qualificadas no *Ranking* e as primeiras 10 empresas qualificadas.

Outro dado importante que vale ressaltar é que não foram encontradas diferenças significativas de sexo em suas respostas (71% de respostas positivas de homens e mulheres, respectivamente). Entretanto, foram encontradas diferenças no equilíbrio entre vida pessoal e profissional quando se trata de nível hierárquico, onde 88% de Diretores de 88 Melhores Empresas para Trabalhar® no México responderam positivamente a poderem sair do ambiente de trabalho para resolver problemas pessoais, contra 67% do pessoal operacional. Isso indica que é preciso que as empresas concentrem seus esforços para incluir todos os níveis hierárquicos em suas práticas e iniciativas.

AS MELHORES EMPRESAS PARA TRABALHAR® NO MÉXICO FAZEM ESFORÇOS EXCELENTES PARA PROMOVER UM EQUILÍBRIO ENTRE A VIDA PROFISSIONAL E A VIDA PESSOAL

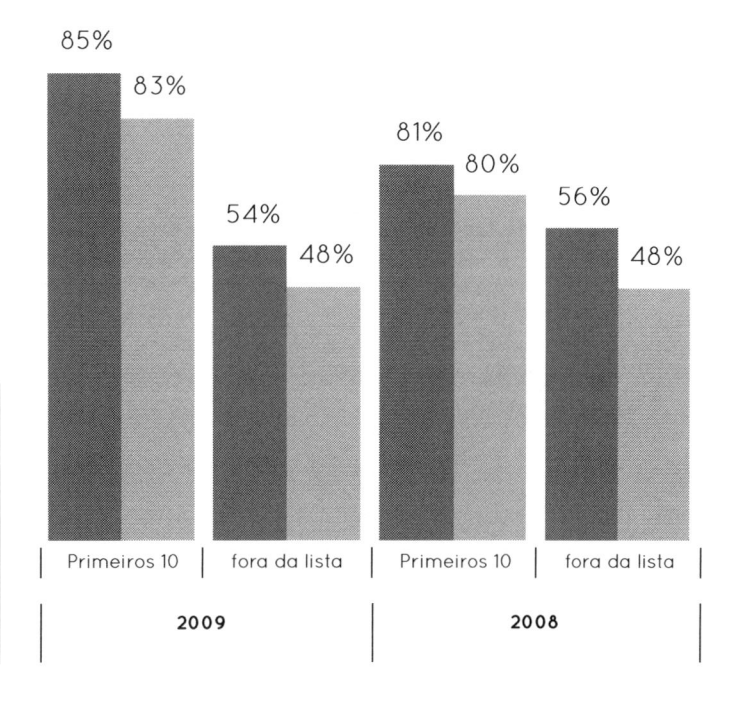

	2009		2008	
	Primeiros 10	fora da lista	Primeiros 10	fora da lista
Eu posso tirar folga do trabalho quando acho necessário	85%	54%	81%	56%
As pessoas são incentivadas a equilibrar sua vida profissional e sua vida pessoal	83%	48%	80%	48%

No México, foi demonstrado que muitas organizações agora estão atentas a esse tema, principalmente as Melhores Empresas para Trabalhar®. Por outro lado, esse estudo revelou que, apesar dos esforços feitos pelas organizações no México, há ainda um longo caminho a percorrer. Enquanto os níveis de equilíbrio entre vida profissional e pessoal são semelhantes nos USA, América Latina e Europa, no México eles mostram uma grande diferença de quase 20%. Isso significa que é essencial que as empresas no México estimulem iniciativas e práticas elaboradas para criar um ambiente de trabalho mais flexível, favorecendo a qualidade de vida.

De acordo com os resultados de diversas investigações conduzidas nos USA, favorecer o equilíbrio entre vida profissional e pessoal nas organizações tem um impacto importante. Um estudo conduzido pela empresa de consultoria Morgan Redwood afirma que as organizações onde esse equilíbrio é promovido têm lucros maiores: 20% a mais por ano por funcionário. Além disso, os resultados de uma pesquisa conduzida pela empresa de consultoria Spherion revelam que 90% das organizações com programas para estimular o equilíbrio entre vida pessoal e profissional melhoraram seus níveis de satisfação profissional.

EQUILÍBRIO ENTRE VIDA PESSOAL E PROFISSIONAL NO MÉXICO E AO REDOR DO MUNDO

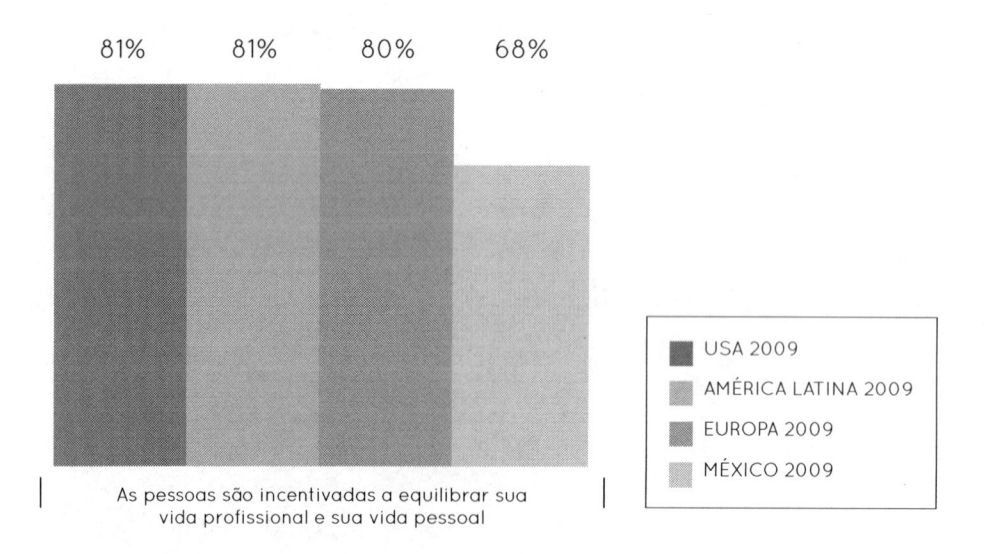

81% 81% 80% 68%	
As pessoas são incentivadas a equilibrar sua vida profissional e sua vida pessoal	■ USA 2009 ■ AMÉRICA LATINA 2009 ■ EUROPA 2009 ■ MÉXICO 2009

Também, e em consequência de muitos anos de trabalho e pesquisa com organizações no México e ao redor do mundo, o Great Place to Work® Institute identificou práticas que promovem e estimulam esse equilíbrio nos funcionários. Algumas das práticas mais comumente usadas pelas melhores empresas são: horário flexível, turnos parciais, trabalho em casa, programas promotores da saúde, programas psicológicos e de apoio legal aos funcionários e suas famílias, programas de integração familiar, contratos com centros esportivos e estabelecimentos comerciais, serviço de creche e dias pessoais.

É certo que uma vida mais equilibrada nos aspectos familiares e profissionais beneficia os colaboradores bem como as organizações ao aumentar a criatividade, o trabalho em equipe, a eficiência, a produtividade, o nível de satisfação profissional e uma sensação de lealdade e compromisso com a organização. Adicionalmente, ajuda a reduzir os índices de absenteísmo e rotatividade voluntária.

2007

SOBRE TOLSTOY, ESTRATÉGIA DE **NEGÓCIO** E **CULTURA** CORPORATIVA

Por **Robert Levering**

[ÉPOCA]

A obra-prima de Tolstoy, Anna Karenina, começa com a memorável frase: "Todas as famílias felizes se assemelham; cada família infeliz é infeliz à sua maneira."

À primeira vista, a máxima de Tolstoy não parece se aplicar a ambientes de trabalho. Se der uma olhada na lista de As 100 Melhores Empresas para Trabalhar deste ano, você provavelmente ficará surpreso como esses ambientes de trabalho felizes parecem ser muito diferentes uns dos outros. Antes de mais nada, há uma excelente diversidade nos tipos de empresas. Há empresas em uma ampla gama de áreas de atuação, desde serviços financeiros (BV Financeira, Losango, Banco Itaú Veículos), até manufatura (Plascar, John Deere, Caterpillar), software (Microsoft, Sabre Travel Network, Matera Systems), consultoria (Chemtech,

As Melhores Empresas para Trabalhar parecem ter mais diferenças do que coisas em comum. Ainda assim, todos desenvolveram culturas que são uma extensão da estratégia de negócio de sua empresa, de acordo com Robert Levering neste artigo publicado em uma revista brasileira de negócios.

Service IT, Kaizen), produtos de consumo (Kimberly-Clark) e medicamentos (Mantecorp, Wyeth, Daichii Sankyo). Algumas são pequenas empresas (103 funcionários na G&B Autopeças Alternativas) outras são grandes empresas (65.637 funcionários no Bradesco). Algumas são empresas brasileiras pouco conhecidas (Pormade Portas e Zanzini Móveis), enquanto outras são multinacionais bem conhecidas (FedEx e Dell). Algumas são jovens (a Taií tem 4 anos) e outras mais antigas (a Boehringer Ingelheim tem 123 anos).

Claramente, também é difícil enxergar o que essas empresas têm em comum em termos de práticas no ambiente de trabalho. Cada uma tem suas práticas exclusivas não copiadas de outras Melhores Empresas para Trabalhar. Alguns exemplos: o canal interno de TV de propriedade da varejista Magazine Luiza, o distinto processo de gestão de desempenho da Caterpillar e o Accor Profiles, um banco de dados usado pela matriz do conglomerado de hospitalidade para identificar as habilidades e interesses de seus líderes executivos em todo o mundo.

Contudo, a frase de Tolstoy realmente se aplica aos ambientes de trabalho se nós atravessarmos a superfície e examinarmos o relacionamento da cultura da empresa com sua estratégia de negócio. Veremos então que todo excelente ambiente de trabalho desenvolveu uma cultura que é uma extensão da estratégia de negócio da empresa. Em outras palavras, as diversas práticas da empresa estão intimamente relacionadas ao que a empresa está buscando realizar. Mais do que isso, as práticas normalmente estão bem integradas uma com as outras.

Não precisamos ir além do ambiente de trabalho número um deste ano no Brasil, a Chemtech, para ver um excelente exemplo dessa peculiaridade. Uma das características mais notável da cultura no ambiente de trabalho é o modo como a Chemtech faz seu recrutamento de novos funcionários. A empresa dá consultoria em engenharia química dentro da indústria petroquímica. Para ser bem sucedida em seu campo, acredita-se que ela precise atrair os melhores recém-formados naquele campo e treiná-los desde os estágios iniciais de suas carreiras. Para tanto, a Chemtech adotou várias estratégias particulares de recrutamento, incluindo estágios patrocinados, para atrair os candidatos muito melhores.

Caja Madrid, uma empresa do setor financeiro espanhola de 300 anos de idade, ilustra outro exemplo de como isso funciona. Vários anos atrás, o governo espanhol decidiu desregulamentar o setor financeiro. Antes da desregulamentação, a Caja Madrid tinha o monopólio das poupanças na região de Madri. A desregulamentação significava que a empresa competiria com todos os tipos de instituições de serviços financeiros, inclusive concorrentes multinacionais. Os líderes do banco perceberam que sua cultura singular era seu ativo mais importante. O banco doa quase 25% de seus lucros anuais para diversos grupos sem fins lucrativos para ajudar em suas comunidades. É uma empresa onde os funcionários falam abertamente do sentimento de "família", apesar de seu grande tamanho. Assim, eles decidiram que enfatizariam o treinamento de todos em uma série de habilidades para que as pessoas pudessem ter a flexibilidade necessária para o novo ambiente competitivo. Eles introduziram um programa de treinamento online extraordinário com dezenas de módulos diferentes e concederam grandes descontos para os funcionários comprarem seus próprios computadores para estudar em casa. Os resultados foram incríveis, já que a Caja não apenas manteve seus próprios contra seus novos concorrentes, mas ampliou seu número de agências e abriu novas linhas de negócio.

A Continental Airlines é outra empresa na qual podemos ver a interação entre estratégia de negócio e cultura no ambiente de trabalho. Em meados da década de 1990, essa companhia aérea lutava com esforço e pedira falência no passado recente. Uma nova equipe de liderança assumiu e rapidamente percebeu que a empresa nunca poderia sobreviver sem criar uma nova cultura no ambiente de trabalho. Em especial, eles perceberam que a companhia não poderia ter sucesso enquanto os diferentes grupos de funcionários – pilotos, comissários de bordo, pessoal serviço de rampa, agentes de reservas, representantes de atendimento ao cliente etc. – continuassem a brigar entre si – uma característica comum entre as companhias aéreas. Os líderes, então, lançaram uma nova campanha interna chamada "Trabalhando Juntos" para iniciar uma nova era. Entre as diversas iniciativas se encontravam um grande esforço de comunicação interna e a generoso plano de distribuição de lucros. A companhia aérea também introduziu um plano de bônus no qual todos os funcionários receberiam um bônus de $60 se a empresa se classificasse entre as primeiras três linhas aéreas na pesquisa mensal de satisfação do cliente da agência federal de aviação. Quando a campanha foi lançada, a Continental classificou-se em último lugar entre as 10 maiores companhias aéreas na pesquisa mensal. Em três meses após a introdução dessa campanha, os funcionários da Continental estavam trabalhando juntos tão bem que ficaram em primeiro lugar entre as transportadoras. Essa nova cultura de trabalho em equipe também compensou, já que a empresa tornou-se lucrativa pela primeira vez em anos.

Um último exemplo de como As Melhores Empresas para Trabalhar tem culturas que estão interligadas com sua estratégia de negócio é o eBay, a maior comunidade de leilão online do mundo "onde praticamente qualquer um pode vender praticamente qualquer coisa a qualquer momento". No eBay, tudo está relacionado à missão da empresa de conectar pessoas. Dentro da empresa, foi construída uma cultura que defende três valores básicos:

• As pessoas são basicamente boas.

• Todo mundo tem alguma coisa com o que contribuir.

• Um ambiente aberto traz à tona o melhor das pessoas.

Essa cultura interna aberta e de confiança foi criada para espelhar seu modelo de negócio de conectar pessoas no ciber espaço por meio de seus leilões online. Os funcionários do eBay conseguem sentir como sua cultura afeta seus clientes e seu negócio em sua convenção anual eBay Live que reúne mais de 10 mil vendedores e compradores. O ponto alto da convenção é um evento de gala com a apresentação de uma estrela da música. Ao entrar no hall da convenção, os participantes são recebidos por centenas de funcionários do eBay que formam um tipo de fila de recepção. O evento demonstra tanto a clientes como aos funcionários como ambos ganharam com sua cultura interna de abertura e confiança.

2009

A CHAVE PARA A TRANSFORMAÇÃO **ORGANIZACIONAL**

Por **Adriana de Souza**

Ao revisar alguns dos trabalhos de principais pensadores do desenvolvimento organizacional, Adriana de Souza reflete sobre a importância de entender a cultura organizacional. Ela é CEO do Great Place to Work® Institute Bolívia

É surpreendente o poder que uma ideia inspiradora pode ter. Foi exatamente isso o que aconteceu com Robert Levering, cofundador do Great Place to Work® Institute quando empreendeu a extensa pesquisa nos USA para identificar as características de um Great Place to Work®. Ele entrevistou gestores, pessoas de nível médio e todos aqueles que eram responsáveis pelo duro trabalho diário das empresas para as quais trabalham. O que as empresas devem representar para seus funcionários para tornar suas atividades diárias um processo recompensador, ou seja, mais do que um "emprego?"

Após analisar os resultados de sua pesquisa, Robert desenvolveu um Modelo, o principal elemento do Instituto dentro dos 43 países onde atua.

Por mais de duas décadas, mais de 10 mil empresas ao redor do mundo inspiraram-se no Modelo, inclusive aquelas com características já compatíveis com ele. Várias outras empresas se comprometeram com seu processo de transformação, de modo a tornarem-se um Great Place to Work®.

Até agora, mais de 4.500 empresas foram reconhecidas como Great Place to Work®. Além disso, a expectativa é de que esse número continue a crescer, considerando que a missão do Instituto é "Construir uma sociedade melhor, ajudando empresas a transformar seu ambiente de trabalho".

Uma máxima bem conhecida é "o que não pode ser medido não pode ser mudado." Assim, o Trust Index© foi desenvolvido pelo Instituto como uma maneira de medir a percepção dos funcionários com respeito a 57 padrões de comportamento. Essa ferramenta oferece um diagnóstico baseado em 5 dimensões (Credibilidade, Respeito, Imparcialidade, Orgulho e Camaradagem) definidas pelo Modelo, mas também age em outro nível. O próprio processo de examinar a cultura organizacional de uma empresa, onde toda mudança deve começar, tem um efeito de transformacão.

O Modelo começa seu trabalho com os funcionários, e a principal ênfase é no nível de confiança entre os funcionários e os líderes da empresa. Sob essa luz, reflita sobre a seguinte observação escrita por Levering em 2000: "do mesmo modo que o amor caracteriza a postura dos dois lados ou elementos em um bom casamento, a confiança caracteriza a postura de ambos os lados em um relacionamento de trabalho frutífero."

Definindo a cultura organizacional

A sociedade levou as organizações à mudanças. Mudanças tecnológicas, econômicas, políticas e sociais empurraram as empresas para uma dinâmica empresarial completamente diferente, a qual levou as empresas a fronteiras. Isso se evidencia nas maneiras pelas quais algumas empresas promovem o desenvolvimento do potencial de seus funcionários, enquanto outras o limitam.

Para atuar de uma maneira estratégica e eficiente, é preciso que a empresa entenda a importância de sua cultura. Edgar Schein, em 1984, sugeriu que a compreensão da cultura organizacional era chave para gerir uma empresa. Ao identificar a cultura da empresa, os líderes começam a agir de maneira consistente, enquanto operam mudanças duradouras.

Esse entendimento da cultura envolve não apenas observar os relacionamentos entre os poderes, mas também as regras não escritas ou o que é considerado como verdade. Tal observação profunda pode esclarecer comportamentos antes inexplicáveis e permite planejar ações coerentes, compatíveis com a realidade da organização.

A primeira definição de cultura organizacional aparece em um livro de Elliot Jacques em 1951, no qual ele descreve as mudanças organizacionais dentro de uma siderúrgica inglesa. Ele relaciona cultura à estrutura e personalidade, definindo cultura como o "modo tradicional de pensar e de fazer as coisas acontecerem compartilhado nos altos e baixos níveis" e que deve ser aprendida por todos ou pelo menos parcialmente aceita para que uma pessoa consiga trabalhar na empresa.

Schein disse: "a cultura organizacional é o padrão de pressupostos básicos inventados, descobertos ou desenvolvidos por um determinado grupo no processo de aprendizagem de como resolver seus problemas de adaptação externa e integração interna e que funciona suficientemente bem para ser considerado válido e dever ser ensinado aos novos membros do grupo e a maneira certa de perceber, pensar e sentir em relação a esses problemas". Em outras palavras, a cultura se forma sobre aquelas premissas que parecem compatíveis com o pensamento de todo o grupo. O ser humano precisa de consistência e ordem e acha perturbador viver com regras contraditórias.

Enquanto Schein diz que a cultura de uma empresa sempre estará relacionada à cultura do país onde está inserida, Andrea Rodriguez argumenta que "uma cultura nacional não é explicação suficiente das diferenças observadas no comportamento empresarial". Mas Rodriguez ressaltou, em 1993, que o entendimento da cultura organizacional realmente fornece informações que podem informar a efetividade de uma empresa, bem como a qualidade de vida entre seus membros.

James Collins e Jerry Porras (em 2000) identificaram os diferentes fatores dentro das empresas consideradas como visionárias e bem sucedidas. Uma de suas conclusões é a de que tais empresas desenvolveram uma ideologia central – valores e metas do grupo que vão além de ganhar dinheiro. Os ideais nobres existiam nas empresas visionárias não apenas durante os momentos de sucesso, mas também nos momentos em que tiveram de lutar para sobreviver. Nesse sentido, eles mencionam a declaração de valores publicada pela SONY em 1947, quando a empresa tinha apenas dez meses de idade e operava em uma velha sala em meio às ruínas de um Japão bombardeado. Tais eram as condições que uniram as pessoas, com um forte espírito de trabalho em equipe, e ajudaram a desenvolver a "capacidade tecnológica que vem do fundo do coração" da SONY.

Em linha com seu desafio, Robert Levering ressaltou que qualquer organização pode tornar-se um Great Place to Work®, desde que seus executivos estejam comprometidos em transformar a cultura de suas empresas e compartilhem a crença de que o sucesso do negócio reside genuinamente nas pessoas. Esta é a base necessária para estabelecer um alto nível de confiança – elemento determinante em um Great Place to Work®.

2005

O CHILE E AS TENDÊNCIAS GLOBAIS NOS AMBIENTES DE TRABALHO

Por **Robert Levering**

Em uma entrevista para uma revista de negócios chilena, Robert Levering reflete sobre as principais tendências do ambiente de trabalho nas últimas duas décadas, especialmente com referência a empresas no Chile.

P: Nos estágios iniciais, o senhor era muito crítico do sistema de trabalho e do relacionamento entre empresas e seus funcionários. O senhor pode nos contar como isso influenciou a fundação do Great Place to Work® Institute?

R: Durante os anos 1970 e início dos 1980, eu era jornalista que escrevia sobre disputas de sindicatos e queixas de funcionários para um jornal na Califórnia. O que eu percebia era a falta de confiança naqueles ambientes de trabalho. Em contraste, quando fiz pesquisas para o livro "As 100 Melhores Empresas para Trabalhar nos USA" de 1984, observei que os funcionários naquelas empresas falavam como eles confiavam na direção. Ou seja, eles disseram que acreditavam no que a direção lhe dizia, sentiam-se respeitados e eram tratados de forma justa. Assim, quando a Dra. Amy Lyman e eu fundamos o Great Place to Work® Institute em 1992, vimos que aumentar o nível de confiança era a chave para ajudar as empresas a se tornarem excelentes ambientes de trabalho. A primeira ferramenta que criamos foi uma pesquisa com funcionários, chamada Great Place to Work® Trust Index©, que mede a percepção de confiança no ambiente de trabalho. Nosso trabalho, desde então, tem girado em torno dessa questão da confiança.

P: Desde a fundação do Great Place to Work® Institute, quais foram as principais mudanças que o senhor observou nas empresas em todo o mundo?

R: Primeiro, há uma ênfase muito maior nas questões relativas ao equilíbrio entre trabalho e família do que no início dos anos 1990. Empresas em todo o mundo estão fazendo um esforço muito maior para acomodar pais e filhos, tanto em termos de horários flexíveis como também com programas específicos para novos pais. Segundo, os executivos estão muito mais envolvidos nas questões relativas ao ambiente de trabalho do que no passado. Ou seja, mais e mais altos gestores veem a ligação entre a qualidade do ambiente de trabalho e o desempenho financeiro do empreendimento. Um exemplo desse maior interesse pode ser visto na grande popularidade das listas das Melhores Empresas para Trabalhar nos últimos anos. Nosso Instituto agora compila listas em 29 países, inclusive oito na América Latina, entre eles o Chile.

P: Há uma crença entre os CEOs de grandes empresas de que é mais fácil para as pequenas organizações desenvolverem altos níveis de confiança e, portanto, ter um melhor ambiente de trabalho. De acordo com sua experiência, qual é sua opinião sobre essa questão?

R: Os fatos não confirmam essa crença, já que existem muitos exemplos contrários. Ou seja, muitas organizações grandes, como a FedEx e a Microsoft, têm tido altos escores consistentemente em nossa pesquisa Trust Index© em todo o mundo. Da mesma forma, existem centenas de muitas organizações menores, com menos de 200 funcionários, que têm baixas pontuações na mesma pesquisa Trust Index©. A diferença em todos os casos pode ser rastreada até a qualidade da liderança. Excelentes ambientes de trabalho têm líderes que desenvolvem fortes relacionamentos com seus funcionários ao fazer coisas como ser transparentes nas informações e demonstrar consistentemente a apreciação às pessoas por seu bom trabalho e esforço extra. Nas organizações maiores, os líderes devem criar boas políticas de pessoas e desenvolver sistemas de treinamento e responsabilidade para ter certeza de que sejam implementadas adequadamente pelos gestores de nível mais baixo. Enquanto essa questão não é enfrentada por organizações muito menores, as empresas maiores em geral têm maiores recursos para dedicar às questões de pessoal.

P: Em sua última visita ao Chile, o senhor teve a oportunidade de visitar algumas empresas que foram reconhecidas como excelentes lugares para trabalhar. Quais aspectos eram mais interessantes ou inovadores nessas empresas?

R: Eu visitei e entrevistei funcionários e os líderes de três empresas: Banco Security, Banchile Corredores de Seguros e Transbank. Todas as três tinham políticas extraordinárias. Por exemplo, Banchile Corredores de Seguros tem um forte senso de responsabilidade social, com um forte relacionamento com um hospital infantil. O Transbank tem um alto grau de camaradagem, exibido pelos pôsteres que mostram inúmeros eventos sociais. E o Banco Security tem uma série de programas para garantir que as mães, em particular, sejam capazes de voltar ao trabalho e continuar contribuindo com a organização. Mas as políticas individuais não eram tão impressionantes quanto a cultura geral criada em cada uma das empresas que visitei. Ficou claro em cada uma delas que os líderes colocam as pessoas em primeiro lugar e os funcionários reagiram prestando um serviço excepcional a seus clientes e proporcionando retornos consideráveis.

P: De acordo com sua experiência em sua visita ao Chile, qual é o nível de desenvolvimento de empresas chilenas em comparação com o resto do mundo?

R: As Melhores Empresas para Trabalhar chilenas são definitivamente de classe mundial. Minha sensação é de que todas as empresas chilenas podem aprender muito com os excelentes exemplos estabelecidos pelas Melhores Empresas para Trabalhar no Chile.

P: Em suas recentes entrevistas e apresentações, o senhor tem mencionado um novo conceito chamado "*Giftwork*®". Sucintamente, o que significa esse conceito e como ele se relaciona com o Modelo Great Place to Work®?

R: Observei que a maior diferença entre um excelente ambiente de trabalho e outros é até que ponto as pessoas sentem que são tratadas como "pessoas inteiras", um "ser humano", e não como um "mero número", uma "peça de uma engrenagem" ou um "robô". Ao entrevistar funcionários em excelentes ambientes de trabalho que já haviam trabalhado em outras empresas, eles frequentemente dizem que a diferença tem a ver com o modo como seu trabalho é tratado pela direção.

Em um ambiente de trabalho ruim ou medíocre, o trabalho de um funcionário é tratado como uma *commodity*. Ou seja, os funcionários dizem que sentem que a direção essencialmente não dá valor às suas contribuições, considerando-as como parte de um contrato implícito no qual o funcionário dá seu tempo e esforço em troca de dinheiro e benefícios.

Em contraste, nos excelentes ambientes de trabalho, os funcionários dizem que existe uma dinâmica adicional, na qual a direção é mais generosa tanto em atitude como em espírito em relação aos funcionários e seu trabalho. Assim, por exemplo, em um excelente ambiente de trabalho, a direção está especialmente atenta em expressar a apreciação aos funcionários pelos esforços. Tais empresas também comemoram seus sucessos e criam políticas para dividir igualitariamente os resultados de seus sucessos. Os funcionários frequentemente dizem que, em resposta a essa abordagem gerencial mais generosa, eles também dão mais esforço e trabalham mais cooperativamente com seus companheiros funcionários.

Em tais empresas, funcionários muitas vezes dizem que sentem que fazem parte de uma "família" ou "equipe" em vez de serem meramente funcionários. As pessoas sentem que as interações com a direção são mais parecidas com trocas de presentes entre famílias ou amigos em vez do tipo de trocas de *commodity* que caracteriza a maioria das transações de negócio.

As pessoas em excelentes ambientes de trabalho acreditam que suas contribuições são tratadas mais como um presente do que como uma *commodity* e, então, cunhei a palavra *"Giftwork®"* para descrever os esforços dos funcionários em tais organizações. E utilizo a expressão "cultura *Giftwork®*" para definir o clima geral nos excelentes ambientes de trabalho.

A pergunta que a maioria dos gestores/líderes deseja ver respondida, é "como eu crio um Great Place to Work®". Minha resposta é que há nove áreas específicas nas quais os líderes de excelentes ambientes de trabalho podem se concentrar em interações de doação de presentes, como na contratação, ao dar as boas-vindas aos recém-chegados na organização, demonstrar apreciação e celebrar sucessos.

P: O senhor disse que um dos elementos-chave para ter um bom ambiente de trabalho está relacionado à contratação e às boas-vindas aos novos funcionários. O senhor poderia explicar melhor essa afirmação?

R: Um dos nove passos para criar um excelente ambiente de trabalho é o modo como novos funcionários são recepcionados na organização. Em muitas empresas, os novos funcionários recebem uma breve orientação sobre seu trabalho e são colocados para trabalhar. Isso mostra que o funcionário é contratado para preencher uma posição e que o trabalho realizado por eles é como uma *commodity* que pode ser feita por qualquer um com as habilidades necessárias. Nas Melhores Empresas para Trabalhar, há uma grande ênfase na recepção dos recém-chegados como pessoas que entram para a "família" ou "equipe". É comum o novo funcionário ser apresentado aos executivos, muitas vezes o presidente, muito mais cedo. Escrevi sobre alguns exemplos de como isso funciona na prática entre as "100 Melhores" americanas em um artigo que está no website da revista Fortune (http://money.cnn.com/2006/01/09/news/companies/bestcos_welcomerituals/index.htm).

P: Nos últimos 5 anos, o Great Place to Work® Institute tem se deparado com um crescimento incrível, chegando a estar presente em 29. Como o senhor vê o futuro desenvolvimento da empresa?

R: Até o momento, a maior parte de nossa energia esteve dedicada a ajudar a estabelecer um alto padrão global para o que é um Great Place to Work®. Nossas listas de Melhores Empresas para Trabalhar, inclusive no Chile, fazem exatamente isso. Agora que esse padrão foi estabelecido, sentimos que podemos nos concentrar mais em ajudar as empresas individuais a se tornarem excelentes ambientes de trabalho. Acreditamos que o conceito de Cultura *Giftwork®* e as Nove Práticas Culturais proporcionem uma estrutura para ajudarmos as empresas à medida que elas buscarem melhorar a qualidade de seus ambientes de trabalho. Acreditamos que isso pode ser feito por meio tanto de uma variedade de workshops e seminários para ajudar os líderes a desenvolverem as atitudes e habilidades necessárias como de consultorias, utilizando nossas ferramentas de diagnósticas e nosso extenso banco de dados de melhores práticas para dar conselhos específicos.

Estamos ansiosos para ver o que nos espera no futuro, já que acreditamos que este é um trabalho muito importante que ajudará a criar uma melhor sociedade. Como as pessoas passam no trabalho muito de seu tempo de vigília, a qualidade dessa experiência é extremamente importante para todos nós. Por essa razão que acreditamos que excelentes ambientes de trabalho oferecem verdadeiros exemplos para o resto da sociedade.

2009

O CATALISADOR **PARA** A **EXCELÊNCIA** ORGANIZACIONAL

Por **Jennifer Amozorrutia**

A comunicação interna é um processo complexo e interpretativo, por meio do qual os funcionários coordenam os processos essenciais para funcionar como uma organização. Atualmente, os funcionários estão pedindo mais informações sobre a empresa onde trabalham; portanto, a comunicação interna é o catalisador para a excelência e eficácia organizacional e deve ser constante. Os colaboradores darão mais suporte à organização se ela mantiver os canais de comunicação abertos e em pleno funcionamento.

Quando percebem que as informações que estão recebendo de seus supervisores e colegas de trabalho são precisas, corretas e relevantes, os funcionários têm maior probabilidade de se sentirem menos vulneráveis e mais capazes de confiar nelas. Por outro lado, quando acreditam que estão recebendo informações irrelevantes, imprecisas ou desatualizadas, os colaboradores têm maior probabilidade de se tornarem mais

O modo como a direção se comunica com os funcionários tem implicações profundas no desenvolvimento da confiança no ambiente de trabalho, segundo Jennifer Amozorrutia, pesquisadora associada do Great Place to Work® Institute México.

cautelosos e desconfiados. A média para as 10 Melhores Empresas para Trabalhar no México em 2009 é de 89% favoráveis quanto à comunicação ou ao fato de ser mantidos informados sobre os projetos e atividades da empresa.

É preciso que os líderes nas organizações forneçam aos funcionários não apenas a quantidade e qualidade adequada de informações, mas também oportunidades e canais para se expressarem, se envolverem, serem ouvidos e participarem ativamente. É mais provável que os funcionários apóiem sua organização se esta lhes proporcionarem canais de comunicação adequados e funcionais. Ao considerar a organização um lugar seguro para se expressar, mair a probabilidade de seus funcionários se envolverem e se comprometerem com os objetivos da empresa.

Compartilhar informações com os funcionários nos ajuda a desenvolver uma clara noção de como a organização realmente é, além de ser uma maneira de reforçar a sensação de pertencimento. Nesse sentido, a média para as 10 Melhores Empresas para Trabalhar no México em 2009 é de 82% favoráveis, com os funcionários dizendo que seus líderes os mantêm informados sobre questões de importância para a organização.

Além disso, a comunicação eficaz é crucial para a aderência aos objetivos da empresa, pois esta é a base para criar relacionamentos de confiança. É a confiança que determina a exatidão e o volume de informações trocadas.

A comunicação tem um impacto sobre os funcionários. A comunicação e a confiança são importantes para nutrir uma postura de apoio em relação à organização. Para os funcionários de uma organização a considerarem confiável, é importante que a seja aberta em sua comunicação de todas as questões organizacionais, como metas, problemas e políticas. A direção deve mostrar claramente sua honestidade ao explicar os objetivos e ser aberta aos problemas existentes.

Alguns estudos demonstraram o importante papel da comunicação no desenvolvimento e manutenção da confiança. A confiança e a comunicação demonstraram trazer resultados desejados, como a melhor participação dos funcionários e o melhor desempenho no trabalho (Dirks, 1999; Dirks e Ferrin, 2001; Ellis e Shockley-Zalabak, 2001; Kramer, 1996; Pincus, 1986; Ruppel e Harrington, 2000 e Thomas et al, 2009).

Cria-se a comunicação eficaz quando são tomadas ações baseadas em relações fortes e confiáveis dentro da organização.

A confiança facilita compartilhar informações e estimula a participação dos funcionários, o processo de ouvir e responder bem ao trabalho diário, o que, por sua vez, fortalece o compromisso organizacional.

2000

NACIONAIS OU MULTIS?

Por **José Tolovi Jr.**

[EXAME]

É mais fácil para uma empresa multinacional, com recursos substanciais, se tornar um execelente ambiente de trabalho? José Tolovi Jr. responde neste artigo com experiência observadas na elaboração de lista anual das Melhores Empresas para Trabalhar no Brasil.

Nesses quatro anos de implantação do Great Place to Work® Institute no Brasil, tenho recebido questões sobre como as empresas seriam diferentes conforme o seu tamanho, sua área de atuação, sua origem etc. Recebo também manifestações, as mais veementes, de como é mais fácil ser uma excelente organização para as pessoas trabalharem quando se trata de uma empresa grande e com muitos recursos. Executivos destas últimas, por sua vez, não se cansam de afirmar o quanto seria mais fácil se trabalhassem em pequenas empresas de um só dono. Da mesma forma, ouço queixas de multinacionais sobre suas concorrentes nacionais, que, comandadas localmente, têm facilitada sua tarefa de manter um bom ambiente de trabalho. As nacionais, em suas fantasias, sonham como seria bom se tivessem matrizes no exterior que tudo orientassem.

Obviamente, o caminho para a verdade já transparece: as boas empresas são boas independentemente dos fatores citados. Olhemos os fatos: este ano temos 56 empresas nacionais em nossa lista das 100 melhores empresas para trabalhar. Apesar da tentação, não se pode dizer que exista uma supremacia nacional, mas sim um verdadeiro equilíbrio estatístico, o que nos dá uma boa mostra de que ser excelente empresa independe de origem ou de que país detém o capital volante.

Apesar dessa evidência, existe uma percepção generalizada de que as multinacionais adotam mais rapidamente as novas tendências de gestão. Talvez seja verdade em muitos domínios, que parece que não no relativo ao ambiente de trabalho. As empresas nacionais estão sempre em igualdade numérica (excluindo-se erros estatísticos) e, aparentemente, até com uma tendência de supremacia.

Ora, associando-se tendências de gestão e ambiente de trabalho, o que se observa é a crescente preocupação com o ser humano. Não que isso seja uma novidade, mas o que ocorre é que as organizações estão ficando cada vez menores, em termos de pessoas, e as pessoas que ficam estão cada vez mais intrinsecamente ligadas aos resultados de negócios.

Sem querer me estender muito neste tema, que já é muito debatido, os trabalhos de máquinas executados por pessoas estão diminuindo drasticamente em razão das várias formas de automação que hoje temos disponíveis e que ainda teremos. As pessoas, ou as atividades, que não são substituídas por equipamentos são as ligadas ao trabalho intelectual. As organizações do mundo atual estão se tornando organizações de pessoas, que exercem funções adequadas ao ser humano, criativas, que tratam com a ambiguidade, que exigem decisões. As empresas da chamada Nova Economia são um exemplo bem claro disso. Se elas são o novo paradigma, então o novo paradigma é o de se gerir intelectos e não mais mão de obra.

Poderíamos então dizer, pelas nossas listas, que as empresas nacionais estão em pé de igualdade na corrida de se considerar o ser humano como peça-chave da competitividade. Olhando um pouco mais a fundo, poderíamos indagar se, nos detalhes, essas categorias são também tão semelhantes. Vamos falar então de aproximadamente 30.000 funcionários que, em abril deste ano, respondendo aos nossos questionários, avaliaram suas empresas. Analisando as dimensões do nosso modelo – credibilidade, respeito, imparcialidade (estas três indicando a confiança na gestão), orgulho e camaradagem –, encontramos diferenças entre as nacionais e multinacionais que não chegam sequer a 1%. É isso mesmo, elas são surpreendentemente iguais.

Mesmo em nossa última questão – em que perguntamos se, levando tudo em conta, o funcionário acha que a empresa é um excelente lugar para trabalhar – a diferença é desprezível. Esta última questão tem uma característica particular – nossa experiência mostra que os funcionários tendem a ser mais benevolentes com a empresa em termos gerais. Isto é, criticam os detalhes, mais gostam da empresa, se for realmente uma excelente empresa para trabalhar. A média das nacionais é de 88%, contra 89% das multinacionais. Isso quer dizer que quase 90% dos funcionários de todas as empresas que participaram de nossa pesquisa acham que trabalham em ambientes excelentes – sejam eles de multinacionais, sejam de empresas nacionais.

Vamos olhar agora a questão de um novo ângulo: será que os salários são iguais? E as oportunidades de emprego? E a ascensão feminina? Bem, as multis pagam melhor. Pelo menos as que são excelentes lugares para trabalhar. Mais uma vez comprova-se que salários não são fonte de motivação e muito menos condicionantes de um excelente ambiente de trabalho.

As multinacionais admitiram, em média, 650 funcionários em 1999, contra 1.000 das empresas nacionais. Porém, as multis admitiram em média 16 diretores e gerentes, enquanto as nacionais admitiram só 5. Isso talvez possa indicar uma preocupação diferente com a gestão da empresa.

Nas multinacionais encontramos um índice de escolaridade superior – cerca de 19% dos funcionários têm curso universitário completo ou pós-graduação, contra um pouco menos de 11% das nacionais. Associando esses dados com a admissão de diretores e gerentes, e com o fato de as multinacionais terem admitido 121 estagiários, em média, contra 73 das nacionais, poderíamos fazer um alerta às empresas nacionais sobre a qualidade de sua equipe dirigente e sobre seu futuro.

O número de mulheres em cargos de direção é de, aproximadamente, 1,2% da força de trabalho, independentemente de as empresas serem nacionais ou não. Isso nos dá uma média de 40 a 55 diretoras por empresa em contingentes que possuem 32% das mulheres. Ou seja, ainda faltam cerca de 18% para o jogo ficar equilibrado.

Portanto, se você está procurando um excelente lugar para trabalhar, não utilize a nacionalidade da empresa como critério. Nas 100 melhores existem oportunidades em inúmeros setores, em empresas de variados tamanhos, em diversas localidades. Não existe empresa perfeita, nem mesmo entre as multinacionais. Faça você mesmo sua ponderação, com os critérios que lhe servirem mais adequadamente. Dentre as 100 melhores haverá certamente uma que lhe trará satisfações, desafios e recompensas.

2008

"CRIATIVIDADE DIFUSA" E INOVAÇÃO: LIÇÕES DOS MELHORES AMBIENTES DE TRABALHO DA ITÁLIA

Por **Gilberto Dondé**

[L' IMPRESA – IL SOLE 24 ORE]

Para obter o máximo de criatividade da força de trabalho de hoje em dia, os gestores devem fomentar um clima de apoio no ambiente de trabalho em vez de concentrarem-se nos mais talentosos da empresa. É o que argumenta Gilberto Dondé, CEO do Great Place to Work® Institute Itália.

Quando falamos de "inovação", nossos pensamentos podem se voltar para a inovação tecnológica.

No final dos anos 1980, a indústria estava fixada em encontrar o produto/serviço revolucionário, aquele que subverteria mercados e levaria a empresa a bater a concorrência. Isso significava investimentos imensos em pesquisa e desenvolvimento, uma verba que possibilitaria ao inventor realçar sua quase divina capacidade de esfregar a "lâmpada de Aladim" do sucesso. Exemplos brilhantes da eficácia desse modelo de negócio são abundantes: o computador pessoal, o telefone celular, o leitor de CD e a descoberta de moléculas cada vez mais potentes na indústria farmacêutica.

Obviamente, havia uma relação proporcional e direta entre o valor empregado para novos produtos/serviços e o retorno econômico para a empresa. O problema é que esse sistema não funcionou. Novas barreiras foram erguidas para a descoberta de invenções mais e mais revolucionárias. Além disso, o inventor era um ativo, mas um ativo caro e exclusivo. Os investimentos com pesquisa e desenvolvimento no setor farmacêutico triplicaram na década de 1991 a 2001 nos USA, enquanto o número de novos produtos, havia realmente diminuído, comparando o mesmo período.

Se as generosas verbas para P&D não garantem retorno – na forma de descobertas e resultados de negócios – é preciso buscar em novas abordagens. É preciso confiar em gestores que sejam "pensadores criativos", que sejam não lineares em relação ao passado, às regras escritas ou à lógica aparente. Em poucas palavras, os gestores devem ser capazes de buscar a criatividade corporativa, seja em técnicas de gestão, implementação de processos corporativos mais ágeis, eficientes e capazes de reduzir tempo e custos ou em relação à capacidade da empresa de agregar valor ao mercado por meio de novos produtos e serviços que são estudados e tornados realidade.

Esse "pensamento lateral", ao contrário do velho "pensamento vertical", constitui um diferencial que é capaz de gerar novas ideias e novos conceitos e é buscada pelos gestores. É um pensamento do tipo exploratório, capaz de produzir saltos criativos, diferentemente do pensamento vertical ou sequencial, o qual é deplorado pela lógica e excessivamente seletivo de ideias.

A criatividade não é um dom inato ou genético, mas sim uma habilidade que pode ser moldada por gestores, também, criativos no mercado de trabalho. A criatividade tornou-se o principal alvo das buscas de pessoal das empresas, as quais estão sempre roubando talentos umas das outras.

A ideia não é ter apenas alguns poucos "especialistas em criatividade" atuando, mas sim gerar pensamento criativo entre toda a população da organização, em qualquer posição e nível profissional.

Todo recurso humano deve ser reconhecido como a "matéria-prima da criatividade", se o propósito de cada organização corporativa for aproveitar os melhores recursos disponíveis. As pessoas são uma fonte significativa de criatividade, uma fonte extensa e difusa que, pelo menos no passado, foi subutilizada.

A natureza dos recursos humanos mudou drasticamente. Um jovem empresário em uma

A competitividade entre as empresas favorece a participação e contribuição de todos para a melhoria de produtos, serviços e processos corporativos.

empresa de médio porte disse-me recentemente que os trabalhadores em seu negócio – de origem família – não são como os operários que costumavam trabalhar para seu pai. Hoje, ao contrário, "especialistas" trabalham para ele, pessoas em camisas brancas que conseguem fazer as máquinas trabalharem por meio do controle numérico. E essas pessoas têm solicitações e expectativas com respeito ao negócio para o qual trabalham – bem diferente daqueles de seus predecessores.

Espera-se dos trabalhadores de hoje que conheçam bem a empresa para a qual eles determinam os resultados do negócio. Por sua vez, os profissionais esperam uma melhor gestão na empresa do que aquela de ontem. Eles esperam ser tratados de uma maneira similar àquela de seus líderes. Mas, sobretudo, eles querem participar de um modo mais significativo nos processos de tomada de decisão, pois são eles que conhecem os processos de produção e as funções técnicas. Eles são os primeiros a notar o eventual mau funcionamento, a perceber o que pode ser feito para realizar mudanças decisivas no modo de operação e a trazer para a tarefa o pensamento "lateral" que eles podem ter tido durante seu dia a dia.

Essa "criatividade difusa", essa busca por ideias, expandida para toda a população corporativa é o que constitui a abordagem à inovação. Ela não é deixada para o gênio do inventor nem para um grupo restrito de gestores talentosos, mas depende da capacidade da organização de estimular todos os recursos para realizar o "pensamento lateral".

É preciso, portanto, que a empresa coloque em prática todo um conjunto de políticas que facilite o aparecimento de novas ideias, reconheça propostas, não as rejeitando porque não estão em linha com a lógica sequencial do dia a dia.

Entre as empresas pesquisadas pelo Great Place to Work® Institute Itália nos últimos anos, há muitos exemplos significativos de empresas que transformaram os presentes de inovação trocados entre as pessoas na organização em um valor corporativo e um instrumento essencial para sustentar sua própria competitividade.

Ranking de 2007 em "Inovação em organizações"

A pesquisa anual de 2007 conduzida pelo Great Place to Work® Institute Itália, incluiu uma pesquisa para identificar a empresa mais bem sucedida na montagem de um conjunto de políticas que favorecessem a participação de todos os "componentes" da organização no fornecimento de ideias para o aprimoramento do desempenho corporativo.

Perguntamos aos funcionários das empresas se eles se sentiam incentivados a adotar um novo modo de operação e a sugerir e colocar em prática novas ideias de modo a obter resultados melhores; se eram aceitos erros ocasionais como parte integrante da atividade profissional; e se havia uma busca sincera, por parte da direção, por sugestões e ideias para desenvolver a atividade da organização.

Com as respostas dadas pelos funcionários, perguntamos às empresas como elas estavam estruturadas de modo que todos os colaboradores fizessem parte daquele solo fértil de ideias que constitui uma melhor oportunidade para tornar uma empresa vital e competitiva.

A partir das respostas dadas pelos funcionários e da análise das políticas corporativas relativas à inovação, o Great Place to Work® Institute Itália reuniu um grupo de seis empresas para formar um comitê técnico-científico que consistia nos parceiros organizadores e professores universitários, o qual selecionou a número 1 de 2007 em "inovação em organizações".

As empresas selecionadas foram Cefriel, Coca Cola HBC, Elica, Google e W.L. Gore.

A ABORDAGEM À INOVAÇÃO DA EMPRESA

CEFRIEL	Inovação é a noção de serviço que a empresa dá aos negócios. Portanto, representa o modelo adotado em cada uma das atividades internas.
	A experimentação dentro do centro é, entre outras coisas, o protótipo da inovação organizacional e dos projetos de processos fornecidos em negócios de clientes.
	As pessoas são incentivadas a adotar novos modos de operação por meio da resposta às demandas de desenvolvimento de nosso mercado de referência.
COCA COLA HBC	Outra empresa a transformar a inovação no motor constante de todas as ações da organização e da direção, a Coca Cola Itália apóia uma forte cultura de mudança que permeia a empresa em todos os seus departamentos.
	A Coca Cola apóia a proatividade e disposição para promover novas ideias desde o primeiro dia do funcionário na empresa por meio de numerosos programas que convidam as pessoas a se manifestar. Além disso, sua estratégia baseia-se no máximo compartilhamento de informações e experiências entre toda a população, por meio de todos os instrumentos de comunicação, seja com base em tecnologia e comunicação de informação ou em reuniões.
	É disponibilizada uma "**Caixa de Ideias**" para colher as ideias e sugestões de todos os funcionários.
ELICA	Inovação não é um produto ou manual, mas sim um modo de ser em uma cultura que está espalhada por toda a empresa.
	Na Elica, a inovação de produtos é o mais visível, e a mídia frequentemente lhe dá destaque. Na Elica, a inovação é colocada em prática de muitas outras maneiras e em muitas outras áreas.
	A empresa está cada vez mais abrindo suas portas para o mundo da educação, abrigando estudantes e fornecendo-lhes a experiência da vida corporativa. A organização estimula a

ELICA	criatividade por meio da interação entre seus próprios diferentes ambientes. Há grande atenção à cordialidade e à qualidade no ambiente de trabalho. A Elica está construindo um ambiente de trabalho CRIATIVOGÊNICO. Muito trabalho já foi feito em uma "cultura positiva de fracasso" e na gratificação e reconhecimento de ideias inovadoras. Quando uma ideia proposta por um funcionário não é concretizada, a empresa explica cuidadosamente os motivos ao proponente. Quando, por outro lado, ela é realizada, a pessoa recebe uma gratificação monetária e um reconhecimento intangível pela contribuição oferecida (e muitas vezes, para as pessoas, a parte intangível conta mais).
GOOGLE	**Alguns modos de operação adotados para favorecer o espírito inovador:** • Organização plana: poucos níveis hierárquicos facilitam o fluxo de ideias. • Constante compartilhamento de informações e ideias com toda a população. • Ambiente de trabalho – cores, disponibilidade de jogos, áreas para descanso – que estimula a criatividade e a inovação. **Modo de operação para favorecer o nascimento e o compartilhamento de ideias:** • Qualquer um pode dar à luz a ideias. • Permissão para perseguir um sonho. • Inovação, em vez de perfeição imediata. • Em cada ideia, algo de bom sempre pode ser guardado.
MICROSOFT	A inovação é um dos elementos essenciais sobre os quais a cultura Microsoft se baseia e, por isso, todos os funcionários são encorajados a fazer uso de todo o potencial de todas as ferramentas disponibilizadas pela empresa. Além de hardware (Smartphone, computador portátil etc.), a empresa incentiva o uso de programas e produtos de TI, como o Sharepoint, um software

MICROSOFT	usado para construir portais de intranet que todos os funcionários podem criar e que pode servir como um depósito de documentos e informações, bem com para realizar pesquisas ou para qualquer outra finalidade de compartilhamento de informações.

Todos que trabalham na Microsoft também são incentivados a experimentar novas ideias, implementando novas abordagens e trazendo "da vida" projetos inovadores aplicáveis a seu próprio trabalho. Essa inovação é um diferencial – dentro de uma cultura corporativa que está sempre direcionada para o desenvolvimento e o progresso da instituição, tanto no nível global como local – para um prêmio especial chamado "Círculo de Excelência". Periodicamente, o prêmio é dado a pessoas ou equipes de trabalho que se destacaram por ter adotado uma abordagem inovadora no trabalho e ter obtido excelentes resultados e dado vida a novas práticas que se tornam parte do ativo corporativo de expertise. |
| **W.L. GORE & ASSOCIATES** | O impulso para a inovação permitiu à W.L. Gore & Associates desenvolver diversos produtos para vários mercados, desde próteses vasculares até cordas para violão.

A estrutura em "látex" que distingue a organização quase desde sua fundação – no início dos anos 1900 – é um exemplo de uma abordagem significativa de dar às pessoas uma indicação clara de quanto é apreciada pela empresa sua contribuição em termos de ideias. Os funcionários são chamados de "associados" e, como tais, eles são considerados. Há poucos chefes formais: cada um desempenha o papel de liderança de acordo com suas habilidades e experiência e os projetos e situações enfrentados por eles.

Cada pessoa na corporação – e não apenas aquelas diretamente responsáveis pelo negócio – é incentivada a apresentar ideias e projetos para desenvolvimento.

Uma política que distingue a empresa é que existem poucas regras escritas, deixando-as para o bom senso e as ideias.

Cada um dos "associados" é motivado a sentir-se como o ator principal dos sucessos da empresa. |

CONFIANÇA
TORNA AS EMPRESAS
MAIS FORTES
E MAIS **CAPAZES**
PARA ENFRENTAR
OS TEMPOS DIFÍCEIS

O RESULTADO FINAL ▪
GERENCIAMENTO EM TEMPOS DIFÍCEIS ▪

1. O RESULTADO FINAL

2008

CRIAR CONFIANÇA:
O **ESFORÇO** VALE A PENA

Por **Amy Lyman**

[WHITE PAPER GREAT PLACE TO WORK®]

Nesta análise profunda, Amy Lyman discute a variedade de maneiras pelas quais altos níveis de confiança têm impacto positivo sobre o desempenho corporativo. A Dra. Lyman, ex-professora da University of California em Davis, é cofundadora do Great Place to Work® Institute e atualmente diretora de pesquisa corporativa.

Criar confiança pode parecer uma tarefa assustadora, especialmente no ambiente de trabalho onde múltiplas responsabilidades exigem atenção significativa e os líderes têm uma quantidade limitada de tempo para dedicar a cada uma de suas atividades. No entanto, se uma atividade realizada com sucesso pudesse tornar todas as outras tarefas mais fáceis, valeria a pena o esforço de concentrar-se nela. Construir a confiança nos relacionamentos com funcionários é essa tarefa. Neste artigo, apresentamos fortes evidências do sucesso positivo e duradouro alcançado como um resultado direto dos altos níveis de confiança criados nos relacionamentos entre funcionários e direção dentro das 100 Melhores Empresas para Trabalhar nos USA. Comparações com um grupo de empresas com níveis mais baixos de confiança reafirmam as contribuições positivas que o esforço para criar um ambiente de confiança traz para o sucesso financeiro geral dessas organizações nas quais se acredita nos líderes, os funcionários são respeitados e as políticas e práticas caracterizam-se pela imparcialidade.

Funcionários em ambientes de trabalho com alta confiança exibem níveis mais altos de cooperação dentro de suas equipes e entre os departamentos e divisões, bem como graus mais altos de comprometimento com seu próprio trabalho, o trabalho da organização e a visão dos líderes da organização. A qualidade da cultura no ambiente de trabalho que foi criada leva à criação de organizações altamente bem sucedidas que colhem múltiplos benefícios.

Para alguém em busca de trabalho, um excelente ambiente de trabalho vale a procura. Também vale a pena para um investidor que esteja em busca de uma empresa que produza sucesso financeiro positivo, sustentável e de longo prazo. E para um líder, um excelente ambiente de trabalho vale a pena o esforço, ou a jornada, pois são os líderes que iniciam e sustentam a criação de excelentes ambientes de trabalho.

Ouvimos frequentemente dos funcionários nas Melhores Empresas que seus colegas e gestores imediatos são muito importantes para a criação das circunstâncias especiais sob as quais eles se encontram. Ainda que seus líderes sejam vistos como aqueles que incorporam os valores e o comprometimento que fazem a diferença na qualidade da experiência no ambiente de trabalho. Muitas pessoas podem contar histórias de outros lugares onde trabalharam e onde os líderes não prestavam muita atenção à qualidade geral da cultura ou dos elementos singulares que levam um ambiente de trabalho para além de bom para ser verdadeiramente excelente. Colegas e gestores ajudam, e a camaradagem pode ser desenvolvida entre cotrabalhadores, mas sem a orientação – e a liderança – de executivos, a cultura geral nunca se eleva à grandeza.

Nos últimos 11 anos, nossa organização, o Great Place to Work® Institute, tem colaborado com a revista Fortune para produzir a lista das 100

Melhores Empresas para Trabalhar publicada todo mês de janeiro, bem como a lista das Melhores Pequenas e Médias Empresas para Trabalhar produzida todo mês de junho pela Sociedade de Gestão de Recursos Humanos (SHRM) e as listas de Melhores Empresas para Trabalhar em 31 outros países ao redor do mundo. Antes do nosso projeto com a Fortune, produzimos dois livros (com Robert Levering e Milton Moskowitz como coautores) com o mesmo título, em 1984 e novamente em 1993. Portanto, há quase 25 anos temos ouvido funcionários em excelentes ambientes de trabalho quando eles dizem: "Este é um Great Place to Work® porque..."

Criar uma cultura na qual os funcionários podem dizer que "esse lugar é excelente" exige que líderes e gestores por toda uma organização baseiem seus relacionamentos com os funcionários em ações que promovam e desenvolvam a confiança. Principalmente os líderes precisam reforçar a cultura comunicando às pessoas os benefícios de longo prazo trazidos pela criação de uma cultura que se baseie na confiança. A consistência entre a comunicação e as ações dos líderes desenvolve sua credibilidade aos olhos dos funcionários.

Em uma excelente organização, o desenvolvimento da confiança também precisa ir além dos líderes no topo e ser reforçado nas interações do dia a dia entre as pessoas por toda a organização. Gestores que são tratados com respeito pelos líderes seniores serão, por sua vez, capazes de compartilhar esse respeito com os funcionários ao apoiar seu desenvolvimento profissional, solicitando suas ideias e importando-se com eles como seres humanos. A prática da imparcialidade – como observada nos esforços para promover equidade salarial, práticas justas de contratação e justiça, independentemente das características pessoais – também é fundamental para assegurar que a confiança aflore na cultura de uma organização. Nas Melhores

Empresas que se qualificam para nossas listas, sempre conseguimos encontrar uma expressão profunda da cultura no ambiente de trabalho nas ações de líderes e gestores por toda a organização.

Os benefícios trazidos por um alto nível de confiança incluem um espírito de cooperação eternamente presente nos excelentes ambientes de trabalho, juntamente com uma profunda noção de compromisso com a missão, a visão e os valores da organização. Cooperação e comprometimento agem nas ações diárias das pessoas e sua disposição para contribuir para o sucesso de longo prazo da organização. As evidências disso aparecem não apenas nos dados da pesquisa com funcionários que coletamos, mas também em nossa análise dos dados de desempenho financeiro.

Excelentes ambientes de trabalho com altos níveis de confiança, cooperação e comprometimento superam seus pares e vivem como um grupo. Eles exibem:

• desempenho financeiro de longo prazo mais forte.

• menor rotatividade em relação a seus pares na área de atuação.

• mais candidatos a empregos do que seus pares.

• uma força de trabalho integrada cujos diversos grupos de pessoas criam e contribuem para uma cultura em comum no ambiente de trabalho que seja benéfica para todos.

Há um papel singular que os líderes desempenham em assegurar o comprometimento dos funcionários com sua visão do futuro. Os líderes em excelentes ambientes de trabalho envolvem-se ativamente ao comunicar suas ideias, responder perguntas e travar discussões para garantir que os funcionários estejam cientes da direção tomada pela organização e, assim, capaz de assumir um forte e claro compromisso com o futuro. Os líderes também servem de exemplos de cooperação por suas próprias ações. Sua visível cooperação com outros confirma a importância estratégica do trabalho cooperativo para a implementação e obtenção da visão da empresa. Estas são as estratégias de pessoas em sua melhor forma e, é claro, é isso que encontramos e documentamos nas Melhores Empresas – confiança, cooperação e comprometimento criando um excelente ambiente de trabalho em seu máximo.

100 MELHORES DA FORTUNE VERSUS MERCADO DE AÇÕES 1998-2007

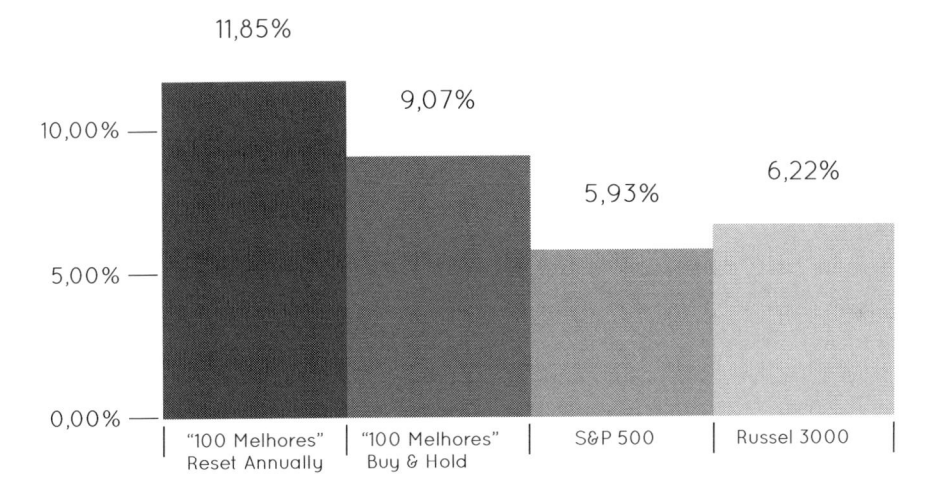

	11,85%	9,07%	5,93%	6,22%
	"100 Melhores" Reset Annually	"100 Melhores" Buy & Hold	S&P 500	Russel 3000

Fonte de dados *Russell Investment Group.*

Desempenho financeiro

Há muitos benefícios trazidos aos excelentes ambientes de trabalho, sendo um dos mais imediatamente óbvios o sucesso financeiro sustentado ao longo do tempo. Ao longo dos anos, coletamos informações gerais, bem como histórias inéditas, pesquisas acadêmicas e estudos de caso que confirmam isso. A menor rotatividade voluntária, o maior número de candidatos a empregos, a maior colaboração e a confiança na capacidade de liderança da direção contribuem para a criatividade, inovação, atendimento ao cliente e reputação que sustentam a estabilidade e o sucesso financeiro de longo prazo dos excelentes ambientes de trabalho.

Evidências contundentes do sucesso financeiro dos excelentes ambientes de trabalho vêm de várias fontes[1]. O mais longo estudo – uma análise anual realizada pelo Grupo de Investimento Russell – documenta o desempenho financeiro de uma carteira hipotética das 100 Melhores Empresas publicamente negociadas em comparação com o S&P 500 e o Russell 3000. "100 Melhores Fortune versus Mercado de Ações 1998-2007" compara o desempenho de duas carteiras das 100 Melhores Empresas de 1998 até 2007 com o S&P 500 e Russell 3000.

Como pode ser visto nas evidências, com o passar do tempo, as 100 Melhores como um grupo produziram consistentemente maior retorno financeiro do que os dois grupos de comparação. Por que isso? Muitas são as teorias. A nossa é bastante simples e direta. Um alto nível de confiança ajuda as pessoas a cooperar com mais sucesso umas com as outras e a se comprometer com a visão e a direção futura da organização a qual pertencem.

Confiança, Cooperação e Comprometimento

Nossa análise das respostas dos funcionários à pesquisa Trust Index© do Great Place to Work® nas 100 Melhores Empresas aponta para várias áreas-chave que diferenciam suas experiências no ambiente de trabalho daquelas de funcionários nas Empresas que participam. Especificamente, entre as 100 Melhores há níveis mais altos de confiança entre funcionários e direção, maior cooperação entre e dentro das equipes e comprometimento mais forte

[1] Outro grande estudo a se consultar é apresentado no recente artigo de Alex Edman intitulado Does the Stock Markety Fully Value Intangibles? Employee Satisfaction and Equity Prices. Uma cópia eletrônica deste artigo está disponível no endereço: http://ssrn.com/abstract=985735

[2] As duas populações de empresas representadas neste gráfico representam grupos distintos com diferenças significativas em alfa<0,001.

expresso pelos funcionários com seu trabalho e sua organização. Esses padrões de resposta apontam para qualidades únicas na cultura no ambiente de trabalho e nos relacionamentos existentes nas 100 Melhores Empresas – qualidades orientadas pelos pontos fortes específicos dentro das dimensões de Confiança do Modelo de Great Place to Work® (Credibilidade, Respeito e Imparcialidade).

O gráfico "Média de Confiança, Cooperação, Comprometimento e Great Place to Work® 2004-2008 apresenta a média geral de confiança e mostra os relacionamentos entre confiança, cooperação, comprometimento e a resposta à afirmação final da pesquisa, para as 100 Melhores Empresas e o grupo de candidatas de 2004-2008[2][3]

MÉDIA DE CONFIANÇA, COOPERAÇÃO, COMPROMETIMENTO E GREAT PLACE TO WORK® 2004-2008

	Confiança	Cooperação	Comprometimento	Great Place To Work®
100 Melhores	82%	86%	81%	88%
100 Últimas	66%	70%	62%	72%

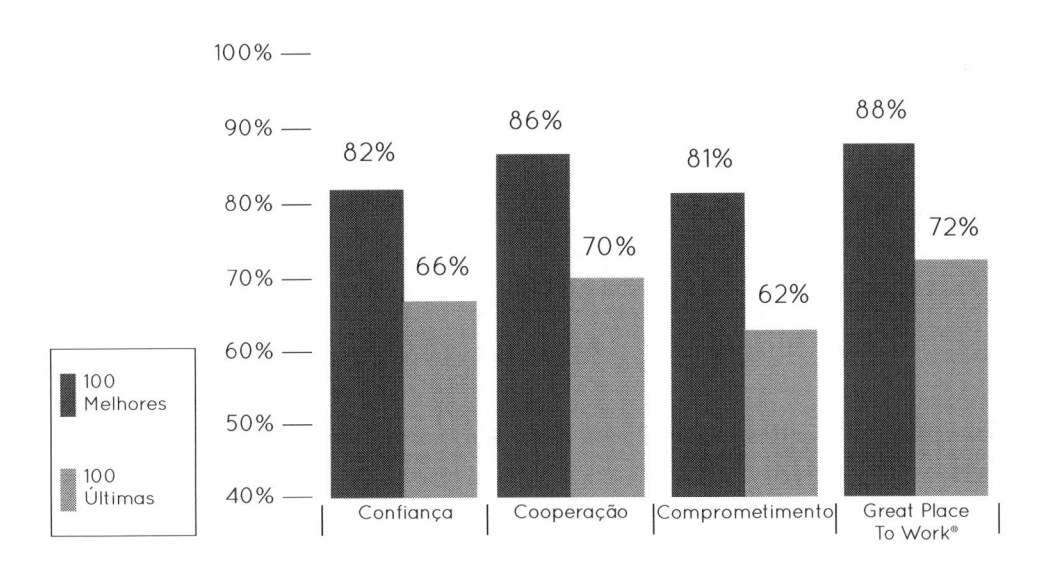

©2008 Great Place to Work® Institute, Inc. Todos os Direitos Reservados

Ao falar do impacto que os níveis mais altos de confiança, cooperação e comprometimento podem ter no sucesso de um negócio, muitas vezes pedimos aos gestores e líderes para considerar os números neste gráfico (ou em seus próprios gráficos) como uma representação de grupos de 100 funcionários em suas organizações. As questões que pedimos para as pessoas considerar foram:

• imaginar o que você poderia fazer se tivesse 80% dos funcionários de sua organização que muitas vezes ou quase sempre estivessem ansiosos de vir trabalhar todos os dias.

• quanto mais eficaz sua força de trabalho seria se 86% dos funcionários soubessem que muitas vezes ou quase sempre as pessoas estavam dispostas a dar esforço extra para o trabalho ficar pronto?

• o que você poderia fazer como gestor se 86% das pessoas em seu departamento acreditassem contar com a cooperação dos outros?

• quanto mais bem sucedido você seria como líder se soubesse que 80% de seus funcionários sentissem regularmente uma forte sensação de união?

• quanto mais forte sua organização seria se 82% de seus funcionários percebessem um alto nível de confiança em seus gestores diariamente?

As discussões que resultam dessas perguntas são muitas vezes esclarecedoras, abrangendo tanto os dilemas que as empresas enfrentam quando a Confiança, a Cooperação e o Comprometimento são baixos como as incríveis oportunidades que aguardam as empresas capazes de desenvolver altos níveis de confiança e a cooperação e o comprometimento que se seguem.

[3] A Média de Confiança inclui todas as afirmações de Credibilidade, Respeito e Imparcialidade da pesquisa Trust Index©, uma ferramenta de pesquisa de propriedade do Great Place to Work® Institute, inc. A Média de Cooperação inclui duas afirmações fora das dimensões de confiança: "As pessoas aqui estão dispostas a fazer esforço extra para ter o trabalho feito". E "você pode contar com a cooperação das pessoas". A Média de Comprometimento também inclui duas afirmações fora das dimensões de confiança: "As pessoas não veem a hora para vir trabalhar aqui". E "estamos juntos nessa". A Média de Great Place to Work® é para a afirmação: "Levando tudo em consideração, eu diria que este é um excelente lugar para trabalhar".

O gráfico na seção a seguir agita ainda mais as coisas na medida em que são os resultados financeiros que acompanham as diferenças na Confiança, Cooperação e Comprometimento que abrem os olhos até dos mais céticos.

Impacto Financeiro da Confiança

Organizações com alta confiança têm melhor desempenho financeiro. Temos dito isso pelos últimos 25 anos, assim como vários outros pesquisadores e consultores. A alta confiança suaviza o caminho para a colaboração e o compartilhamento de ideias e a confiança na visão para o futuro da direção e a crença na imparcialidade fundamental com a qual as pessoas serão tratadas contribuem para o sucesso da coordenação e produção de atividades que tornam um empreendimento bem sucedido.

RESULTADOS FINANCEIROS 2004-2008
AS 100 MELHORES E AS 100 ÚLTIMAS

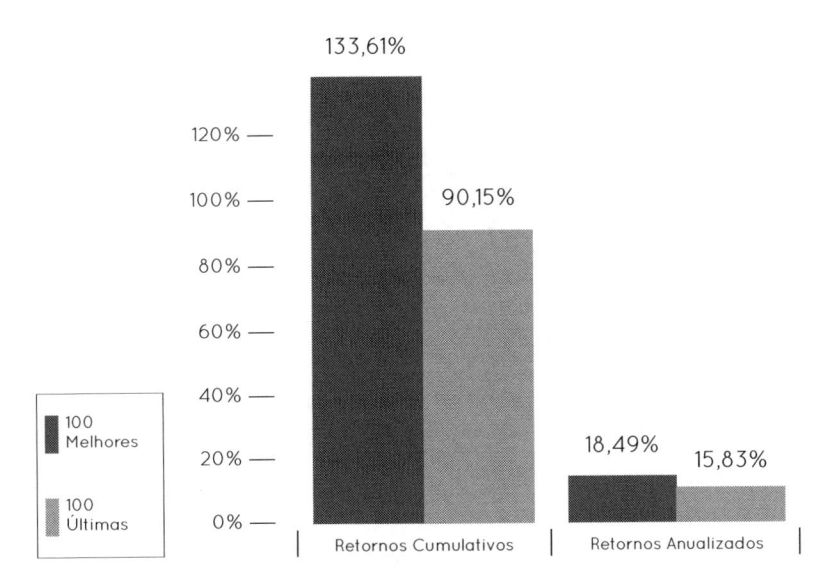

	100 Melhores	100 Últimas
Retornos Cumulativos	133,61%	90,15%
Retornos Anualizados	18,49%	15,83%

©2008 Great Place to Work® Institute, Inc. Todos os Direitos Reservados

O gráfico "Resultados Financeiros 2004-2008 das 100 Melhores e as 100 Últimas", compara o desempenho financeiro das 100 Melhores Empresas em relação ao desempenho das 100 Empresas com Menos Confiança nas Empresas participantes de 2004-2008. O grupo de participantes representa um grupo auto-selecionado de empresas que tem interesse no processo de seleção para a lista das 100 Melhores e, presume-se, também estão interessadas em criar um excelente ambiente de trabalho no qual existe altos níveis de confiança entre funcionários e direção. Nossa análise dos resultados da pesquisa dos dois grupos confirma que eles representam duas populações distintas de empresas com graus diferentes de confiança. Nossa análise dos resultados financeiros afirma que, no longo prazo, uma cultura de alta confiança proporciona uma vantagem competitiva significativa para uma organização[4].

Componentes da Confiança

Sempre acreditamos que altos níveis de confiança levam à cooperação entre os funcionários e entre todos os grupos de trabalho e o alto comprometimento com o trabalho do indivíduo e com a organização. As evidências apresentadas na seção anterior afirmam que graus mais altos de confiança vêm acompanhados de graus mais altos de cooperação e comprometimento, os quais, por sua vez, trazem com eles um grau mais alto de sucesso financeiro a longo prazo. Tudo em torno disso é uma história poderosa!

Todas as 100 Empresas Com Menos Confiança são bons ambientes de trabalho. Elas representam organizações bem sucedidas nas quais os líderes se comprometeram a criar um excelente ambiente de trabalho, ainda que não tenham atingido o status entre as "100 Melhores". A resposta positiva dos funcionários indicando que muitas vezes ou quase sempre eles sentem seu ambiente de trabalho como

[4] Esta análise foi conduzida internamente no Great Place to Work® Institute usando a metodologia usada pelo Grupo de Investimento Russell, o qual conduz estudos anuais do desempenho das 100 Melhores Empresas mencionadas acima. Os resultados afirmam que o desempenho financeiro das 100 Melhores Empresas, tanto cumulativo e anualizado, é notavelmente mais forte do que aquele das empresas no grupo das 100 Menos Confiança das candidatas à lista, para o período de 2004-2008, com uma diferença significativa no desempenho confirmada no nível ,05.

> Altos graus de confiança levam à maior cooperação.

excelente (71% deles assim indicaram) foi muito acima das respostas recebidas em outras pesquisas nacionais de empregadores nas quais temos sorte se vermos de 35% a 40% dos funcionários dizendo que seu ambiente de trabalho é excelente.

Então o que é que está acontecendo nas Melhores Empresas que lhes proporciona um reforço crucial na Confiança, na Cooperação e no Comprometimento?

Nas 100 Melhores Empresas, é mais provável que os funcionários experimentem comunicação de mão dupla eficaz, enxerguem a direção como competente e acreditem que os gestores e líderes são confiáveis e agem com integridade. Em particular, a capacidade da direção de cumprir as promessas e agir de maneiras consistentes com o que disseram mostra um reforço de 34% nas respostas positivas dos funcionários nas 100 Melhores Empresas em relação àquelas no grupo de 100 Com Menos Confiança.

Os funcionários nas Melhores Empresas também indicam que se envolvem em atividades colaborativas de tomada de decisão a um grau muito maior do que os funcionários nas empresas do grupo de candidatas. Os funcionários muitas vezes são convidados para atividades de tomada de decisão ou suas ideias são solicitadas pelo gestor – e sinceramente respondidas.

Quais são as evidências? Um índice 33% mais alto de respostas positivas a afirmações que indicam que os funcionários sentem-se envolvidos nas decisões que afetam o modo como seu trabalho é feito e que suas ideias são genuinamente buscadas. Qual é o benefício? Os funcionários tornam-se engajados em seu trabalho, compartilham suas ideias brilhantes, colaboram uns com os outros e investem em seu trabalho. Tudo porque são convidados para o processo de tomada de decisão, em vez de simplesmente ouvirem a frase "faça seu trabalho".

As empresas participantes são muito eficientes em termos de buscar a colaboração, já que seus funcionários realmente apresentam evidências de que seus gestores e líderes estão se empenhando para serem abertos a perguntas e para darem respostas claras. Entre as 100 Empresas com Menos Confiança um pouco menos de dois terços dos funcionários acreditam que suas ideias sejam genuinamente solicitadas e respondidas, enquanto um pouco mais da metade dos funcionários se consideram envolvidos na tomada de decisão colaborativa. Em relação aos funcionários nas Melhores Empresas – onde perto de três quartos dos funcionários tem essas experiências – claramente há, porém, espaço para melhorias.

Nas Melhores Empresas, os funcionários também desenvolvem um conjunto de crenças profundamente arraigadas de que eles serão tratados de forma justa durante os momentos críticos de tomada de decisão envolvendo salários, promoções, distribuição de tarefas e como lidar com descontentamentos. Esses marcadores de Imparcialidade trazem benefícios tremendos para as empresas que procuram funcionários que se comprometam por longo prazo com suas organizações, já que é por meio de um senso de possibilidade de ter sucesso no longo prazo dentro de um grupo que o investimento pessoal e o comprometimento com o grupo se aprofundam.

Uma das maiores diferenças entre funcionários nas 100 Melhores Empresas e aqueles no grupo de candidatas surgiu em uma das afirmações que avaliam a noção de igualdade com a qual são tratados dos funcionários. Mais de dois terços dos funcionários nas Melhores Empresas acreditam receber uma parte justa dos lucros de suas organizações, contra menos da metade dos funcionários entre as 100 Empresas com Menos Confiança do grupo de candidatas. Quase todas as empresas que se candidatam para a lista oferecem alguma forma de distribuição de lucros – seja por meio de contribuições ao 401 mil, planos de compra de ações, cheques de distribuição de lucros, programas de compartilhamento de ganhos ou outros mecanismos. Portanto, a questão não é se existe ou não um plano para distribuir lucros. A questão que faz a diferença para os funcionários é sua sensação de estarem recebendo uma parte justa dos lucros.

Outra área de diferença notável entre as 100 Melhores e as candidatas tem a ver com a visão dos funcionários da imparcialidade no processo de promoção. Entre as Melhores, 71% dos funcionários acreditam que as promoções vão para aqueles que mais merecem, enquanto 52% tem esta mesma crença entre as 100 Empresas com Menos Confiança do grupo de candidatas.

É interessante notar aqui que o item de interesse para os funcionários – com base em nossos anos de pesquisa e entrevistas com funcionários – é uma preocupação com a imparcialidade geral do processo de promoção, e não com seu próprio histórico de promoções. Os funcionários muitas vezes explicaram que se as pessoas acreditam que o sistema é justo para todos – se podem ver isso e ouvem histórias sobre isso, elas sabem que quando chegar a sua vez, elas terão uma chance muito boa de serem tratadas de forma justa. Os funcionários podem entrar na "competição" da promoção com mais confiança e menos ansiedade em relação ao desfecho, sabendo que a maior probabilidade é de serem tratados com justiça.

Usando a analogia mencionada anteriormente e pensando em termos de grupos de 100 funcionários, podemos entender a magnitude da diferença aqui. Nas 100 Melhores Empresas, 71 de 100 funcionários acreditam que muitas vezes ou quase sempre as promoções vão para aqueles que mais merecem. Em uma empresa no grupo das 100 com Menos

Confiança, 52% de funcionários têm essa crença. Assim, há 19% de funcionários a mais em uma Melhor Empresa tendo uma experiência que lhes dá uma sensação de o campo de batalha estar nivelado – e que eles serão tratados de forma justa. E, se a população total de funcionários nas duas empresas hipotéticas dessa comparação for de 5 mil, as 100 Melhores Empresas, então, realmente têm 950 funcionários a mais que acreditam ser provável que sejam tratados de forma justa durante o processo de promoção do que a empresa no terço mais baixo do grupo de candidatas. Onde você encontrará os funcionários mais altamente comprometidos com a empresa?

Benefícios em Abundância

Não, não é o tipo de benefícios que são privilégios ou benefícios de RH. Os benefícios em abundância aqui se referem a benefícios adicionais nos excelentes ambientes de trabalho que desenvolveram altos graus de confiança e fortes reputações como empregadores de primeira linha. Esses benefícios, que voltam para a organização na forma de custos mais baixos para as funções básicas do negócio ou um maior retorno em um item como treinamento e desenvolvimento, contribuem para a qualidade geral do ambiente de trabalho e a competitividade da empresa.

Rotatividade Voluntária

A rotatividade de funcionários é cara. Há os custos diretos de contratar um trabalhador temporário para preencher o posto vazio, de anunciar, de entrevistar e de treinar. E, depois, há os custos mais difíceis de calcular por perder o conhecimento que a pessoa leva consigo, os custos de fluxo de trabalho associados à rede de relacionamentos e de fontes de informação que é rompida quando alguém vai embora e as indagações sobre a reputação que podem surgir se um funcionário-chave decide partir. Se você conseguir criar uma cultura que reduza a rotatividade de funcionários, tanto os custos diretos como os intangíveis podem ser minimizados, deixando mais recursos para serviços e projetos que agregam valor e com mais conhecimento e expertise em seu próprio negócio, em vez de no negócio de outra pessoa. Muitas vezes calculamos a rotatividade de funcionários das 100 Melhores e comparamos os resultados com os dados médios da indústria fornecidos pelo Bureau of Labor Statistics (BLS). E as 100 Melhores sempre mostram que, com um grupo e dentro de suas áreas de atuação, elas apresentam índices mais baixos de rotatividade do que as empresas em suas áreas.

Mas o que acontece quando as 100 Melhores são comparadas com as 100 Empresas com Menos Confiança no grupo de participantes? Nossa hipótese era a de que os números da rotatividade estariam muito mais próximos uns dos outros, uma vez que as 100 Empresas com Menos Confiança são todas boas empresas que indicaram, até certo ponto, seu interesse em criar uma forte cultura baseada na confiança para seus funcionários, simplesmente pelo fato de terem se candidatado para a lista das 100 Melhores. Muitas delas candidataram-se por vários anos e algumas já estiveram na lista no passado e estão trabalhando para voltar a ter um lugar na lista.

Em geral, descobrimos que as 100 Melhores como um grupo experimentam rotatividade voluntária mais baixa do que as 100 Empresas com Menos Confiança – para todas as empresas em todas as áreas de atuação. E as 100 Empresas com Menos Confiança realmente apresentam uma vantagem em comparação com a população geral de empresas representadas pelos dados "Quit" do BLS para 2006 e 2007.

ROTATIVIDADE VOLUNTÁRIA ENTRE FUNCIONÁRIOS EM PERÍODO INTEGRAL NOS GRUPOS DAS 100 MELHORES E DAS 100 COM MENOS CONFIANÇA

	100 MELHORES	100 ÚLTIMAS	DADOS BLS
LISTA 2007 (dados de 2006)	12,06%	13,97%	23,4%
LISTA 2008 (dados de 2007)	11,21%	13,68%	22,6%

Candidatos a empregos

Outra área na qual observamos que as Melhores Empresas muitas vezes superam as demais empresas é o volume de currículos recebidos por essas empresas quando são reconhecidas como um excelente ambiente de trabalho. Inúmeras vezes ouvimos das empresas incluídas na lista das 100 Melhores que nas semanas seguintes ao anúncio da lista receberam uma avalanche de currículos não solicitados de pessoas que queriam trabalhar em um excelente lugar. Este parece ser um claro marcador do interesse de muitos funcionários na qualidade da cultura no ambiente de trabalho e de sua disposição a considerar trocar de empregadores se puderem encontrar uma posição em um excelente ambiente de trabalho.

Muitas das Melhores Empresas desenvolveram operações singulares de recrutamento para lidar com a abundância de currículos recebidos, especialmente depois da publicação da lista das 100 Melhores na revista Fortune.

Os recrutadores prestam especial atenção para encontrar novos funcionários que mostrem um interesse em aprender sobre a história da empresa e seus valores, uma vez que isso é visto como uma maneira de assegurar a continuidade da forte cultura já construída. Várias empresas também envolvem os funcionários atuais no processo para avaliar se um funcionário potencial se ajustará bem à cultura.

CORRELAÇÃO DO NÚMERO DE CANDIDATOS A CARGOS A SEREM PREENCHIDOS – TODAS AS ÁREAS DE ATUAÇÃO

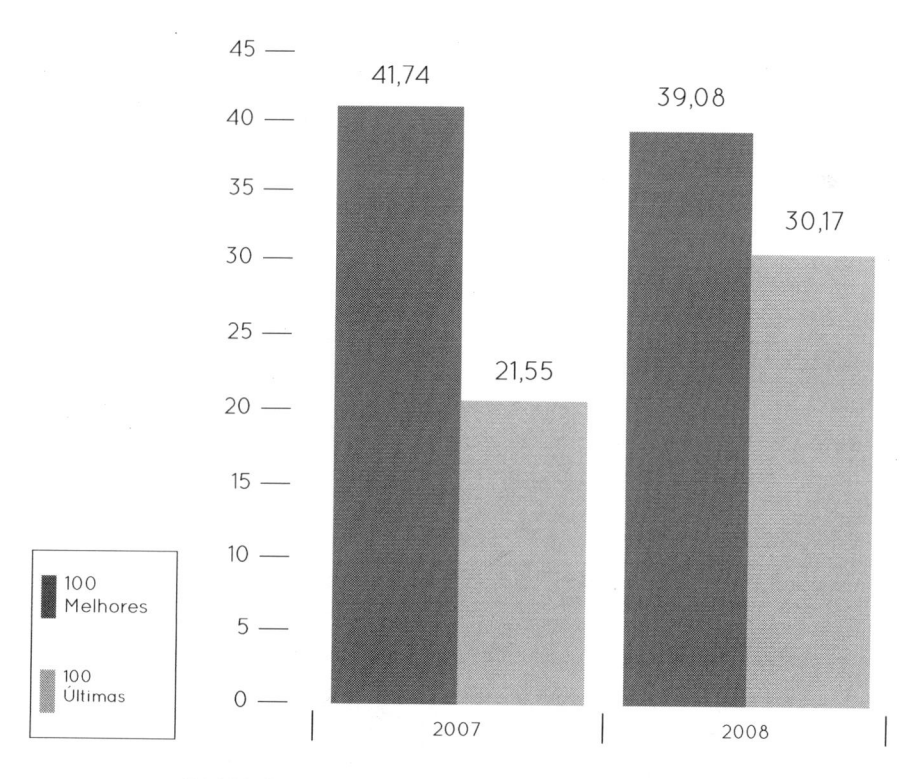

	2007	2008
100 Melhores	41,74	39,08
100 Últimas	21,55	30,17

©2008 Great Place to Work® Institute, Inc. Todos os Direitos Reservados

No Google, a contratação é uma forma de arte que é consistente com a cultura da empresa e sua abordagem às muitas de suas práticas voltadas para o funcionário[5].

[5] Tiradas de 100 Best List Culture Audit© parte 2 'submission materials' de 2007

A contratação no GOOGLE: Filosofia, Princípios e Diretrizes da Prática

Contratamos pessoas que são excelentes naquilo que fazem e interessantes para trabalhar juntas. Para uma meta tão grandiosa, nossa estratégia é bastante realista. Acreditamos que as melhores ideias aparecem quando as pessoas que pensam de formas diferentes começam a conversar. Históricos diversificados nos ajudam a entender os problemas de uma perspectiva diferente e a encontrar soluções singulares.

Os princípios de contratação do Google, redigidos por nossos cofundadores e consultados por nossos recrutadores, são simples, mas muito eficazes:

• Contrate indivíduos consistentes com nossas Regras;

• Contrate indivíduos que tenham interesses e atividades que "saiam do comum" e que façam você querer conversar.

• Contrate líderes e líderes em potencial que tenham uma disposição comprovada para "arregaçar as mangas" e concluir as ações.

• Evite contratar especialistas com capacidades limitadas; ao invés disso, contrate generalistas com experiência relevante e capacidade para aprender.

• Contrate pessoas em funções que elas tenham um claro potencial para se superar.

• Não contrate pessoas com urgência. Boas contratações levam tempo.

AS REGRAS DE CONTRATAÇÃO DO GOOGLE

Contrate pessoas que sejam mais espertas e tenham mais conhecimento do que você;

Não contrate pessoas com as quais você não pode aprender nada ou que não consigam desafiá-lo;

Contrate pessoas que agregarão valor ao produto E à nossa cultura;

Não contrate pessoas que não contribuirão bem para ambos;

Contrate pessoas que farão com que as coisas sejam feitas;
Não contrate pessoas que só pensem em problemas.

Contrate pessoas que sejam entusiasmadas, automotivadas e apaixonadas;

Não contrate pessoas que simplesmente queiram um emprego;

Contrate pessoas que inspirem e trabalhem bem com outros;

Não contrate pessoas que prefiram trabalhar sozinhas;

Contrate pessoas que crescerão com sua equipe e com a empresa;

Não contrate pessoas com um número limitado de habilidades ou interesses;

Contrate pessoas que sejam abrangentes em vários aspectos com interesses e talentos únicos

Não contrate pessoas que vivem apenas para trabalhar;

Contrate pessoas que sejam éticas e se comuniquem abertamente;

Não contrate pessoas que sejam políticas ou manipuladoras;

Contrate apenas quando tiver encontrado um candidato excelente;

Não se conforme com nada menos.

Criando uma Cultura Inclusiva

Durante os últimos anos, vários estudos enfocaram-se em respostas societárias à diversidade, à criação de uma cultura inclusiva e a maneiras mais bem sucedidas de abordar a inclusão no ambiente de trabalho e nas comunidades. Um estudo, de autoria de Robert Putnam, recebeu bastante atenção da imprensa por uma de suas conclusões "pela metade". Digo pela metade porque a conclusão refletiu as maneiras pelas quais as pessoas podem inicialmente responder à maior diversidade étnica "acocorando-se", como diz Putnam. Ou seja, quando são inicialmente expostas a mudanças demográficas, levando-as a um contato mais frequente com pessoas que acreditam ser etnicamente diferentes, as pessoas podem fazer várias coisas que fazem parecer que estão se unindo, em busca de similaridade confortável em seus amigos ou associados. Ou ainda, parecem simplesmente estar se fechando em um pequeno grupo de família, de amigos e de vizinhos com quem se sentem familiarizados e confortáveis.

Mas no próprio estudo Putnam fornece a outra "metade' dessa conclusão, na qual ele firmemente declara sua crença de que a diversidade é inevitável, desejável e benéfica. Ele afirma que "a diversidade étnica é, ao colocar na balança, um importante ativo social, como demonstra a história de meu país".

Entre as Melhores Empresas, a diversidade frequentemente é abordada a partir da perspectiva de buscar envolver todos os funcionários no trabalho da organização, sejam quais forem as características que eles tragam consigo que possam ser vistas como "diferentes". É criada uma cultura em que as pessoas com diferentes históricos podem trabalhar bem juntas. Os diversos talentos das pessoas são revelados e explorados. E é criado um excelente ambiente de trabalho financeiramente bem sucedido, capaz de atrair e treinar as melhores pessoas e capaz de fornecer produtos e serviços que atraem e retêm clientes.

Depois de ler o estudo de Putnam e outro trabalho recente, *The Difference*, de Scott Page e depois de conduzir nossa própria pesquisa sobre as diferenças e semelhanças entre as respostas da pesquisa com funcionários para o grupo de candidatas à lista, estamos convencidos de que um dos principais pontos fortes das Melhores Empresas é sua capacidade de criar ambientes inclusivos nos quais todos os funcionários são convidados a participar e são mais capazes de fazê-lo.

Uma das razões para mais funcionários estarem totalmente engajados – com seus corações e mentes – nas excelentes empresas são as redes formais e informais de apoio que criam fortes

MÉDIA GERAL DE CONFIANÇA POR IDADE NO PERÍODO DE 2004-2008

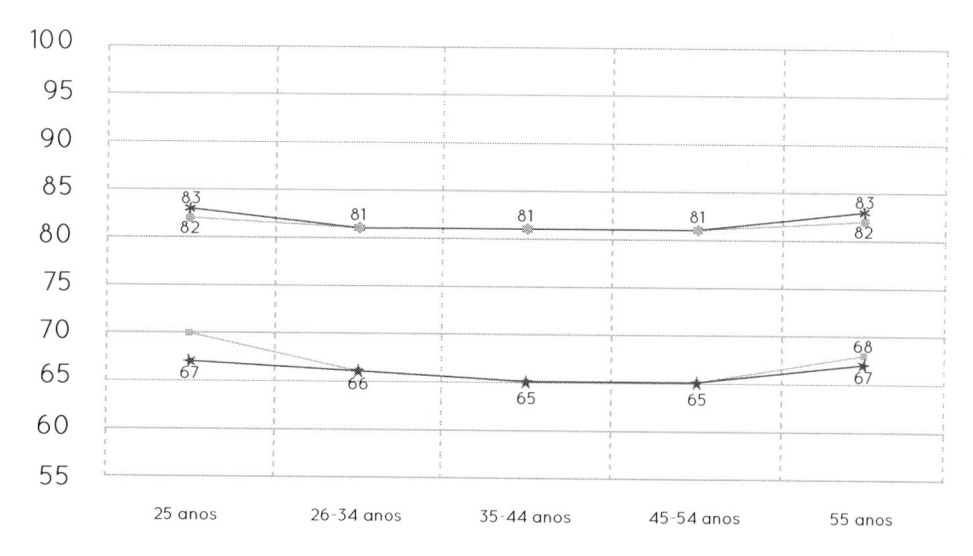

Idade	25 anos	26-34 anos	35-44 anos	45-54 anos	55 anos
100 Melhores	83	81	81	81	83
100 Média Geral das 100 Melhores	82	81	81	81	82
100 Últimas	67	66	65	65	68
100 Média Geral das 100 Últimas	67	66	65	65	67

* 100 Melhores
• 100 Média Geral das 100 Melhores
▪ 100 Últimas
★ 100 Média Geral das 100 Últimas

2004-2008 MÉDIA DE CONFIANÇA POR ETNIA

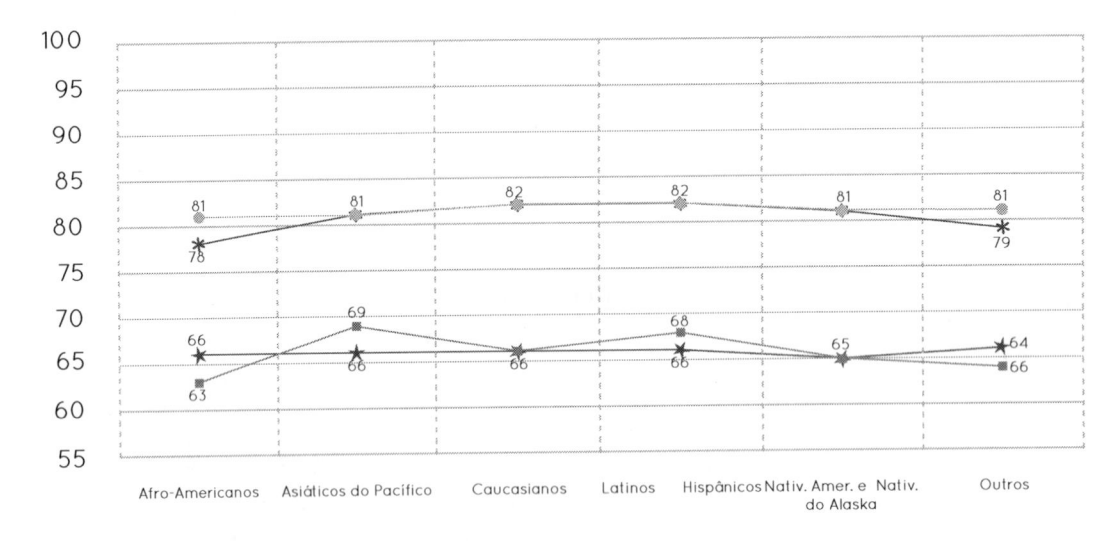

	Afro-Americanos	Asiáticos do Pacífico	Caucasianos	Latinos	Hispânicos	Nativ. Amer. e Nativ. do Alaska	Outros
100 Melhores (★)	78		82	82	81		79
100 Média Geral das 100 Melhores (●)	81	81	82	82	81	81	81
100 Últimas (■)	63	66	66	66		65	66
100 Média Geral das 100 Últimas (★)	66	69	66	68		65	64

* 100 Melhores
* 100 Média Geral das 100 Melhores
* 100 Últimas
* 100 Média Geral das 100 Últimas

laços internos entre as pessoas que podem ser vistas como "diferentes" ou que estão em posições tradicionalmente vistas como tendo status ou valor diferente. Isso pode criar uma sensação de pertencimento nas pessoas que normalmente poderiam não se sentir como parte do grupo e proporcionar abertura para as pessoas compartilharem suas ideias quando inicialmente poderiam não ter confiança para se expressar. As redes de diversidade e de grupos colaborativos também podem servir como redes de recursos que expõem os executivos ou gestores seniores (que podem ser semelhantes entre si) às pessoas, fontes de informação e ideias diferentes de suas próprias. Elas também podem ajudar aqueles mesmos executivos a entender a dificuldade das pessoas que são "diferentes" de se sentirem à vontade em alguns ambientes de negócios.

Assim, uma forte cultura de inclusão criada pelos líderes ajuda as pessoas "diferentes" a se sentirem como membros plenos do grupo e lhes possibilita participar sem perder seu valioso jeito diferente de ver as coisas. Embora algumas empresas possam tentar criar uma cultura de inclusão pedindo a todos para serem iguais e tentando ajudar as pessoas "diferentes" a serem mais "semelhantes" – como a maioria grupo ou os líderes, isso pode diminuir qualquer valor que se poderia obter das variadas abordagens e experiências que diferentes tipos de pessoas trazem para uma situação. Em geral, as Melhores Empresas criam fortes culturas que incluem pessoas e suas diferenças e apóiam o desenvolvimento de laços entre os grupos que ajudam as pessoas a compartilhar suas diferentes abordagens e ideias.

Nossas evidências para isso vêm por meio dos resultados da pesquisa, os quais mostram que nas Melhores Empresas mais pessoas em todas as categorias demográficas experimentam um alto grau de confiança do que no caso dos funcionários nas 100 Empresas com Menos Confiança.

Por exemplo, quando examinamos os dados de 2004-2008 das 100 Melhores e 100 Empresas com Menos Confiança, por etnia e idade, fica claro que muito mais funcionários nas Melhores Empresas compartilham uma experiência consistente de alta confiança entre si – independentemente de suas diferenças de idade ou etnia – do que os funcionários nas 100 Empresas com Menos Confiança.

Os benefícios que vêm com as culturas inclusivas são frequentemente reconhecidos pelos funcionários, os quais dão forte apoio extraoficial ao valor da diversidade em seus comentários:

"A Goldman Sachs valoriza a diversidade e tem tolerância zero com o tratamento desigual de qualquer grupo de pessoas. Ela promove semanas de eventos que celebram diversas identidades étnicas, realizações de mulheres e contribuições de gays, lésbicas e transexuais à sociedade. Acho que é a mais justa e mais imbuída de princípios das empresas para as quais eu poderia trabalhar".

"Sempre me sinto como parte da equipe e sinto que minha parte é reconhecida em meio à produção de trabalho do grupo. Fazemos um ótimo trabalho de contratação de diferentes tipos de pessoas, as quais se mesclam bem. A empresa tornou extremamente fácil ser uma mãe que trabalha, com tempo flexível e uma creche interna, além de uma cobertura incrível de um plano de saúde. Como uma jovem advogada, sei que a empresa está tentando me manter aqui antes e depois de eu decidir ter filhos".

"Uma qualidade singular que a Wegman's tem é sua diversidade. Gosto de ver tantas culturas trabalhando juntas em um único lugar e, com isso, sinto-me totalmente em casa. Por este ser meu primeiro emprego, sinto muito orgulho do que faço e das pessoas para quem trabalho".

"Posso dizer honestamente que desde o primeiro dia, a AstraZeneca me trata não somente como um indivíduo inteligente e automotivado, mas também com o máximo respeito. É com grande convicção que digo isso, a AstraZeneca busca indivíduos de históricos diversificados para não apenas representar o mundo, mas também para garantir a contínua evolução da empresa com ideias novas e originais. Os funcionários são respeitados e bem tratados".

"Uma coisa que torna nossa empresa um Great Place to Work® é a diversidade. Funcionários de diferentes nacionalidades trabalham muito bem juntos. O Diretor entende que para ter sucesso globalmente, temos de ter diversidade no trabalho.

Ao promover a diversidade, vários clubes dentro da empresa são patrocinados, como o Grupo de Recursos Asiáticos, Grupo de Recursos Afro-Americanos, Grupo de Recursos Mulçumanos, entre outros. Esses grupos fazem com que os funcionários sintam que pertencem a esta organização e que a direção se importa com quem eles são pessoalmente".

"A diversidade dos cotrabalhadores em todos os níveis da empresa é significativa – em termos de raça, etnia, sexo, orientação sexual, crenças etc. O melhor de tudo é que esse grupo de pessoas se une e se apóia na apreciação de todo o valor que nossas diferenças trazem para guiar o negócio. Acredito que isso gera grande conexão e comunicação, entendimento e oportunidade".

"Nossas iniciativas de diversidade trabalham consistentemente para melhorar a conscientização, aumentar a produtividade e celebrar as diferenças que resultam em uma vantagem competitiva para a TI... Há grupos que representam diversas religiões, raças, sexos e orientação sexual cujas atividades são apoiadas e incentivadas... As pessoas se orgulham da força de trabalho da TI e sua diversidade".

"O que esta empresa tem de mais único é que ela o transforma em uma pessoa única. Fui criado em uma pequena cidade em Idaho e quando consegui um emprego na Starbucks em Boise, eu tinha uma cabeça estreita e especificamente não tinha nenhum amor pela diversidade. Quando conheci a missão da Starbucks e realmente vi meus gestores a utilizar em seu cotidiano nas lojas e nas decisões de contratação, percebi sua importância. Este é um valor pelo qual sou agora muito apaixonado. A diversidade o torna uma pessoa mais aberta e amplia quem você é, tanto quanto pode expandir uma empresa".

"A diversidade nas pessoas de nossa empresa a torna excelente – em qualquer localidade onde temos pessoas de muitos países, raças, preferências religiosas, orientações sexuais, tamanhos e formas diferentes. Todos nós naturalmente nos amalgamamos em uma equipe muito singular e eficaz. Gostaria que fosse assim fora da empresa".

"Estou aqui há quase seis anos e não posso imaginar um lugar melhor para trabalhar."

2004-2008 INTERESSE EM FICAR

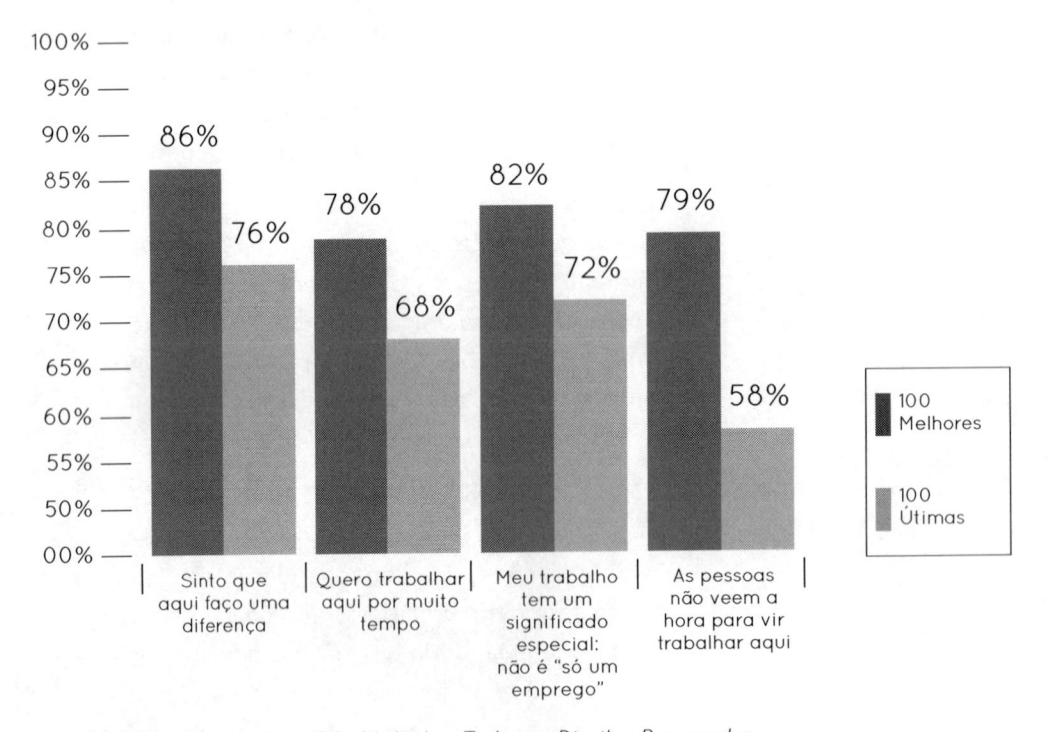

	100 Melhores	100 Últimas
Sinto que aqui faço uma diferença	86%	76%
Quero trabalhar aqui por muito tempo	78%	68%
Meu trabalho tem um significado especial: não é "só um emprego"	82%	72%
As pessoas não veem a hora para vir trabalhar aqui	79%	58%

©2008 Great Place to Work® Institute, Inc. Todos os Direitos Reservados

"Os comentários desses funcionários trazem uma mensagem poderosa do poder da diversidade e do valor de juntar pessoas de diferentes passados. Em uma cultura de respeito e colaboração, existe a possibilidade de criar um mundo no qual as pessoas finalmente se dão realmente bem."

Interesse em Ficar

Recentemente, tem-se dado muita atenção à ligação entre o comprometimento dos funcionários em relação a seu trabalho e sua intenção de manter-se com seu empregador – a questão da "retenção". Em nossa pesquisa, nos concentramos no interesse em ficar expresso pelos funcionários – o que uma pessoa diz a respeito do que quer fazer – e o consideramos em relação ao sentimento de uma pessoa de que o trabalho tem um significado especial e que ir trabalhar é algo pelo qual se anseia.

Os comentários dos funcionários a respeito de sua experiência no trabalho em várias das Melhores Empresas confirma o relacionamento entre o desejo de ficar de uma pessoa, a qualidade especial do trabalho que as pessoas conseguem fazer e o fato de ansiarem por ir trabalhar – tanto pela camaradagem que vivenciam como pelos desafios do trabalho que fazem.

"O staff tende a permanecer e os relacionamentos se desenvolvem, e a continuidade melhora o cuidado e torna-se um benefício social."

"Não há lugar melhor para se estar em nossa área de atuação. A cultura cooperativa é única nesta área. As pessoas são as melhores e as mais estimulantes."

Os resultados da pesquisa apresentados aqui confirmam em números o que os comentários dos funcionários expressam em sentimento.

"Na área de alta tecnologia, é raro encontrar pessoas que permanecem em uma mesma empresa por muito tempo. Mas não é difícil ver pessoas que trabalham aqui por 5, 10 ou mais anos. Estou aqui há quase 6 anos e não posso imaginar um lugar melhor para trabalhar."

"Kimley-Horn é a empresa ideal que procurei durante toda a minha carreira. Estou feliz por estar aqui e espero ficar até me aposentar."

"A forte ênfase em informação, educação e treinamento oferecidos aos gestores é uma excelente ferramenta para ajudar as pessoas a subir em suas carreiras. É uma excelente maneira de incentivar as pessoas a crescerem e, ainda assim, a ficarem no Marriott."

"Este foi meu primeiro emprego e, quando chegou o momento de escolher que rumo tomar em minha carreira, decidi ficar na Wegman's por seus fortes valores centrais. Eles nos dão a oportunidade de explorar todos os caminhos que eles têm para oferecer."

Às vezes, o grande volume de dados que confirmam as boas qualidades e fortes benefícios nos excelentes ambientes de trabalho pode ser um pouco desconcertante. Esses ambientes de trabalho são realmente tão excelentes? Pode ser que simplesmente precisemos continuar a contar suas histórias repetidamente para que as pessoas acabem entendendo o que as corporações podem realmente se tornar.

> **Precisamos continuar a contar as histórias desses excelentes ambientes de trabalho repetidamente para mudar o entendimento das pessoas sobre o que as corporações podem realmente se tornar.**

As Melhores Empresas

Toda Melhor Empresa tem sua própria história das maneiras pelas quais a cultura em seu excelente ambiente de trabalho foi criado pelas palavras e ações de líderes, gestores e funcionários. Essas histórias são os melhores exemplos do que significa criar um excelente ambiente de trabalho, onde os funcionários confiam nos gestores e líderes – e contam aos outros, "Minha empresa é uma das melhores."

Baptist Healthcare (Pensacola, Florida)

A Baptist Healthcare tem a visão para ser o melhor sistema de saúde nos USA. O CEO e o Vice-Presidente perseguiram essa visão, de reinventar seu hospital e o relacionamento de gestão de funcionários, de modo que também seria um modelo para a indústria de saúde nos Estados Unidos. Foram muitos os desafios que enfrentaram quando começaram a perseguir essa visão. A satisfação dos pacientes era fraca – ficava no 18º percentil. A satisfação dos funcionários era fraca – apenas 44% dos funcionários estavam satisfeitos. E os concorrentes impunham uma pressão significativa sobre a viabilidade do Baptist como hospital. Os líderes do Baptist sabiam que não podiam investir mais, equipar ou ter mais programas iguais aos seus concorrentes. Sua alternativa era construir diferencial competitivo em serviço. Feita a escolha, usar o serviço como a vantagem competitiva para seus serviços de cuidado da saúde trouxe um enfoque natural ao serviço prestado internamente entre duas ou mais pessoas que trabalham no Baptist. Assim, a escolha estratégica, como competir, exigiu muita introspecção sobre o que estava acontecendo dentro do Baptist que levara à criação de uma cultura que os conduziu à situação atual e sobre as mudanças que precisariam ser feitas para verdadeiramente criar o melhor sistema de saúde no USA.

Uma área que recebeu bastante atenção foi o esforço para melhorar os programas de treinamento de liderança oferecidos para dar suporte ao crescimento profissional das pessoas. Para mudar completamente a cultura, os funcionários precisariam ser apoiados de maneiras novas. Foram desenvolvidos programas de treinamento e educação para ajudar as pessoas a entenderem a Visão do Baptist e como eles poderiam participar de sua conquista. Outros programas foram desenvolvidos para ensinar ao staff novas maneiras de interagir entre si. A meta era que os supervisores fossem tão responsáveis por seu staff quanto seu staff tinha de ser os supervisores.

O envolvimento dos funcionários e os programas de compartilhamento de ideias também receberam uma ótima quantidade de atenção, principalmente um programa em particular: o programa Ideias Brilhantes, que é um exemplo maravilhoso de como solicitar as ideias dos funcionários.

O programa Ideias Brilhantes solicita ideias inovadoras de todas as pessoas por toda a organização, dando aos funcionários uma oportunidade de compartilhar pensamentos, sugestões para melhorias e ideias para reduzir custos. Qualquer ideia que ajude um departamento a funcionar de modo mais eficiente ou torne a vida mais fácil para o cliente é uma Ideia Brilhante. Os funcionários enviam suas ideias diretamente para o banco de dados de Ideias Brilhantes. Seu líder é responsável por implementar a ideia, encaminhando-a ao líder mais adequado para implementá-la ou dando feedback dizendo por que a ideia não será ou não poderá ser implementada.

Além de ser o receptáculo das submissões iniciais, o banco de dados também serve de depósito de ideias que todos os líderes podem acessar para ver se um problema que estejam enfrentando foi solucionado em outra área. Os líderes também podem simplesmente examinar as ideias no banco de dados à procura de excelentes sugestões de maneiras de melhor fazer as coisas.

Os funcionários são reconhecidos por enviar suas ideias com certificados "Food for Thought" (uma refeição gratuita) e recebem 10 pontos por ideias que sejam implementadas. Os pontos são trocados por prêmios, desde um pequeno broche com uma lâmpada (10 pontos) até uma cadeira de diretor (150 pontos). Todos os funcionários são incentivados a implementar pelo menos duas Ideias Brilhantes a cada ano.

> "Acreditamos que todas as pessoas desejem fazer um bom trabalho, e elas farão, se você confiar nelas."

O programa vem fazendo tremendo sucesso, gerando mudanças positivas nos processos organizacionais e estimulando milhões de dólares em iniciativas de redução de custos desde sua introdução em 1998. Mensalmente, são realizadas celebrações cujo anfitrião é um líder para comemorar todas as ideias implementadas, sendo sorteados vale-presentes de $50. O programa estimula a sensação de capacitação e motivação dos funcionários, além de algumas maneiras criativas de comemorar a implementação de ideias. Em um hospital (Hospital Atmore), a comemoração das Ideias Brilhantes envolve um funcionário especial e um piquenique com as famílias no qual as pessoas que haviam enviado uma Ideia Brilhante ganharam a chance de derrubar um líder em um tanque de água!

Granite Construction

Granite Construction é uma empresa de construção civil pesada e fornecedora de materiais de construção com mais de 140 fábricas em diversas localidades dos Estados Unidos. Desde sua fundação, os líderes dessa construtora dão grande importância a garantir que seu principal propósito fosse proporcionar aos funcionários a oportunidade de ganhar a vida de maneira decente e segura e, ao mesmo tempo, fazer o trabalho do qual pudessem gostar e se orgulhar.

Uma das qualidades singulares da cultura da Granite é sua ênfase em voltar-se para as qualidades que fizeram da empresa um sucesso nos primeiros anos e fazer uma projeção para ver como aquelas qualidades podem ser adaptadas e desenvolvidas para garantir o sucesso no futuro. Os líderes da empresa a apresentam como uma organização compreendida por profissionais confiáveis, esforçados e pragmáticos, artesãos e engenheiros que também aspiram ser Master

Builder's. Eles expressam um comprometimento com o sucesso de longo prazo de seus projetos tanto em termos de produto físico ou resultado como também do impacto social e ambiental de seu trabalho. Os líderes da Granite ressaltam com orgulho sua liderança em Legado Permanente de Projetos, um esforço que abrange toda a indústria da construção para colocá-la em uma posição de liderança em construção sustentável, seu histórico de responsabilidade social e seu "registro de palavras" para o índice de investimento em Fundo Social Domini 400 como prova de sua reputação e impacto positivos. E é uma construtora! Não é o primeiro lugar para o qual a maioria das pessoas se volta em busca de exemplos de como criar um ambiente de trabalho no qual as pessoas dizem "eu confio nas pessoas para as quais trabalho."

O que aconteceu na Granite Construction em seus mais de 100 anos de história que levou à sua cultura atual e ao comprometimento com os funcionários, a segurança, a qualidade e a um legado permanente? Existem algumas crenças fundamentais que parecem alimentar boa parte da cultura da Granite e várias práticas básicas decentes que ajudam a reforçar tal cultura diariamente.

Em sua Auditoria de Cultura de 2006, a Granite escreve:

"... acreditamos que todas as pessoas desejem fazer um bom trabalho, e elas farão, se você confiar nelas. Isso significa lhes permitir tomar decisões relativas a seus trabalhos e operações sem uma supervisão opressora da gerência Corporativa ou da Divisão. Significa intrusão mínima de políticas e programas padronizados para evitar que sufoquem sua criatividade e iniciativa; na maioria dos casos, uma diretriz, em vez de uma política inflexível, será suficiente. Significa monitorações e controles não excessivos

> A capacidade de aprender e de crescer é uma parte central da cultura do grupo Principal que contribui para o sucesso financeiro da empresa.

que transmitam desconfiança e desrespeito. Significa deixar claras as expectativas, às quais se devem chegar à conclusão conjuntamente sempre que possível. Significa fornecer recursos, informação, feedback e reconhecimento que deem apoio e incentivam suas pessoas.

"Tirar o máximo de suas pessoas não é um trabalho para especialistas em eficiência. As pessoas não são unidades de produção. Elas são criações vivas, divinas, imperfeitas, que respiram e prosperarão com o aprendizado e os desafios. Elas são organizadas, criativas e engenhosas quando acreditam que estão trabalhando por um propósito nobre e colaboram com resultados sinérgicos quando respeitam seus colegas de trabalho, seus líderes e sua empresa."

Esta é uma declaração ponderosa em qualquer empresa, mas para uma construtora com mais de 100 anos, parece extraordinária. Há outras empresas de construção e fabricação na lista das 100 Melhores Empresas com filosofias únicas focadas nas pessoas semelhantes. Também há escritórios de advocacia, empresas de alta tecnologia e de serviços de produção – e todas encontraram maneiras verdadeiramente especiais de se estruturar e criar uma cultura que funciona para elas. Elas são quase todas atípicas para suas áreas de atuação. Mas as práticas de líderes e gestores são de muitas formas ordinárias.

Na Granite Construction, líderes e gestores se sobressaem ao compartilhar informações e ouvir os funcionários. A maioria dos funcionários da Granite trabalha em locais isolados por todo o país. Isso poderia impor alguns problemas para a comunicação eficaz; no entanto, com um claro compromisso de compartilhar informações e ouvir as pessoas, os líderes da Granite incorporaram a responsabilidade por comunicar e ouvir às suas responsabilidades centrais da função. A

Granite tem conseguido reter muito da conexão pessoal entre os gestres e funcionários no campo porque estes visitam os canteiros de obra frequentemente. O Presidente e CEO Bill Dorey e o COO Mark Boitano visitam pessoalmente todas as locações de campo em todo o país pelo menos uma vez por ano para participar de diálogos com os funcionários. Essas visitas dão a chance aos líderes mais seniores de ouvir os pensamentos das pessoas e de compartilhar sua própria visão para o futuro da organização.

Uma prática especial que está incorporada em todas essas visitas envolve o CEO Bill Dorey conduzindo um passeio de uma ou duas horas para conversar com cada funcionário no canteiro. Essa prática é especial também por outro motivo, não é algo simplesmente feito pelo CEO. Gestores da divisão e da divisão assistente também visitam todos que estão trabalhando nos escritórios de campo e nos canteiros de obras. Também há diálogos mais formais com os funcionários trimestral ou semestralmente que ocorrem para garantir que não importa onde uma pessoa está trabalhando: uma discussão ao vivo, cara a cara com a administração sênior acontecerá a cada ano. É esse contato humano pessoal que mais bem exemplifica o porquê de a Granite Construction ser vista como um ambiente de trabalho tão especial e único por seus funcionários.

Em resposta à pergunta: O que faz desta empresa um Great Place To Work®? Um funcionário escreveu:

"Dá um sentimento muito bom quando o presidente e CEO da empresa vem ao seu local de trabalho e sabe seu nome e está genuinamente interessado naquilo que você está fazendo. A Granite lhe dá toda a responsabilidade que você deseja e eles confiam que você fará as coisas acontecerem e o ajudam a fazer acontecer."

Os líderes em excelentes ambientes de trabalho são conhecidos pelas empresas que criam.

Principal Financial Group

O Principal Financial Group fornece uma série de serviços financeiros (planos de aposentadoria 401 mil, seguro de saúde e de vida, gestão de ativos, etc.) a pequenos e médios negócios, pessoas físicas e instituições. Esses serviços financeiros também são fornecidos por muitos concorrentes, sendo que alguns oferecem um mix semelhante de serviços e outros se especializam em apenas um ou dois. O que faz o Principal para manter-se à frente da concorrência e reter seus funcionários? Eles decidiram fazer investimentos tremendos em suas pessoas por meio de ofertas de desenvolvimento pessoal e profissional. Sua meta é criar um ambiente no qual a capacidade das pessoas de aprender e crescer seja vista como uma parte central da cultura que contribui para o sucesso financeiro da empresa.

Várias das ofertas de desenvolvimento profissional são semelhantes àquelas disponíveis em muitas organizações: cursos de graduação, planos de desenvolvimento, mentores e sessões de *coaching*, por exemplo. Também há algumas distorções na abordagem, com a experiência prática e a aprendizagem informal desenvolvidas no processo juntamente com uma forte ênfase no envolvimento de líderes como professores nos programas de treinamento e desenvolvimento.

A arquitetura de desenvolvimento utilizada para orientar seus esforços enfatiza o resultado do desenvolvimento, e não a atividade do desenvolvimento. Esta é uma distinção valiosa que vemos em muitas empresas excelentes – e reflete um entendimento de que o desenvolvimento é um processo que ocorre ao longo do tempo e deve resultar em mais do que o rastreamento de um conjunto de aulas ou a participação em uma série de experiências.

Dois dos elementos mais singulares da abordagem do Principal ao desenvolvimento profissional salientam os pequenos gestos que tem ajudado a tornar essa empresa excelente. Um programa Ouvinte dá aos funcionários a oportunidade de ouvir os representantes do atendimento ao cliente em telefonemas com clientes ao vivo. Ouvir os representantes do serviço colocando em prática o "atendimento ao cliente" ajuda todos os funcionários a desenvolverem melhores habilidades de atendimento ao cliente. Também é uma honra para um atendente do *call center* cujas chamadas são mostradas nesse programa e os ajuda a sentirem-se parte do conjunto mais amplo de atividades que ocorrem por toda a organização.

O Big Map de iniciativas é um retrato visual do papel central desempenhado pelos funcionários no sucesso da empresa. Ele foi elaborado para dar aos funcionários um panorama tanto do que a empresa está fazendo como a maneira pela qual está fazendo. O mapa mostra o fluxo das principais iniciativas sobre as quais os funcionários ouvem falar durante todo o ano e abrange o propósito e a missão da organização, as medidas de sucesso usadas para as diferentes iniciativas e o modo como cada funcionário contribui para o sucesso por meio de seu trabalho e por manter os valores da empresa. O Big Map de iniciativas é usado durante a orientação de novos funcionários para ajudar as pessoas a entenderem seu papel no sucesso do negócio desde seu primeiro dia de trabalho, sendo fornecido também aos líderes para uso com suas equipes. Isso proporciona aos líderes e gestores uma ferramenta para reforçar a mensagem sobre a importância de cada funcionário na criação e sustentação do negócio e da cultura da organização.

Genentech

A Genentech é uma empresa de biotecnologia, uma afirmação simples que esconde o fato de muitas vezes se creditar a ela a criação de toda uma indústria. Não há muitas empresas que possam alegar tal fama. Com uma existência de 30 anos, eles recentemente experimentaram sucesso notável devido à aceitação de vários medicamentos especializados que eles produziram. Um dos desafios mais significativos que a empresa enfrenta atualmente é o de manter sua cultura única e seu ambiente de trabalho criativo baseado em pesquisas em face a esse sucesso e crescimento tremendos.

Os líderes da Genentech identificaram três indicadores culturais como sendo aqueles que os funcionários mais valorizam e que acreditam ter criado o sucesso singular da empresa indústria da biotecnologia nos últimos 30 anos. Tais indicadores são: compromisso com a ciência, dedicação aos pacientes e respeito pelo indivíduo. Esses três indicadores são um reflexo de compromissos que os líderes da Genentech assumiram de apoiar o trabalho básico da organização, de servir os clientes e de cuidar dos funcionários. Ouvimos falar de compromissos desse tipo de líderes em muitas organizações, mas raramente vemos resultados semelhantes àqueles alcançados pelas pessoas na Genentech. Qual é a diferença? Um conjunto consistente de ações por toda a organização, praticadas por líderes e gestores, que continuamente desenvolve e reforça a cultura da organização.

O compromisso da Genentech com a ciência reflete-se bem em sua prática de permitir aos cientistas pesquisadores afastar-se por um tempo de suas tarefas específicas para perseguir seus próprios interesses de pesquisa na forma de projetos individuais que podem não necessariamente levar ao desenvolvimento de um novo produto ou serviço. Essa prática amplia os horizontes dos cientistas ao mesmo tempo em que contribui para o sucesso profissional da empresa. Vários novos produtos ou novas técnicas de pesquisa resultaram da busca dos cientistas de suas próprias ideias. Os líderes da Genentech a identificam como uma prática que demonstra respeito pelo indivíduo, mas que também é inseparável do compromisso com a ciência e da dedicação aos pacientes. É como deve ser. A prática faz parte da cultura, a qual sustenta o negócio.

A lógica para essa prática é incontestável. A Genentech precisa de pessoas boas, inteligentes e dedicadas em sua organização para produzir os produtos que gerarão renda. Os cientistas pesquisadores, que criarão esses produtos, são pessoas curiosas. São necessários grupos de pessoas para completar toda a pesquisa, e não apenas o cientista, mas também o técnico e o pessoal de apoio. E se uma ideia for além do laboratório de pesquisa, precisarão então ser envolvidos gerentes de projeto – para auxiliar nos estudos clínicos, assim como pessoas de marketing e vendas. O ciclo começa com a liberdade de explorar ideias e é apoiado em uma cultura de franqueza e curiosidade. São fornecidos fundos aos cientistas pesquisadores para perseguirem seu próprio trabalho – isto serve para ajudar a atrair e reter os melhores cientistas que querem fazer pesquisa em vez de ir atrás de dinheiro de patrocínios. Mas a capacidade da Genentech de ser tão bem sucedida na indústria de biotecnologia é dependente de mais do que a capacidade dos cientistas de fazer sua pesquisa, já que todo concorrente da Genentech também tem práticas que buscam promover e tirar proveito do processo científico criativo.

A Genentech criou uma cultura que apóia a intensa curiosidade. Esta é alimentada por muitos programas e práticas desenvolvidos para a estrutura das vidas profissionais das pessoas, mas as práticas culturais de questionamento aberto, conversas honestas, nenhuma hierarquia e nenhum jargão estão refletidas nas pequenas práticas que tem ajudado a elevar o sucesso de seus esforços acima daqueles de seus concorrentes. Eles criaram um ambiente no qual mais pessoas podem participar plenamente do trabalho da organização.

Tomemos como exemplo a prática de questionamento aberto. Como essa prática é promovida na Genentech? Gestores e líderes compartilham amplamente as informações com os funcionários por meio de canais online e e-mails, mas também são frequentes e encorajadas discussões informais frente a frente entre a administração e todos os níveis de funcionários. Os líderes seniores saem de suas mesas e circulam pela empresa. Eles compartilham o compromisso de conversar diretamente com os funcionários – e porque fazem isso, outros seguem seus exemplos.

A Genentech foi fundada sobre raízes acadêmicas e as tradições escolásticas ainda estão presentes. Um exemplo ilustra o diálogo aberto entre funcionários e administração no departamento de Tecnologia da informação Corporativa (CIT): Horário em escritório! Horário em escritório dá aos funcionários no grupo CIT, além dos funcionários em todo o departamento, a oportunidade para valiosas discussões individuais informais sobre qualquer assunto.

Margaret Pometta, diretora associada de CIT, diz que "é uma excelente oportunidade para ouvir funcionários que provavelmente não marcariam uma reunião oficial, mas que quer informações suas sobre um projeto, manifestar uma preocupação ou pedir um rápido conselho sobre como lidar com um problema. Isso me dá a chance de saber o que se passa na cabeça das pessoas, o que é valioso ouvir à medida que nosso departamento cresce e amadurece". Todo membro da Equipe de Liderança de CIT está disponível para um horário em escritório uma vez por mês.

Além disso, o horário em escritório da Equipe de Liderança de CIT faz parte do Programa Dia de Diálogo do departamento – um tipo de "almoce e aprenda" no nível departamental, onde os funcionários têm a chance de almoçar (ou às vezes tomar o café da manhã) e conversar em pequenos grupos com líderes da organização. Os Dias de Diálogo acontecem todas as quartas-feiras e são sempre bem movimentados.

O CEO da Genentech, Art Levinson, entende a importância de prestar atenção ao produto, à qualidade e à cultura da organização para criar uma empresa que seja uma das Melhores. Em um artigo do Wall Street Journal (de 5 de junho de 2007), Levinson é citado como por dizer que criar um excelente ambiente de trabalho é um dos três fatores fundamentais que contribuem para o sucesso da Genentech no mercado, sendo os outros dois o compromisso com a excelência na ciência e um claro foco de mercado na produção de medicamentos contra o câncer.

Levinson diz que "o terceiro ponto é que colocamos enorme ênfase em tornar a Genentech um Great Place To Work®. Há oito ou nove anos, nós não estávamos em muitas listas dos melhores lugares. Começamos a fazer pesquisas com funcionários, perguntando às pessoas: "Do que você gosta e, mais importante, do que você não gosta em relação à empresa? O que o/a incomoda?" Ficamos felizes pela validação. Entramos na lista da Fortune quatro vezes seguidas. No ano passado, ficamos em primeiro lugar. Neste ano, a Genentech escorregou um pouquinho e ficou em segundo lugar, atrás da Google inc."[6]

[6] Wall Street Journal, 5 de junho de 2007 "How Genentech Wins at Blockbuster Drugs" por Marilyn Chase

Cada uma das empresas citadas acima criou sua cultura única e um conjunto de práticas que reforça tal cultura. Indo além das práticas, cada grupo de líderes e gestores desenvolveu um modo de se comportar, um modo de interagir com os funcionários que claramente demonstra aos funcionários que eles são valiosos para a organização por seu trabalho e valorizados pelas pessoas na organização por suas contribuições como seres humanos. Embora muitas vezes se diga que se conhecem as pessoas pela empresa que elas mantêm, os líderes em excelentes ambientes de trabalho são conhecidos pelas empresas que eles criam.

2009

CONSUMIDORES, FUNCIONÁRIOS E O BARÔMETRO DE CONFIANÇA

Por **Amy Lyman**

[GREAT PLACE TO WORK® WHITE PAPER]

No Great Place to Work® Institute, temos acompanhado os níveis de confiança dos funcionários na direção há mais de 25 anos e sempre acreditamos que graus mais altos de confiança trazem recompensas maiores. As evidências que alimentam essa crença vêm na forma de comentários dos funcionários sobre sua lealdade e comprometimento com a organização e no espírito cooperativo com o qual todas as pessoas em excelentes organizações trabalham juntas e apóiam umas às outras. Os retornos financeiros (consulte www.greatplacetowork.com/great/graphs.php) das 100 Melhores Empresas como um grupo também tem reafirmado isso ao longo do tempo. As organizações com alto nível de confiança são mais bem sucedidas do que outros com menos confiança – mesmo quando tais empresas com menos confiança são conhecidas por fornecer aos consumidores bons produtos e serviços.

Os benefícios que vêm para empresas nas quais líderes, gestores e funcionários experimentam altos níveis de confiança mútua são significativos e receberam ainda mais confirmação de seu valor no recém-lançado relatório do Barômetro de Confiança de 2009 da Edelman, segundo a Cofundadora do Instituto, Amy Lyman.

Mais evidências, coletadas por meio da análise do Trust Index© – nossa pesquisa com funcionários – e do Culture Audit© – avaliação das políticas, práticas e valores de uma organização, reafirmam que os funcionários que confiam em seus líderes ficam ansiosos para ir trabalhar, estão dispostos a ajudar uns aos outros e têm orgulho de contar às pessoas sobre o lugar onde trabalham.

Os funcionários confiam em seus líderes quando eles agem de modo a transmitir sua credibilidade, demonstrar respeito e assegurar a imparcialidade na implementação de políticas e práticas. Os comportamentos dos líderes geram confiança. Esses mesmos comportamentos são visíveis ao público por meio das aparições públicas dos líderes, além de se tornarem bem conhecidos pelas pessoas pelo boca a boca dos funcionários nas interações com clientes, colegas, amigos e familiares.

2009 – 100 MELHORES EMPRESAS

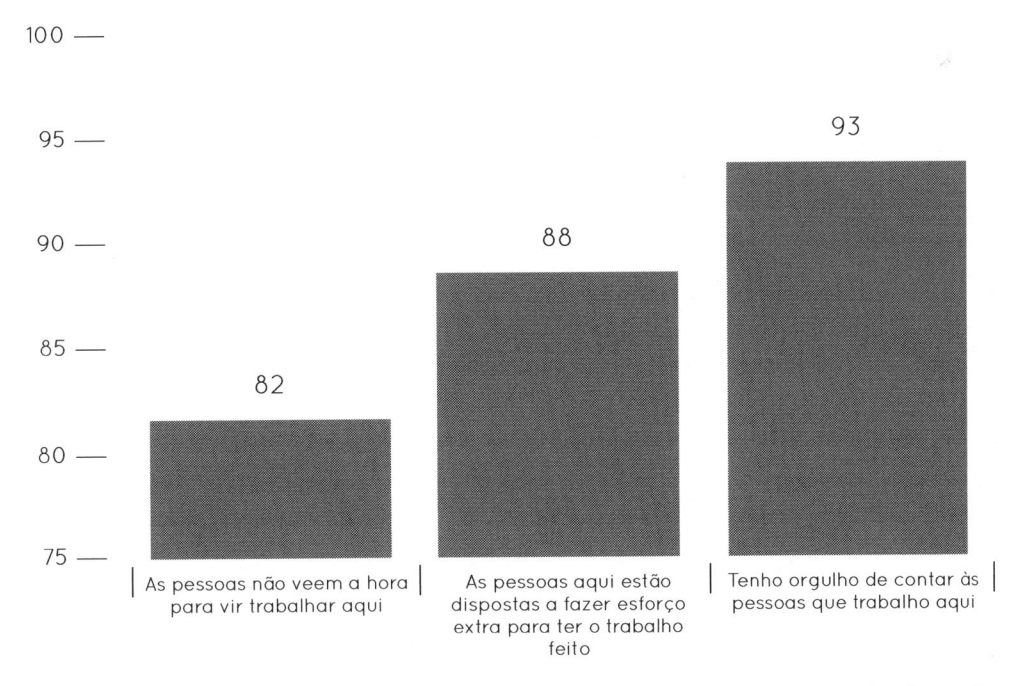

Afirmação	%
As pessoas não veem a hora para vir trabalhar aqui	82
As pessoas aqui estão dispostas a fazer esforço extra para ter o trabalho feito	88
Tenho orgulho de contar às pessoas que trabalho aqui	93

Os números representam a % de funcionários que responderam positivamente a cada afirmação

O impacto do comportamento confiável

De acordo com o Barômetro de Confiança de 2009 da Edelman, o comportamento dos consumidores é significativamente afetado por suas percepções da probidade de um negócio. Em sua pesquisa mais recente, a Edelman relata que "no último ano, 91% das pessoas de 25 a 64 anos de idade ao redor do mundo declararam ter comprado um produto ou serviço de uma empresa na qual confiavam e 77% recusou-se a comprar um produto ou serviço de uma empresa suspeita."

E uma das maneiras mais significativas pelas quais os consumidores determinam se uma empresa é ou não confiável é pelo modo que a empresa trata seus funcionários. Foi perguntado aos consumidores: "Quando você pensa em empresas boas e responsáveis, qual é a importância de cada um dos seguintes fatores para a reputação geral da empresa?" A opção que recebeu o segundo maior reconhecimento de importância foi "uma empresa que trata bem seus funcionários", com 93% dos respondentes indicando que isso é importante para eles. Esta é uma afirmação impressionante do impacto que a criação de uma cultura de excelente ambiente de trabalho pode ter na reputação de uma empresa.

Ao responder a pergunta sobre as medidas tomadas em relação ao nível de confiança que se tem de uma empresa, 67% das que responderam a pesquisa da Edelman declararam que recomendaram uma empresa na qual confiam a um amigo ou colega e 72% disse que criticaram para um amigo ou colega uma empresa da qual desconfiam. A recomendação boca a boca é frequentemente citada como uma das fontes de referência mais poderosas usadas pelos clientes e clientes em potencial para determinar se irão ou não eleger uma organização em particular.

Desempenho financeiro das 100 Melhores Empresas

As 100 Melhores Empresas negociadas em bolsa têm demonstrado consistentemente que, como um grupo de organizações, seu desempenho financeiro no longo prazo é superior àquele de grupos comparáveis de empresas – seja no Dow Jones, S&P 500, Russell 3000 ou seu próprio índice interno de comparação do grupo das 100 Empresas com Menos Confiança. As 100 Melhores têm melhor desempenho em momentos econômicos fortes, perdem menos em momentos econômicos fracos e se recuperam mais rapidamente para buscar novas oportunidades durante momentos de renovação.

Por que isso acontece? Nessas Melhores Empresas, os funcionários acreditam em seus líderes, os líderes respeitam seus funcionários e os ambientes de trabalho são configurados para garantir que a imparcialidade esteja em prática todos os dias. Isso cria uma cultura na qual o instinto natural das pessoas de cooperar umas com as outras é estendido para além de um pequeno grupo imediato de amigos próximos e afins, incluindo o grupo mais amplo de funcionários, gestores e líderes por toda a organização. A confiança torna possível graus mais amplos de cooperação.

1998 – 2008 RETORNOS

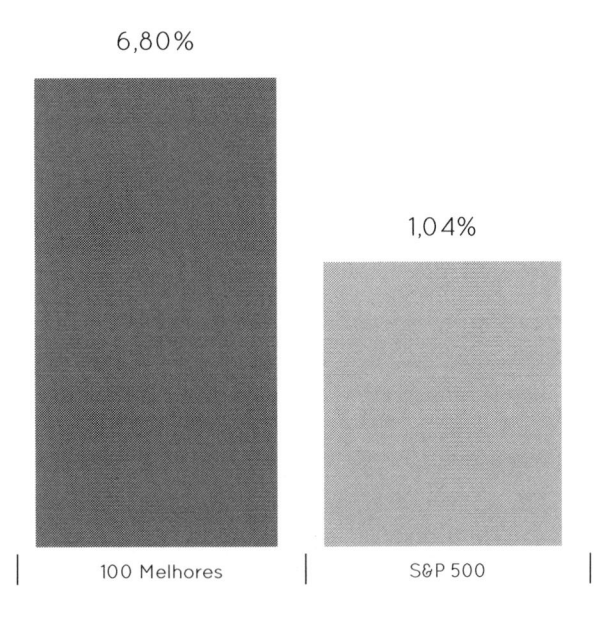

6,80%	1,04%
100 Melhores	S&P 500

Os funcionários também se comprometem mais com os líderes em quem confiam. É mais provável que contribuam com suas ideias, experimentem novas maneiras de resolver dilemas, abordem as preocupações dos clientes e sigam os líderes ao adentrar em territórios inexplorados – porque confiam e acreditam em seus líderes.

Um pesquisado escreveu:

"O que acho mais impressionante na empresa é a cultura de portas abertas. Posso abordar qualquer outro engenheiro para falar sobre questões técnicas, o marketing de produtos para falar sobre novas ideias e qualquer um na direção com qualquer pergunta. Esta empresa é única em minha experiência por evitar a política e a construção de império, típicas de empresas que crescem tanto assim, e por promover um ambiente onde a cooperação é a norma esperada e real."

A confiança, assim, proporciona aos líderes a capacidade de se concentrarem mais em liderar em vez de despender tempo tentando controlar as pessoas, apagar incêndios ou gerenciar uma crise ocasionada por comportamentos não éticos. Os líderes estabelecem a direção para a organização em um ambiente colaborativo permeado pela confiança mútua, e os funcionários, que muitas vezes se envolveram no processo de desenvolvimento de estratégias de implementação, estão dispostos a segui-los. Este é o círculo virtuoso que algumas pessoas dizem estar além do alcance. No entanto, as 100 Melhores Empresas têm vivido nesses círculo virtuoso por anos.

> A confiança dá início ao círculo virtuoso que algumas pessoas dizem estar além do alcance. No entanto, as 100 Melhores Empresas têm vivido nesses círculo virtuoso por anos.

Como chegar lá?

Não é fácil criar uma organização com alto nível de confiança, mas também não é tão difícil para justificar abandonar a meta. Os líderes nas Melhores Empresas compartilham regularmente as informações sobre a organização com seus funcionários e dão respostas simples e diretas às perguntas dos funcionários. Em nossa pesquisa com funcionários mais recente (os dados usados para o processo de seleção para a lista das Melhores Empresas de 2009), 82% dos mais de 26 mil funcionários das 100 Melhores Empresas que responderam à pesquisa disseram que muitas vezes ou quase sempre a direção os mantém informados sobre as questões importantes que afetam a organização e 82% disseram que obtêm respostas diretas para suas perguntas. Esta é uma evidência contundente de que um excelente ponto para iniciar a jornada em direção a se tornar uma excelente empresa com uma cultura de alta confiança é compartilhando informações e respondendo perguntas.

Os funcionários nas Melhores Empresas também acreditam que seus gestores e líderes sejam competente no gerenciamento do negócio – 89% deles declaram que isso é verdadeiro em suas organizações. Como eles sabem que seus líderes são tão competentes? Pode ser porque eles têm a chance de interagir com eles, ouvir deles como está o negócio e obter respostas diretas às suas perguntas: o início do círculo virtuoso.

Outro pesquisado escreveu:

"Por toda a organização, as pessoas são incrivelmente batalhadoras e profissionais. Nenhuma pessoa leva o crédito pelo sucesso individualmente; é verdadeiramente um esforço em equipe. Isso gera uma quantidade imensa de orgulho de nossa organização, o que nos deixa a todos entusiasmados e orgulhosos por trabalhar para a empresa."

Honestidade e integridade também estão na pauta como qualidades que os funcionários são capazes de avaliar em seus líderes. Entre as Melhores, 90% dos funcionários declaram que os gestores e líderes são honestos e éticos em suas práticas de negócio. 90%! É muito diferente da percepção registrada pelos respondentes do Barômetro de Confiança da

Edelman, no qual apenas 17% dos respondentes entre 35 e 64 anos de idade acreditavam que era possível acreditar nas informações quando estas vinham do CEO da empresa.

A maneira de "chegar lá", de criar um excelente ambiente de trabalho é ser honesto com seus funcionários, tratá-los com respeito e assegurar a imparcialidade por toda a organização. Nenhuma empresa é perfeita e as Melhores Empresas têm altos e baixos tanto quanto qualquer outra organização. Mas as 100 Melhores Empresas proporcionam um maravilhoso marcador positivo para o que pode ser conquistado quando os líderes se concentram em liderar no mais verdadeiro sentido da palavra.

2005

POR QUE **EXCELENTES** AMBIENTES DE TRABALHO TÊM **DESEMPENHO SUPERIOR** AO DOS CONCORRENTES?

Por **Robert Levering**

[EXAME PORTUGAL]

Estudos comparativos invariavelmente demonstram que o desempenho financeiro das Melhores Empresas para Trabalhar deixa para trás aqueles de seus concorrentes. Robert Levering apresenta três motivos para explicar esse resultado.

Logo após a publicação, 20 anos atrás, da primeira edição das 100 Melhores Empresas para Trabalhar nos USA, um pesquisador de Wall Street entrou em contato comigo para relatar que havia descoberto que as empresas selecionadas por mim e Milton Moskowitz para nosso livro tivera desempenho significativamente superior a outras empresas no mercado de ações com ampla margem. Ficamos surpresos com o resultado, em grande parte porque havíamos escolhido as empresas com base em suas práticas no ambiente de trabalho, e não em qualquer critério financeiro.

Esse resultado tem se repetido todas as vezes que alguém analisa o desempenho financeiro das empresas das listas. No ano passado, por exemplo, uma empresa de investimentos percebeu que se um investidor tivesse criado uma carteira de ações usando as empresas selecionadas por nós para as 100 Melhores Empresas da Fortune, tal carteira teria superado uma carteira média comparável do mercado de ações em mais de um fator de cinco vezes no período entre 1997 e 2004.

Temos visto resultados semelhantes com listas selecionadas pelo Great Place to Work® Institute na Europa e na América Latina. Por exemplo, no Reino Unido, um estudo das empresas selecionadas para o *ranking* das Melhores Empresas para Trabalhar no Reino Unido publicada pelo Financial Times mostrou que todas aquelas empresas superaram o FTSE o índice com uma margem de quase dois para um no período entre 1999 e 2004. E no Brasil, um estudo de 2001 conduzido pela Universidade de São Paulo revelou que nos quatro anos anteriores as empresas selecionadas para as "100 Melhores Empresas para Você Trabalhar" da Exame haviam tido um retorno significativamente maior sobre o investimento quando comparadas anualmente com a lista das 500 maiores empresas da mesma revista.

Como explicar essa descoberta consistente? Penso que existem três explicações óbvias e uma menos óbvia, mas igualmente convincente. Em primeiro lugar, empresas com bons ambientes de trabalho têm custos mais baixos em relação à rotatividade de staff. Três anos atrás, por exemplo, conduzimos um estudo para a revista Fortune e descobrimos que, ao comparar a rotatividade de staff em empregos específicos entre as empresas na lista das "100 Melhores" e seus concorrentes, a taxa geral entre as "100 Melhores" empresas era 50% mais baixa. A rotatividade de staff é dispendiosa porque as empresas têm de desembolsar recurso todas as vezes que contratam novos funcionários em recrutamento e treinamento.

Em segundo lugar, as Melhores Empresas para Trabalhar tendem a recrutar um funcionário de maior qualidade pela simples razão de as empresas com um ambiente de trabalho de boa reputação

Não devemos subestimar o impacto que o moral mais elevado no ambiente de trabalho tem sobre a produtividade. O elemento mais importante de um excelente ambiente de trabalho é o alto grau de confiança entre funcionários e direção.

atraírem mais candidatos. Repito, temos fortes dados de estudos nos Estados Unidos. A Microsoft, por exemplo, tinha mais de 100 mil candidatos no ano passado para pouco mais de mil vagas de emprego. Por terem um grupo tão grande de candidatos, eles podem escolher os melhores entre os melhores. Ou seja, eles podem escolher aqueles que provavelmente serão as pessoas mais produtivas e criativas, o que também ajuda a produtividade da empresa.

Um terceiro fator é que as Melhores Empresas para Trabalhar tendem a ter custos mais baixos em relação ao absenteísmo dos funcionários, cuidados com a saúde e acidentes de trabalho. Baixar tais despesas ajuda a melhorar a lucratividade da empresa.

Finalmente, não devemos subestimar o impacto que o moral mais elevado no ambiente de trabalho tem sobre a produtividade. O elemento mais importante de um excelente ambiente de trabalho é o alto nível de confiança entre funcionários e direção. De fato, o instrumento de pesquisa com funcionários (Great Place To Work® Trust Index©) usado para selecionar as empresas mede o nível de confiança no ambiente de trabalho. Ter um alto nível de confiança no ambiente de trabalho significa que as pessoas cooperam umas com as outras melhor do que quando há nível mais baixo. Nas complexas organizações de hoje, a cooperação é crucial – e pode fazer a diferença entre sucesso e fracasso do negócio.

2008

ESTUDO **ALEMÃO**: A CULTURA **CONTA**

Por **Frank Hauser**

[REPORT TO THE MINISTRY OF LABOUR AND SOCIAL AFFAIRS]

Qual é o valor de ser um excelente ambiente de trabalho para o sucesso de uma empresa?

Em 2006, o Great Place to Work® Institute Alemanha, em parceria com o Ministério Federal do Trabalho e com o YouGovPsychonomics, um instituto de pesquisa e consultoria, conduziu uma pesquisa sobre o valor da cultura para a satisfação dos funcionários – e para o desempenho financeiro da empresa. O projeto foi um dos maiores de seu tipo já conduzido.

O projeto tinha três metas principais:

1) Analisar o estado da cultura corporativa, a qualidade do trabalho e o comprometimento dos funcionários em uma série de empresas na Alemanha;

2) Avaliar o impacto da cultura organizacional sobre o sucesso corporativo;

3) Desenvolver conceitos para apoiar o desenvolvimento de uma cultura de alto desempenho.

Um grande estudo patrocinado pelo governo alemão em 2006 demonstra os benefícios para o negócio de ser um excelente ambiente de trabalho, segundo um dos autores do estudo, Frank Hauser, CEO do Great Place to Work® Institute Alemanha.

Por meio dessa pesquisa, 314 empresas e organizações de 12 dos maiores setores industriais foram escolhidas aleatoriamente e as empresas foram agrupadas em três categorias de tamanho. Os funcionários das empresas participantes responderam a questionário quantitativo incluindo principalmente o Great Place To Work® Trust Index© para descrever sua experiência no trabalho, enquanto um representante da direção era entrevistado sobre os recursos humanos (RH) e as políticas e práticas da liderança em cada empresa, bem como os indicadores de sucesso financeiro. No total, 37.151 funcionários participaram da pesquisa.

Os resultados das empresas na amostra foram então comparados com aqueles das 50 Melhores Empresas para Trabalhar na Alemanha de 2007. Os principais constatações foram:

• Entre as empresas alemãs, apenas cerca da metade dos funcionários julga as diversas dimensões de orientação para o funcionário em suas organizações – incluindo habilidades de liderança, apoio ao desenvolvimento individual, imparcialidade e orientação para a equipe – sob um olhar positivo. Esses números são consideravelmente mais altos para as empresas na lista das 50 Melhores Empresas para Trabalhar na Alemanha.

• Os pesquisadores examinaram primeiramente como o comprometimento de um funcionário pode ser positivamente influenciado. Os resultados mostraram que a cultura corporativa experienciada pelos funcionários tem um impacto excepcionalmente alto em seu envolvimento geral ($r=0,86$; $p<0,01$). Aspectos da cultura tais como espírito de equipe, camaradagem, reconhecimento e interesse pessoal pelos funcionários tinham o maior impacto.

- Os pesquisadores também criaram um "índice de sucesso" para definir o sucesso financeiro das empresas, com base na margem EBIT (critérios quantitativos) e em uma classificação dos lucros nos últimos três anos em comparação intra-indústria pela direção (critérios qualitativos). Com base nesse índice, a cultura corporativa e o comprometimento dos funcionários mostraram ter uma forte correlação com o sucesso financeiro de uma empresa, com base em uma correlação estatisticamente significativa ($r=0{,}32$ ($p<0{,}01$)).

- A análise de regressão mostrou que os aspectos combinados da cultura corporativa, incluindo orientação para o funcionário e engajamento, podem ser responsáveis por até 31% da diferença entre as empresas financeiramente bem sucedidas e aquela que não são bem sucedidas ($R2 = 0{,}31$). Os vetores-chave aqui incluem a identificação dos funcionários com a empresa, a orientação para a equipe, o apoio às carreiras profissionais e a boa cooperação, bem como a capacidade de mudar da organização. Entre essas áreas, o envolvimento tem uma função mediadora particularmente importante.

- Quando solicitados a classificar a importância do comprometimento dos funcionários para a competitividade geral de sua empresa, 95% dos gestores pesquisados disseram que o consideram "muito importante" ou "excepcionalmente importante". Mas quando perguntados qual era o fator mais importante para a competitividade, aquelas empresas classificadas como "muito bem sucedidas" posicionaram mais frequentemente o comprometimento dos funcionários como o mais importante fator competitivo, enquanto as empresas menos bem sucedidas conferiram menos importância ao comprometimento dos funcionários, concentrando-se no preço de seus produtos como o vetor primário de competitividade.

Esses resultados aplicam-se a empresas de todos os tamanhos e áreas de atuação – e muito provavelmente aplicam-se a empresas em outros países.

• Quando solicitados a citar quais métodos para desenvolver uma cultura positiva/de alto desempenho são os mais úteis, os gestores pesquisados listaram: adoção de melhores práticas (84% indicaram "bastante útil" ou "muito útil"); networking na empresa (74%); estudos de pesquisa (73%) e seminários (71%). De modo geral, os dados desse estudo mostraram de forma avassaladora que desenvolver uma cultura corporativa mais voltada para o funcionário constitui uma oportunidade muito importante de aumentar a competitividade de uma empresa na Alemanha. Isso se aplica a empresas de todos os tamanhos e setores e, muito provavelmente, também a empresas em outros países. O CEO do Great Place to Work® Institute Alemanha, Frank Hauser, afirma: "a questão não é mais se é razoável desenvolver uma cultura Great Place To Work®, mas como fazê-lo dentro de uma empresa específica."

2007

BENEFÍCIOS PARA O NEGÓCIO: UMA PERSPECTIVA INDIANA

Por **Prasenjit Bhattacharya**

$$\left[\begin{array}{c} \text{GREAT PLACE TO WORK}^® \\ \text{INSTITUTE INDIA WHITE PAPER} \end{array} \right]$$

Desde que o Great Place to Work® Institute foi estabelecido na Índia, eu consigo passar bastante tempo realizando conferências internas e reuniões com os diretores das organizações. Uma pergunta com a qual costumo me deparar em muitas dessas reuniões é: "Qual é o benefício para o negócio de ser um excelente ambiente de trabalho?" Há exemplos de organizações que vão significativamente bem financeiramente, mas que são conhecidas por serem, digamos, lugares não excelentes para trabalhar. Recentemente, um gerente de marketing deu o exemplo de seu antigo empregador no mercado de bens de consumo de alta rotatividade (FMCG) do setor de linha branca. Essa organização, segundo ele, paga excelentes incentivos à sua equipe de vendas e tem uma das maiores taxas de crescimento na indústria. Contudo, segundo esse senhor, ninguém

Uma empresa não precisa ser um excelente ambiente de trabalho para ser financeiramente bem sucedida. Mas Prasenjit Bhattacharaya, CEO do Great Place to Work® Institute Índia, argumenta que o contrário não é verdade. Ele sustenta que excelentes ambientes de trabalho invariavelmente têm sucesso.

> Aspectos mais suaves como envolvimento e moral dos funcionários têm impacto em resultados numéricos como rotatividade, produtividade, lucros e capitalização de mercado. Tanto é assim que Jack Welch, ex-CEO da GE diz que "a parte suave é a parte difícil".

permanece mais de 3 anos na função de vendas devido à alta pressão para mostrar desempenho.

"É possível discordar que um excelente ambiente de trabalho e os resultados financeiros não têm correlação?" ele me desafiou. Decidi propor esse desafio aos participantes de um workshop sobre envolvimento de funcionários no qual eu era o facilitador.

Como eu previa, descobrimos que havia muito mais exemplos de organizações "bem sucedidas" que, aparentemente, não são excelentes lugares para trabalhar de modo algum, com base na experiência coletiva do grupo. Discutimos as possíveis razões. No caso de algumas poucas organizações, descobrimos que sua remuneração era um enorme atrativo; funcionários talentosos ingressavam nelas apesar de, como empregadoras, elas não fossem percebidas como excelentes. Em alguns casos, a organização atuava em um mercado do tipo monopólio ou oligopólio e, em ainda outros casos, escala, preço ou tecnologia eram os fatores-chave do sucesso em seu mercado, em vez do talento.

Discutimos como era necessário apenas um concorrente para mudar as regras do jogo, como fez a Southwest Airlines nos Estados Unidos no ramo de linhas aéreas de baixo custo. As companhias aéreas de baixo orçamento haviam presumido que bastavam preços baixos para serem bem sucedidas. Resultado: a Southwest é consistentemente bem sucedida em uma indústria onde a maioria dos concorrentes se queimou. Quanto mais bem sucedidas essas empresas serão – nós argumentamos – se elas conseguissem envolver melhor seus funcionários?

Tente encontrar razões para o sucesso financeiro de organizações com experiência ruim dos funcionários e especule como as coisas podem mudar. O inexorável fato diante de nós é claro: há evidências experienciais e extraoficiais que nos dizem que é possível ser financeiramente bem sucedida e, ainda assim, ter baixos níveis de envolvimento/moral dos funcionários.

E o inverso? Haveria exemplos de organizações que são excelentes em envolvimento de funcionários, mas não vão bem financeiramente? Muitas pessoas dão exemplos de trabalhar em organizações onde os funcionários são respeitados e os colegas de trabalho importam-se uns com os outros, mas a organização fica atrás de seus concorrentes.

O truque está na definição do termo "engajamento de funcionários". Acontece que todos os principais estudos definiram o termo de maneiras diferentes, levando a diferentes vetores e implicações principais. Uma busca aleatória no dicionário gratuito no Google dá a seguinte definição:

"Engajamento de funcionários é um conceito visto, em geral, como gerenciar um esforço arbitrário, ou seja, quando os funcionários têm escolhas, eles agirão de um modo a promover os interesses de sua organização. Um funcionário engajado é uma pessoa que está totalmente envolvida e entusiasmada com seu trabalho."

Há um conjunto crescente de evidências que demonstram que aspectos mais suaves como engajamento dos funcionários e o moral dos funcionários têm impacto nos resultados numéricos como rotatividade, produtividade, lucros e capitalização de mercado. Tanto é assim que Jack Welch, ex-CEO da GE diz que "a parte suave é a parte difícil".

No livro "The Enthusiastic Employee: How Companies Profit by Giving Workers What They Want", o autor David Sirota e seus colegas lançam mão de 30 anos de pesquisas para concluir que funcionários entusiasmados consistentemente produzem mais e

> O Great Place to Work® oferece uma estrutura que olha para a organização com os olhos do funcionário, em vez de olhar para os funcionários com os olhos da organização.

têm melhor desempenho do que suas contrapartes menos satisfeitas.

David Maister, autor de "Practice What You Preach", fez pesquisa comparável com muitos achados análogos. Uma das principais sacadas de Maister foi que as atitudes dos funcionários claramente causam resultados financeiros, e não o contrário.

A organização Gallup encontrou em sua pesquisa uma correlação entre os 12 itens de seu questionário e produtos numéricos como produtividade, rotatividade, lucros e satisfação dos clientes.

O Great Place to Work® Institute não define o engajamento de funcionários. Ao invés disso, ele define um Great Place to Work® como uma organização onde se confia nas pessoas para as quais se trabalha, tem-se orgulho do que se faz e gosta-se da companhia das pessoas com quem se trabalha. Esta é uma estrutura que olha para a organização com os olhos do funcionário, em vez de olhar para os funcionários com os olhos da organização.

Superficialmente, pode ser que a definição dê a impressão de que poderia haver várias organizações com alta confiança, orgulho e camaradagem e que, no entanto, estão para trás financeiramente e em outras medidas centrais quando comparadas com concorrentes. Na realidade, isso quase nunca é verdade. Para descobrir o motivo, teremos de estudar os detalhes da estrutura. É possível ter confiança em sua direção se você não a vê como sendo competente? É improvável. Em um nível pessoal, talvez você confie em um amigo que profissionalmente não é competente. Você não confiaria nele para gerir seu negócio. A confiança na direção é diretamente proporcional ao tipo de credibilidade que a direção de uma organização tem.

Mais de 90% dos funcionários dos 25 primeiros Excelentes Lugares para Trabalhar na Índia concordam que a direção é competente em gerir o negócio. Se um número esmagador de funcionários concorda que a direção tem uma visão clara de onde a organização está indo e de como chegar lá e a direção faz um bom trabalho ao designar e coordenar pessoas (são todas frases da pesquisa do Great Place to Work®), é improvável que a organização seja uma retardatária da indústria.

De fato, nossa experiência mostra que organizações cujos funcionários dizem que elas são um excelente ambiente de trabalho provavelmente serão posteriormente reconhecidas pelos outros, conforme evidenciado por sua inclusão em outras listas como a Lista das Empresas Mais Respeitadas (que se baseiam na percepção da indústria e em dados numéricos). Esta é a diferença entre um indicador de liderança e indicador de retardatário. Aquilo que seus funcionários pensam hoje, sua área de atuação e mercado pensarão amanhã.

Às vezes, equiparamos termos como engajamento de funcionários e Great Place to Work® com o fato de ser uma organização que se importa e um lugar divertido para se trabalhar. Na realidade, estes são apenas dois elementos – necessários, mas de forma alguma suficientes. Falando de uma forma simples, excelentes lugares para trabalhar importam-se com as pessoas e importam-se com os resultados.

Voltando à pergunta original, "É possível discordar que um excelente ambiente de trabalho e os resultados financeiros não têm correlação?", minha resposta seria clara: é possível obter resultados financeiros sem ser um Great Place to Work®, mas é quase impossível ser um Great Place to Work® e não obeter resultados financeiros.

Se os resultados financeiros forem nossas únicas metas, temos mais de uma maneira de alcançár-los. A escolha e as consequências são nossas.

O autor pode ser contatado pelo e-mail pbhattacharya@greatplacetowork.in.

2009

INVESTIMENTO NAS
PESSOAS

Por **Ruy Shiozawa**

[COMPUTERWORLD]

Ruy Shiozawa, CEO do Great Place to Work® Institute Brasil, mostra que empresas do setor de TI & Telecom, quando apostam em suas pessoas, têm resultados surpreendentes. O vínculo entre tecnologia da informação e negócio se dá por meio das pessoas.

O que você diria se alguém oferecesse uma fantástica opção de investimento: retorno 100% garantido com o dobro da rentabilidade média do mercado? Nos dias de hoje, provavelmente pensaríamos que se trata de mais uma maracutaia de Senadores da República ou então, outro golpe da pirâmide, estilo Madoff, que acaba de ser condenado a 150 anos de cadeia. Será então que não existe aposta certa?

Alguns anos atrás, Now!Digital e Great Place to Work® apostaram que o mercado de tecnologia iria investir cada vez mais nas pessoas como seu principal diferencial competitivo e resolveram criar, em uma iniciativa inédita no mundo, a pesquisa Melhores Empresa para Trabalhar em TI & Telecom. Os resultados deste trabalho são surpreendentes. Todo ano, mais e maiores empresas, interessadas em transformar seu ambiente de trabalho, participam da pesquisa. Em 2009, ano em que a economia vai andar para trás, o número de participantes cresceu 30%. As 60 Melhores de TI & Telecom no Brasil formam uma lista maior do que listas nacionais, aglutinando todos os setores, em muitos países. A conclusão é clara: a forma mais eficaz de superar crises é investir nas pessoas, antes, durante e depois.

Além do crescimento quantitativo, mais significativo ainda é a evolução qualitativa. No mundo todo a média da avaliação entre as Melhores Empresas para Trabalhar cresce, ano a ano, um ponto percentual, dois no máximo. As Melhores de TI & Telecom no Brasil evoluíram, este ano, impressionantes cinco pontos. Isso representa um expressivo reforço no nível de confiança entre líderes e liderados, melhoria no espírito de equipe e camaradagem entre colegas e crescimento no orgulho com o trabalho e a empresa. Um resultado como este só pode ser obtido se, de fato, a melhoria do ambiente de trabalho está na agenda de todos os gestores e executivos. Tudo isso aparece em um momento em que o Brasil está mais inserido no mercado mundial, onde todas as principais multinacionais de tecnologia atuam no Brasil e empresas brasileiras abrem subsidiárias no exterior. Em outras palavras, nos tornamos mais competitivos apostando no talento das pessoas.

Os resultados da pesquisa não deixam margem à dúvida. As empresas de tecnologia finalmente encontraram o elo perdido entre Tecnologia de Informação e Negócios. Não se trata de nenhuma fórmula mágica nem de algum software revolucionário. Este vínculo se dá por meio da preparação dos líderes e do investimento nas equipes. Quando as pessoas sentem que o trabalho não é apenas um emprego, mas sim tem um significado especial, os resultados são muito diferentes. Não é à toa que, conforme comprovam os dados da pesquisa, entre as Melhores Empresas para Trabalhar o nível de satisfação dos clientes externos é muito maior e o desempenho destas empresas nas bolsas de valores chega a ser duas a quatro vezes maior do que a média do mercado.

Portanto, caro gestor, se você está na dúvida se aposta na loteria ou na bolsa, invista na sua equipe, pois o resultado virá com certeza. E você, profissional do mercado de TI & Telecom, não desperdice seu talento: procure uma das Melhores Empresas para Trabalhar pois ela vai estabelecer com você o vínculo mais importante na relação de trabalho: confiança. Ao contrário das manchetes dos jornais diários, estampando os efeitos negativos da crise ou as criativas formas de esvaziar cofres públicos, as Melhores Empresas para Trabalhar trazem exemplos, na prática, de como construir uma sociedade melhor. Esta é a única aposta certa a fazer!

2. GERENCIAMENTO EM **TEMPOS DIFÍCEIS**

2008

MANTENDO A **CONFIANÇA** EM TEMPOS **DIFÍCEIS**

Por **Amy Lyman**

[GREAT PLACE TO WORK® NEWSLETTER]

Como os líderes de excelentes ambientes de trabalho devem lidar com tempos economicamente difíceis. A cofundadora do Great Place to Work® Institute, Amy Lyman, oferece cinco indicadores.

Existem algumas medidas específicas que os líderes e gestores podem tomar para garantir que seus pares – e o grupo mais amplo de funcionários na organização – trabalhem juntos para superar os tempos difíceis que se encontram à frente.

1) Envolva as Pessoas

Primeiro, é importante lembrar que todo mundo sabe o que está acontecendo, todos estão vulneráveis e algumas pessoas serão significativamente atingidas pela perda do emprego ou pela diminuição de horas. Para mitigar o impacto das mudanças no emprego, envolva os funcionários no desenvolvimento de estratégias que você está tentando implementar.

Os funcionários podem trazer ideias criativas para mudanças no staff (fazer rodízio de dias de folga não remunerados, tirar licença não remunerada, reduzir o número de horas) ou podem estar abertos a pacotes de aposentadoria antecipada que poderiam evitar cortes de pessoal. Quando as pessoas estão envolvidas em enfrentar situações difíceis, você não apenas pode ganhar com suas ideias criativas, mas também dar às pessoas uma porção de controle sobre o que está acontecendo com elas.

A sensação de perder o controle é um dos aspectos mais prejudiciais das situações difíceis – é prejudicial para a saúde das pessoas e prejudicial para a camaradagem e o comprometimento do grupo.

2) Compartilhe as informações ampla e consistentemente

Todos em sua organização já estão falando sobre o que está acontecendo. Os boatos e rumores estão a todo vapor. As pessoas criarão suas próprias respostas para as perguntas se não receberem dos líderes informações suficientes ou se receberem informações inconsistentes. Portanto, é de suma importância deixar as pessoas a par do que está acontecendo em seu negócio e indústria regularmente.

Como líder ou gestor, é particularmente importante que você seja visto como uma fonte de informação sobre as medidas que estão sendo tomadas para abordar a situação atual. Mesmo quando não é possível dar respostas completas às perguntas (muitos de nós não sabemos de imediato o que acontecerá exatamente na semana seguinte ou no mês seguinte), deixar as pessoas a par do que você está fazendo para manter-se por cima da situação é muito importante.

3) Apareça, esteja disponível, agradeça

Os líderes e gestores podem ajudar a transmitir uma sensação de confiança de que os tempos difíceis enfrentados pela organização estão sendo abordados simplesmente se colocando à disposição e estando visível. Este é definitivamente um momento para visitar as pessoas em suas mesas, na fábrica, no call center ou sala de vendas.

Escute o que as pessoas estão dizendo e responda com as informações que você tem. Informe as pessoas sobre o que você está fazendo e como está se informando. E diga às pessoas que você valoriza suas contribuições e trabalho duro. Dizer "obrigado" é uma das maneiras mais poderosas de demonstrar apreciação.

4) Comece por você mesmo

Se for preciso fazer cortes, os líderes e gestores precisam ser os primeiros a fazer mudanças em seu próprio salário. Em geral, as horas não diminuem para os líderes durante tempos difíceis, mas salários reduzidos podem ter um impacto tremendo sobre a percepção entre os funcionários de que "estamos todos juntos nessa". E a economia obtida com reduções de salários dos funcionários com maior remuneração pode ter um impacto mais significativo do que os cortes feitos entre os funcionários com menor salário.

O benefício que líderes e gestores receberão em troca por esse ato de serem os primeiros mais do que compensará qualquer dificuldade econômica que possa ser experimentada. Liderar pelo exemplo verdadeiramente vale seu peso em ouro.

5) Demissões como um último recurso

A decisão de realizar demissões é uma das mais dolorosas para os líderes que se importam. Mas às vezes, depois de tudo o mais tiver sido tentado, as demissões são necessárias. Muitas das 100 Melhores

Empresas, durante tempos difíceis, já tiveram de recorrer às demissões para servir ao interesse maior da organização.

Se esta for a situação que sua organização enfrenta, desafie-se primeiro para ver se há algo que pode ser feito antes das demissões. Reduzir as horas de trabalho das pessoas, oferecer licença não remunerada, pedir a algumas pessoas a antecipar sua aposentadoria? Se tudo isso já tiver sido tentado, as demissões então podem simplesmente acontecer. Deixe as pessoas a par de tudo o que tem sido feito para evitar essa situação, informe as pessoas sobre as estratégias consideradas e, então, efetue as demissões com humanidade e justiça. Compartilhe com as pessoas o máximo possível de informações sobre como aqueles que estão sendo demitidos serão apoiados, quais são as verbas rescisórias, que tipo de carreira ou outro tipo de assistência será oferecido.

Lembre-se também de prestar atenção aos funcionários que ficarem. Muito já se escreveu sobre a "culpa do sobrevivente" para aqueles que escapam de uma demissão. Mantenha as pessoas envolvidas e lembre a todos que quanto mais cedo a economia se recuperar e o negócio estiver em firme solo financeiro, mais rapidamente todos poderão voltar ao trabalho.

Um momento financeiramente difícil é um desafio para todos. Quando as pessoas confiam em seus líderes e trabalham juntas para encontrar uma solução, as opções disponíveis são maiores e a cooperação e o comprometimento decorrentes dos altos níveis de confiança alimentam um esforço coletivo para ter sucesso.

2009

MANTENDO A LEALDADE
DOS FUNCIONÁRIOS DURANTE
TEMPOS DIFÍCEIS NA **AUSTRÁLIA**

Por **Trish Dagg** e **Chris Taylor**

[CORPORATE WELLNESS MAGAZINE]

Os diretores do Great Place to Work® Institute Austrália dão breves exemplos de empresas da lista das 10 Melhores Empresas para Trabalhar daquele país em 2009.

Tempos financeiramente difíceis impõem um desafio para empregadores e funcionários. Entretanto, como diz Amy Lyman, cofundadora do Great Place to Work® Institute, "quando as pessoas confiam em seus líderes, trabalham juntas para encontrar soluções e gostam de estar umas com as outras, a cooperação e o comprometimento que se seguem ajudam a alimentar um esforço coletivo para ter sucesso."

De fato, na Austrália, temos visto que certamente este é o caso das empresas na lista de 2009 das Melhores Empresas do Great Place to Work® Em todas essas organizações, encontramos líderes que assumiram um compromisso em longo prazo de criar confiança e fazer com que os funcionários se sintam valorizados. Nossa pesquisa tem descoberto consistentemente que os líderes desenvolvem a confiança com os funcionários por meio da conversa; valorizando os funcionários e suas contribuições para a organização; respeitando seu equilíbrio entre trabalho e vida; estabelecendo políticas e práticas que levem em conta as necessidades e desejos de seus funcionários e comunicando-se de uma maneira honesta e transparente, mesmo em tempos difíceis.

> **TOP 10 EMPRESAS PARA TRABALHAR NA AUSTRÁLIA EM 2009:**
>
> 1. Google
> 2. NetApp
> 3. Russell Investments
> 4. Diageo
> 5. Dynamic Property Services
> 6. ETM Group
> 7. BMD Group
> 8. MRWED Training and Assessment
> 9. Red Ballon
> 10. OBS
>
> (Para a lista completa das 50 Melhores Empresas, por favor, visite nosso website: www.greatplacetowork.com.au)

As organizações na lista das Melhores Empresas na Austrália de 2009 foram todas avaliadas usando nossa pesquisa de opinião com funcionários, o Trust Index©, desenvolvido pelo Great Place to Work® Institute e usado em mais de 40 países para examinar a cultura no ambiente de trabalho. A pesquisa consiste em 5 perguntas de múltipla escolha. Cada pergunta mede uma das 5 dimensões do modelo baseado na confiança do Great Place to Work® Institute: Credibilidade, Respeito, Imparcialidade, (estas 3 dimensões combinam-se para formar o fator Confiança), Orgulho e Camaradagem. Além disso, 2 perguntas abertas contribuem para proporcionar uma apurada perspectiva baseada no funcionário de como é trabalhar na organização.

As empresas na lista de 2009 das Melhores Empresas para Trabalhar na Austrália exibem diferentes formas e tamanhos. Elas representam muitas indústrias e variam em tamanho – desde 20 funcionários até mais de 4.400. E embora todas se caracterizem por culturas de alta confiança, sabemos que o que funciona para uma organização pode não funcionar para outra. Portanto, é importante que as organizações considerem as necessidades e desejos dos funcionários ao planejar programas e políticas que ajudarão a promover relacionamentos positivos entre os funcionários e relacionamentos de alta confiança entre estes e a direção. Tais considerações ajudam a sustentar um excelente ambiente de trabalho e asseguram que os funcionários queiram permanecer na organização por muito tempo.

A empresa número 1 da lista deste ano é a Google, muito conhecida por sua cultura de alta confiança no trabalho, estrutura organizacional horizontal, comunicação aberta e envolvimento dos funcionários na tomada de decisão. Os *Googlers* reconhecem que são valorizados e têm um sentimento real de propósito em sua contribuição para a missão da Google. A Google também tem uma cultura de assumir riscos, o que não apenas incentiva os funcionários a inovar, mas também celebra tanto os sucessos como os fracassos. Aprender é importante para os *Googlers*, e eles reconhecem que não há melhor maneira de aprender do que assumir riscos, ser criativo e cometer erros.

Na NetApp, manter todos informados sobre todas as coisas importantes que estejam acontecendo na organização é uma prioridade para eles. A NetApp acredita na força de uma visão compartilhada quanto à direção e aos objetivos. Isso é conseguido, em parte, pela utilização de uma variedade de ferramentas para comunicar-se aberta e transparentemente com os funcionários sobre eventos – bons ou ruins – que afetem a empresa. A direção da NetApp comunica-se frequentemente com os funcionários porque esses gestores reconhecem que compartilhar informações com os funcionários é crucial para o sucesso tanto dos funcionários como do negócio. O CEO da NetApp, Dan Warmenhoven, reforça constantemente esse conceito nas visitas regulares que faz ao escritório australiano, onde passa algum tempo com o staff e os clientes.

A Russell Investments, também perto do topo da lista deste ano, dedica-se a cuidar da saúde e bem-estar de todos os seus funcionários. De fato, a empresa relata que "na Russell Investments, cada associado é valorizado primeiro como indivíduo – que tem uma vida fora da empresa – e depois como associado". A Russell Investments dedica--se sinceramente a assegurar que seus associados levem uma vida equilibrada. A empresa oferece uma série de benefícios para promover o equilíbrio entre trabalho e vida, a boa saúde e o bem-estar. Os programas incluem aulas de boxe, pilates, alimentação saudável, massagens e check-ups.

A Diageo é outra empresa cujas práticas de recursos humanos e o forte feedback dos funcionários a colocaram perto do topo da lista das Melhores Empresas para Trabalhar na Austrália. Entre suas práticas está uma política de agradecer regularmente aos funcionários. A Diageo sente que não precisa de um motivo específico para agradecer aos funcionários e, muitas vezes, faz isso como uma surpresa espontânea. Exemplos recentes incluem massagens de três minutos para todo o staff e caixas de Donuts da Krispy Kreme entregues a cada departamento em toda a Austrália.

Na Dynamic Property Services, a expressão "a bordo do ônibus" é usada extensivamente em uma variedade de contextos. Ela representa a visão coletiva de que, se você tiver pessoas talentosas e comprometidas a bordo do ônibus, você então pode levar o ônibus a qualquer lugar. Ela também reforça que qualquer um na Dynamic pode influenciar o rumo da empresa e a maneira pela qual as ações são realizadas. A Dynamic sabe que quando as pessoas estão inspiradas, novas ideias e melhores maneiras de realizar podem vir e realmente vem de qualquer um na empresa.

> **Se você tiver pessoas talentosas e comprometidas a bordo do ônibus, você então pode levar o ônibus a qualquer lugar.**

O desenvolvimento profissional e pessoal é tão importante para o Grupo ETM que ele abriu sua própria "Universidade ETM", a qual inclui um programa de treinamento interno agendado. Este foi desenvolvido após sessões individuais com cada um dos membros do staff, descobrindo o que eles queriam desenvolver ou sobre o que gostariam de aprender mais. Alguns dos programas estão relacionados ao trabalho, mas muitos são de caráter pessoal, como uma série de sessões sobre bem-estar, finanças pessoais e comunicação. Foram muito bem recebidos, com presença de mais de 60% do staff em cada sessão.

O Grupo BMD procura funcionários que possam permanecer e crescer com o negócio. Por isso, eles não contratam empreiteiros para projetos específicos. Esta é uma abordagem um tanto exclusiva no setor de construção, no qual muitas empresas empregam o staff sob contrato para um projeto, possibilitando-lhes rescindir o contrato de emprego na conclusão do projeto. Além disso, em 2008, o BMD lançou um programa de Boa Saúde e Bem-Estar para incentivar a todos a assumir um papel mais ativo na manutenção da saúde geral. Para garantir que o programa ofereça a todos alguma coisa, o BMD dá uma ampla gama de oportunidades ao staff, incluindo boa forma geral, descontos em academias de ginástica, centro de treinamento, treinamento em grupo ou pessoal, esportes competitivos e sociais, eventos corporativos e beneficentes, seminários educacionais e avaliações de saúde.

A MRWED Training and Assessment reconhece o valor das recompensas baseadas em equipes. A MRWED tem um programa de incentivos chamado *"Go for Gold!"* Quando os funcionários atingem certos marcos de desempenho, todos os membros do staff são recompensados com presentes de valor cada vez maior. A MRWED reconhece que todos fazem uma contribuição de maneiras únicas. No entanto, se todos estiverem trabalhando e olhando em direção a uma mesma visão e prosperarem para serem "ReMARCable", virá este prêmio de excelência e outras recompensas como, digamos, uma viagem a Las Vegas.

A RedBalloon tem interesse no bem-estar e desenvolvimento de seus funcionários. A empresa realiza sessões quinzenais chamadas *"lunch 'n' learn"*, às quais empresários bem-sucedidos comparecem para compartilhar seu ramo de negócio e sua experiência em abrir seus próprios negócios. Entre os convidados recentes estão o CEO da Sydney Swans, Tim Pethic da Nudie Juice, Seth Godin, Peter Sheahan e muitos mais. Isso possibilita aos *RedBallooners* aprenderem com os melhores em uma ampla gama de indústrias diferentes como outros negócios são geridos.

A OBS acredita que as primeiras impressões de novos funcionários sobre uma organização são cruciais. Assim que novos contratados assinam seu contrato de emprego, a OBS envia uma grande caixa azul para suas casas, contendo camisas da OBS, um Guia de Caronistas para a OBS, pirulitos e itens relacionados à sua função específica. Em seu primeiro dia, os funcionários participam de uma introdução minuciosa, recebendo orientação em um plano de 3 meses, o qual discutem com seus gestores. A OBS mantém seus funcionários felizes e nos trilhos com revisões em 30, 60 e 90 dias.

Os exemplos acima são apenas algumas das muitas práticas que percebemos que ajudam a assentar a fundação de um excelente ambiente de trabalho na Austrália. Os atuais desafios econômicos proporcionam uma oportunidade maravilhosa para os líderes revisitarem a qualidade de sua marca de liderança com aqueles que mais importam: seus funcionários. Enquanto muitos privilégios vêm e vão com o tempo, nossa pesquisa nos diz que a Confiança, o Orgulho e a Camaradagem não são transitórios e que é importante para a direção perceber que o modo como eles lidam com esses fatores terá o maior impacto em seu staff.

2008

COMO OS **MELHORES** AMBIENTES DE TRABALHO NOS USA LIDAM COM A **DEMISSÃO**

Por **Leslie Caccamese**

[GREAT PLACE TO WORK®
WHITE PAPER]

Neste artigo, o gerente de marketing do Great Place to Work® Institute US revisa as estratégias usadas pelos líderes e gestores dos excelentes ambientes de trabalho naquele país ao se depararem com sérias dificuldades econômicas que exigem ações drásticas, incluindo demissões.

As Melhores Empresas para Trabalhar não estão imunes às circunstâncias estressantes; porém, como ilustram as histórias e práticas a seguir, os líderes em excelentes ambientes de trabalho estão capacitados a abordar cortes de pessoal de uma maneira que mantém e até mesmo desenvolve a confiança junto aos funcionários.

O que distingue os excelentes ambientes de trabalho no modo de lidar com cortes de pessoal não são os "benefícios" oferecidos aos funcionários que são dispensados – embora as Melhores Empresas para Trabalhar em geral oferecem pacotes rescisórios generosos e serviços de recolocação. Mais especificamente, é o modo como os líderes abordam essas situações difíceis e como são comunicadas as informações sobre o processo de corte de pessoal para toda a organização que faz a diferença. Quando os excelentes ambientes de trabalho não podem evitar as demissões, os cortes são tratados de uma maneira que mantém a confiança construída pelos gestores junto aos seus funcionários. Uma análise das informações coletadas ao longo dos anos sobre como os líderes nas Melhores Empresas abordam as demissões aponta para vários temas relacionados ao modo de efetuá-las:

• Os funcionários das Melhores Empresas confiam que as demissões estão sendo feitas apenas como último recurso.

• Os funcionários são informados sobre as condições do negócio que necessitam de cortes.

• Os cortes são comunicados de uma maneira apropriada e adequada para a cultura ou circunstâncias daquele ambiente de trabalho em particular.

• Os detalhes dos cortes são comunicados a todos os funcionários, mesmo àqueles que não são diretamente afetados.

Demissões como Último Recurso

As Melhores Empresas para Trabalhar frequentemente assumem um compromisso explícito com os funcionários de que serão consideradas demissões apenas como último recurso. Dizer isso regular e diretamente ajuda os funcionários a sentir que são valiosos e essenciais para o sucesso da organização. Além disso, os líderes em excelentes ambientes de trabalho comunicam-se regularmente aos funcionários sobre o que a organização está fazendo estrategicamente para evitar demissões. Por exemplo, na TDindustries, uma construtora e incorporadora no Texas e número 35 na lista das 100 Melhores de 2008, os líderes avaliam as necessidades, a capacidade e o fluxo de trabalho da força de trabalho para evitar uma situação que poderia necessitar de demissões quando for prevista uma desaceleração econômica. Um Comitê de Supervisão de Produção avaliou novos projetos e pode recomendar contratar trabalho temporário ao invés de contratar posições que mais tarde poderiam ser eliminadas. Além disso, durante os tempos difíceis, a TDindustries considera aceitar projetos com pouca ou nenhuma margem a fim de fazer um esforço extra para evitar demissões.

Da mesma forma, os líderes da American Fidelity Assurance, uma firma de serviços financeiros e seguros em Oklahoma e número 24 na lista das 100 Melhores de 2008, utilizam um cuidadoso planejamento de negócios para prever tempos difíceis. Eles permitem o atrito natural de sua força de trabalho para compensar eliminações de emprego obrigatórias. Demissões são claramente um último recurso para essas empresas que preferem confiar no planejamento estratégico e pensar antecipadamente para prever maneiras de sobreviver a situações ruins com impacto mínimo para os funcionários. Um compromisso em trabalhar estrategicamente para evitar demissões e, mais importante, claramente comunicar esse compromisso, ajudam os funcionários em excelentes ambientes de trabalho a confiar que são valorizados e que as demissões serão usadas apenas como um último recurso.

Entendendo as condições do negócio

Especialmente em tempos difíceis, é importante abordar as condições do negócio e as forças em jogo que podem ameaçar um sucesso da organização. "Mantendo a Confiança em Tempos Difíceis" da Diretora de Pesquisa Corporativa do Great Place to Work® Institute, Amy Lyman, traz dicas de comportamentos para desenvolvimento da confiança que são especialmente relevantes durante condições desafiadoras do negócio. Entre tais recomendações está "compartilhar as informações ampla e consistentemente. É extremamente importante minimizar o potencial da fofoca e especulação nesse momento. As organizações usam uma série de mecanismos para comunicar condições do negócio aos seus funcionários. Em audiências públicas ou em memorandos internos, um forte e claro compromisso de abordar publicamente toda e qualquer pergunta sobre a saúde do negócio e qualquer plano corte de pessoal é vital.

A Herman Miller, uma fabricante de móveis de escritório com sede em Michigan, passou por um corte de pessoal de 40% há alguns anos em decorrência de um revés que atingiu toda a área. Número noventa e seis na lista das 100 Melhores de 2008 da Fortune, a Herman Miller saiu da crise não apenas financeiramente bem, mas também está experimentando maior comprometimento dos funcionários com a organização. De propriedade de funcionários, é uma empresa que transmite consistentemente aos funcionários que compartilha tanto os "riscos como as recompensas" do negócio. Compartilhar generosamente as recompensas do sucesso do negócio por meio da posse de ações dos funcionários e um inovador programa de distribuição de lucros demonstra que os funcionários são absolutamente os *stakeholders* no negócio. No papel de donos funcionários, todos são mantidos a par do clima do negócio e informados de como as variâncias poderiam afetá-los. Embora às vezes as demissões possam

A Herman Miller compartilham tanto "os riscos como as recompensas" do negócio.

ser inevitáveis, uma cultura de posse de ações contribuiu para a capacidade da Herman Miller de passar por um sério declínio, ao mesmo tempo mantendo positivo o moral dos funcionários.

Não basta simplesmente declarar a intenção da empresa de apenas pensar em demissões como um último recurso. Os líderes da organização devem manter o compromisso de comunicar aberta e honestamente a situação do negócio oportunamente e tranquilizar os funcionários sobre as medidas que estão sendo tomadas para evitar demissões.

Comunicação Culturalmente Apropriada

Quando são feitas demissões como último recurso, as Melhores Empresas para Trabalhar entendem a importância de comunicar-se com os funcionários de uma maneira consistente com a cultura e os valores da empresa. A Camden Property Trust, uma empresa de administração imobiliária com sede no Texas e número 50 na lista das 100 Melhores de 2008, alardeia um valor por toda a empresa de Divertir-se que, ao longo dos anos, se metamorfoseou em um padrão de uso de cenas cômicas e dramatizações para comunicar informações tanto positivas como negativas. Há alguns anos, ao abordar algumas condições desafiadoras de mercado na conferência anual da empresa, o CEO apareceu diante dos funcionários todo fantasiado de Capitão Kirk da famosa série Jornada nas Estrelas. Travestindo seu discurso com o filme de 1982, Jornada nas Estrelas – A Ira de Khan, o CEO discutiu os "ataques" que a empresa andava sofrendo e expôs um plano de como a tripulação da *Enterprise* ajudaria a Camden a sobreviver. Como o valor Divertir-se permeia todos os comportamentos na Camden, esse modo de comunicação era eficaz e apropriado. Más notícias e situações desafiadoras precisam ser passadas aos funcionários de uma maneira que seja consistente com a cultura da organização.

Na American Fidelity Assurance, os cortes de pessoal, quando ocorrem, são primeiro anunciados à divisão afetada pelo presidente da divisão. Isso ocorre antes de se fazer qualquer anúncio para toda a empresa. Isso dá aos funcionários afetados uma oportunidade de reagir, responder e ter suas perguntas diretamente abordadas por seus líderes imediatos. Fazer com que uma comunicação "corporativa" chegue limitada aos funcionários quando estes estão acostumados a receber comunicações de sua divisão poderia causar desconforto e dúvida, e os líderes na AFA são muito sensíveis ao impacto que a notícia sobre cortes de pessoal pode ter nas pessoas. O escritório do *chairman* também assumiu um compromisso de ser responsivo antes, durante e depois de qualquer corte de pessoal obrigatório. Toda e qualquer pergunta enviada pelos funcionários ao escritório do *chairman* é abordada de frente. Quase um ano depois dos cortes de pessoal, o escritório ainda respondia a indagações enviadas anonimamente pela intranet da empresa.

Na R. W. Baird, uma empresa de serviços financeiros e seguros e número 39 na lista das 100 Melhores de 2008, os associados diretamente afetados por qualquer mudança no pessoal são os primeiros a receber a notícia sobre as mudanças. A pessoa afetada é informada em uma reunião individual com o chefe de seu departamento e na presença de representantes dos recursos humanos e outros indivíduos mais capazes de oferecer apoio. Essa abordagem combina com a cultura da Baird e é consistente com outras práticas de comunicação utilizadas na empresa.

> Comunicar os detalhes sobre os funcionários que estão sendo dispensados assegura que os funcionários que ficam saibam que seus colegas estão sendo bem cuidados.

Compartilhando Detalhes sobre as Demissões

Comunicar detalhes sobre os benefícios disponibilizados aos funcionários que estão sendo dispensados assegura que os funcionários que ficam saibam que seus colegas estão sendo bem cuidados. Esse gesto ajuda a manter a confiança que existe entre direção e funcionários. Na R. W. Baird, gestores e líderes entendem a reação emocional que uma mudança no ambiente de trabalho, como por exemplo, uma demissão, pode gerar. Eles usam fala diretas e memorandos para reforçar que a organização está lidando com os cortes de uma maneira respeitosa e compassiva.

Em uma situação única ocasionada há alguns anos pela mudança em um relacionamento de negócio significativo, a R. W. Baird foi além de sua obrigação de acomodar funcionários demitidos ao oferecer serviços de *outsourcing* antes da rescisão, oferecer um reembolso COBRA de 50%, reverter totalmente o 401 mil de funcionários com menos de 5 anos de serviço, oferecer a equivalência total do 401 mil para o ano (mesmo se as pessoas fossem dispensadas no início do ano-calendário) e contatar empresas locais em áreas de atuação similares para ver se tinham vagas para os funcionários dispensados da Baird. Essas ações contribuíram para a criação de um ambiente onde até mesmo aqueles diretamente afetados pelas demissões trabalharam diligentemente e pelo melhor interesse de seus clientes até deixarem a empresa. Ainda mais notável é que o moral na Baird e o status da empresa de uma das 100 Melhores Empresas para Trabalhar permaneceram intactos, apesar desse desafio.

Quando a aquisição de um banco resultou na necessidade de eliminar duas posições no Banco Umpqua, número 3 na lista das 100 Melhores de 2008, os executivos mantiveram o compromisso de demonstrar compaixão, compreensão e apoio pelos associados afetados. Imediatamente após receber a notícia, aqueles diretamente afetados pelas demissões foram convidados ao centro de carreiras para procurar emprego, tanto outras posições dentro do banco como em empresas locais, e receberam a chance de expor suas habilidades em entrevista. Compartilhar com todo o staff a notícia da taxa de sucesso de 99% na recolocação dos associados afetados em novos empregos, inclusive os 33% que encontraram outras posições no Umpqua, transmitiu a todos os funcionários o compromisso dos líderes e gestores de respeitar e se comportar com as pessoas da Umpqua.

Tempos difíceis e situações desafiadoras apresentam a qualquer organização uma oportunidade de fazer o certo ao continuar a desenvolver e promover a confiança aos funcionários. Além disso, as empresas que já experimentaram altos graus de confiança entre direção e funcionários estão em melhor posição para sobreviver a tempos desafiadores com o moral dos funcionários intato. Embora cortes obrigatórios de pessoal sejam certamente uma das situações mais estressantes pelas quais uma organização pode passar, com certeza as demissões não impede que a organização seja um excelente ambiente de trabalho. Para empresas que já ostentam culturas fortes no ambiente de trabalho ou são Melhores Empresas para Trabalhar, manter-se focadas nos funcionários durante esses momentos pode ser a chave para o sucesso continuado.

Para aqueles que trabalham para construir um excelente ambiente de trabalho, os tempos difíceis não devem ser um empecilho para buscar medidas para aprimorar o relacionamento entre direção e funcionários. Focar-se em suas pessoas durante todo o período desafiador pode realmente ser a chave para o sucesso atual e futuro.

2002

GESTÃO DE PESSOAS EM TEMPOS DE CRISE

Por José Tolovi Jr.

[EXAME]

Como as Melhores Empresas para Trabalhar no Brasil lidam com os graves desafios econômicos? José Tolovi Jr. descreve as estratégias usadas para melhorar seus ambientes de trabalho, apesar dos tempos difíceis.

Recentemente conversei sobre o conceito de excelentes lugares para trabalhar em um grupo de diretores de recursos humanos. Naquela oportunidade veio à tona uma questão curiosa: como manter um bom ambiente de trabalho em situações difíceis? Um dos diretores disse que sua empresa não estava na lista do Guia EXAME – As 100 Melhores Empresas para você Trabalhar porque ela havia demitido várias pessoas. Antes que eu pudesse argumentar, três outros diretores interferiram dizendo que suas companhias também tinham promovido demissões, mas mesmo assim conseguiram se manter na lista das melhores.

Afinal, até que ponto acontecimentos como demissões, fusões, crises de mercado, perda de vendas, entre outros, afetam a qualidade do ambiente de trabalho? É claro que este impacto existe. Contudo tenho observado em nossos estudos, ao longo dos anos, que é justamente nos piores momentos que os esforços para se manter uma excelente qualidade nas relações como funcionários realmente valem.

Como observar, portanto, o bom ambiente quando se enfrenta uma situação de crise? Uma boa resposta seria lembrar o velho ditado popular que diz: "Não adianta colocar a tranca depois que o ladrão entrou". Se você disser algo como "não posso ter funcionários satisfeitos numa situação crítica", estará afirmando indiretamente que não sabe como manter seu pessoal satisfeito nos momentos positivos. As boas empresas para trabalhar se preocupam com seus funcionários sempre – e não exclusivamente em situações de crise.

O bom ambiente de trabalho não se deteriora por uma situação de crise ou devido a momentos difíceis enfrentados. O verdadeiro bom ambiente se constrói e se mantém de forma contínua, ao longo do tempo. Quando uma empresa entra numa crise, ela não tem mais tempo para mudá-lo. Porém, se já existir anteriormente um clima de confiança (credibilidade, respeito e imparcialidade), será mais factível mantê-lo.

Atualmente, quando falamos de situações de crise em empresas, estamos quase sempre nos referindo às demissões. Quando perguntamos aos funcionários das melhores organizações se eles acreditam que os chefes só demitiram em massa como último recurso possível, 87% em média nos últimos seis anos disseram que sim. E não há nisso nada de muito surpreendente. Quase todas as companhias presentes nas listas das 100 Melhores nos últimos anos não demitiram pessoas em quantidades significativas.

Há, no entanto, exceções. Uma empresa da lista demitiu nos últimos anos mais de 25% de seu efetivo por tomar a decisão estratégica de terceirizar alguns dos serviços. O que fez a diretoria de recursos humanos encarregada de realizar o corte? Planejou cuidadosamente a operação. Definiu os pacotes de benefícios a serem oferecidos aos demitidos, treinou as pessoas encarregadas de transmitir a notícia da demissão e tomou uma decisão importantíssima: casos especiais receberam tratamento especial. As demissões em massa são geralmente tratadas como massa mesmo, não permitindo exceções nem reconsiderações. E foi aí que ela virou o jogo a seu favor.

Além dos cuidados anteriores, a companhia definiu que aqueles que permanecessem na organização seriam informados sobre as razões do corte e de como a operação estava sendo realizada – inclusive revelando os benefícios oferecidos e os cuidados tomados com os demitidos. Entre as medidas adotadas, houve a preparação de um *book* com todos os profissionais disponíveis, que foi apresentado a várias empresas potencialmente contratadoras daqueles talentos. A empresa também ofereceu treinamento para ajudar o pessoal a elaborar corretamente o currículo e a se comportar durante uma entrevista de emprego, entre outras coisas. Os ex-funcionários participaram ainda de várias sessões buscando à preservação da autoestima. Mais um detalhe: como a operação de corte teve de ser preparada sigilosamente por questões de risco operacional, a organização se desculpou pessoal e publicamente com os demitidos e com aqueles que permaneceram no time por ter sido levada a essa quebra de confiança.

A verdade é que se pode manter um bom ambiente de trabalho mesmo quando há necessidade de promover uma demissão envolvendo grande número de pessoas. Não haverá problema se o ambiente for realmente consistente e coerente e os dirigentes tiverem a consciência de que o bom relacionamento com seus funcionários é crucial para obter bons resultados nos negócios.

Assim, podemos chegar a uma série de recomendações gerais àqueles que perguntam o que fazer numa situação dessas:

Antes de tomar a decisão, reveja todos os seus custos.

Será que não é mais barato e produtivo manter as pessoas? Se sua conclusão for que não há outra saída, prepare-se para cada passo que irá dar a seguir.

Planeje cuidadosamente suas ações.

Sempre há tempo para preparar ações ao redor das decisões de efeitos negativos que a empresa é forçada a tomar.

Comunique extensiva e ostensivamente.

Nas situações de crise, a comunicação assume importância ainda mais crucial do que normalmente já tem. Faça que a comunicação não sofra deturpações e chegue com o mesmo teor a todos os níveis.

Comunique os fatos ruins.

A clareza e a abertura são fundamentais. Lembre-se que você está lidando com público adulto. Nunca tente passar uma imagem positiva da situação se ela for verdadeiramente crítica.

Comunique os fatos bons.

Em toda situação de crise, por pior que seja, sempre haverá pontos bons ou fatos positivos que poderão amenizar o impacto das ações. Mostre isso a seu pessoal. Só tome cuidado para não enfatizar demais esses dados e parecer hipócrita, pois isso será facilmente percebido pelos seus funcionários.

Revele sua preocupação com as pessoas.

Em todas as ações, demonstre o cuidado que está tomando com os demitidos e com aqueles que ficarão na empresa.

Realize todas as ações com respeito.

Lembre-se de que você estará lidando com pessoas que têm família, compromissos e uma vida pessoal. Nunca tente se esconder atrás de números.

Portanto, cultive sempre o ambiente de confiança em sua organização. Vale a pena investir nisso. Os frutos serão colhidos regular e continuamente nas horas de bonança. Mas os melhores serão colhidos nos duros momentos de crise.

CONSTRUINDO
UMA SOCIEDADE
MELHOR

2005

CLASSIFICANDO A **RESPONSABILIDADE SOCIAL** CORPORATIVA: PADRÕES **MÍNIMOS** VERSUS **COMPETIÇÃO**

Por **Robert Levering**

[EXAME]

Os padrões de responsabilidade corporativa buscam melhorar o comportamento das empresas. A maioria dos padrões faz isso ao prescrever os níveis mínimos de comportamento necessários para evitar sanções legais ou para obter associação ou certificação/reconhecimento por um comitê de estabelecimento de padrões.

Nas últimas duas décadas, estive envolvido em esforços para aprimorar o comportamento corporativo com uma abordagem ligeiramente diferente. Ao invés de prescrever um padrão mínimo, desafiamos as empresas a competirem em concursos para determinar quais oferecem os melhores ambientes de trabalho. Essa abordagem, argumento, é bastante recomendada ao considerarmos padrões de Responsabilidade sóciocorporativa no futuro por apelar diretamente para o instinto competitivo natural das empresas. Em contraste, a abordagem de padrões mínimos

A maioria dos esforços para aprimorar o comportamento sóciocorporativo prescreve padrões mínimos, frequentemente envolvendo a imposição de sanções legais. Robert Levering argumenta pelo incentivo às empresas de competirem para tornarem as melhores – a abordagem usada pelo Great Place to Work® Institute na produção de suas listas dos melhores ambientes de trabalho.

fia-se fortemente em um apelo a um senso de responsabilidade para com a comunidade mais ampla – algo que infelizmente é considerado opcional ou de baixa prioridade na maioria das comitivas corporativas.

Primeiro, deixe-me descrever brevemente nossa experiência até o momento com as diversas listas de Melhores Ambientes de Trabalho (Melhores Empresas para Trabalhar). Em 1984, eu e Milton Moskowitz publicamos a primeiro dessas listas na forma de um livro intitulado *As 100 Melhores Empresas para Trabalhar nos USA*. Foi um bestseller nacional imediato. Publicamos uma edição revisada e atualizada em 1993. Desde 1997 temos produzido a lista anualmente para a revista Fortune. A lista também se tornou internacional naquele mesmo ano quando a Exame, a maior revista de negócios do Brasil, procurou minha organização (Great Place to Work® Institute) para ajudar a produzir uma lista das Melhores Empresas para Trabalhar no Brasil. Agora, o Instituto e seus afiliados produzem *rankings* em 25 países, incluindo todos os principais países da Europa e América Latina, além de Coreia e Índia, sendo que vários outros países logo se juntarão a esse projeto. Mais de 2.500 empresas em todo mundo, de conhecidas multinacionais com mais de 100 mil funcionários a pequenas empresas sem fins lucrativos com menos de 100 trabalhadores, participaram desses *rankings*.

Essas listas são extremamente conhecidas por toda a comunidade de negócios, uma vez que aparecem em publicações de negócios de prestígio como Fortune, Financial Times, Capital (Alemanha), Korea Economic Daily e Businessworld (Índia). Conquistar um lugar na lista de Melhores Ambientes de Trabalho é uma honra altamente cobiçada dentro dos círculos corporativos. Um grande número daquelas empresas nomeadas para essas listas divulgam amplamente sua seleção aos seus clientes, acionistas e funcionários.

Vimos a popularidade dessas listas crescer continuamente, não apenas em termos geográficos, mas também dentro dos países onde as pesquisas ocorrem. Nos Estados Unidos, por exemplo, o número de candidatas para a lista da Fortune saltou 32% nos últimos dois anos. E este ano no Brasil, onde também tem havido um aumento significativo no número de empresas que se candidatam, a Exame publicará os "150 Melhores Ambientes de Trabalho" em vez de 100.

Muito mais importante do ponto de vista das questões discutidas aqui, a expansão da lista brasileira reflete o fato de as listas dos Melhores Ambientes de Trabalho estarem tendo um impacto positivo no ambiente de trabalho. A decisão de passar para uma a lista de 150 também foi tomada porque a qualidade das candidatas tem aumentado drasticamente desde a lista inicial em 1997. Em outras palavras, os brasileiros responsáveis por esse *ranking* acreditam que mais empresas merecem esse reconhecimento.

A melhor qualidade do ambiente de trabalho também é verdade nos Estados Unidos. Nos últimos sete anos, testemunhamos uma melhora significativa na qualidade das candidatas – tanto nas empresas que participavam por muitos anos como naquelas que são novas no processo. E temos números para comprovar essa afirmação. Não apenas vimos melhorias nos benefícios oferecidos aos funcionários, mas também os escores médios da pesquisa com funcionários (o Great Place to Work® Trust Index©) que utilizamos para selecionar as empresas aumentaram. Não estamos dizendo que essas listas sejam o único motivo pelo qual houve melhorias no ambiente de trabalho corporativo nos últimos anos. Mas realmente acreditamos que elas são um fator importante e de peso. Temos conhecimento de várias empresas que traçam como meta corporativa explícita ser

A competição entre as empresas deve ser incentivada. As listas dos melhores ambientes de trabalho apelam para o ímpeto competitivo tão natural na vida corporativa. As competições por prêmios de qualidade podem ter um papel importante no incentivo para mudanças positivas no comportamento corporativo.

selecionada para uma dessas listas e realizar melhorias imediatas, além de desenvolver planos estratégicos de longo prazo para melhorar suas práticas no ambiente de trabalho, especificamente para garantir uma posição nessas listas. Como já citei, temos muitas evidências provenientes dos escores da pesquisa com os funcionários dessas empresas que esses esforços realmente compensam.

Deixe-me contar um pouco como funciona nossa metodologia, já que ela também recai sobre a questão dos padrões. Em todos os países, usamos a pesquisa com funcionários do Great Place to Work® Trust Index© com perguntas idênticas. Também usamos um questionário de gestão, o Great Place to Work® Culture Audit©, para reunir dados a respeito das políticas e práticas de cada empresa. As dez perguntas abertas desse questionário também são idênticas em todos os países. Nossos avaliadores usam o mesmo processo em todo mundo para avaliar as empresas. Consequentemente, nós estabelecemos um padrão global para avaliar as práticas corporativas no ambiente de trabalho que combina as informações vindas dos funcionários e uma avaliação das culturas no ambiente de trabalho.

À medida que nos voltamos para 2010, o que podemos ver como lições de nossa experiência em dirigir essas competições entre os ambientes de trabalho? Eu sugeriria que há pelo menos três implicações:

1. A competição entre as empresas deve ser encorajada

Como já vimos, as listas dos Melhores Ambientes de Trabalho apelam para o ímpeto competitivo tão natural à vida corporativa. Os negócios são levados a competir uns com os outros por participação de mercado, fundos de investidores, etc. os concursos de Melhores Ambientes de Trabalho – assim como as diversas competições por prêmios de qualidade (como por exemplo, o Prêmio Europeu de Qualidade e o Prêmio Nacional Baldrige de Qualidade nos Estados Unidos) – podem ter um papel importante no incentivo à mudança positiva no comportamento corporativo.

2. Deve-se prestar atenção para maximizar a publicidade

Nossa experiência mostra como as listas são populares no mundo dos negócios e também entre o público em geral. Parece que toda publicação de negócios tem várias listas padrão que fazem parte de sua identidade. A maioria das listas está relacionada às maiores (Fortune 500, Business Week 1000) ou às mais ricas (Forbes 400) com base em algum padrão objetivamente quantificável. Mas revistas de todos os tipos frequentemente possuem listas consideravelmente mais subjetivas, como os Mais Bem Vestidos ou os Mais Poderosos. Embora muitas dessas listas baseiem-se em metodologias dúbias, as publicações consideram que elas vendem revistas ou jornais por causa de seu apelo à curiosidade humana.

3. *Benchmarking* é importante

Descobrimos que a capacidade de comparar resultados é um motivo importante pelo qual as empresas participam das listas dos Melhores Ambientes de Trabalho. Nós conferimos às empresas a capacidade de obter relatórios customizados de benchmark que lhes mostram como o ambiente de trabalho em suas empresas se compara com o de outras empresas.

Estas são três implicações com as quais outros que tentam divulgar o papel dos padrões na mudança do comportamento corporativo podem aprender.

2008

COMO AS **LISTAS** DOS MELHORES AMBIENTES DE TRABALHO **BENEFICIAM A SOCIEDADE**

Por Robert Levering

[ESTRATÉGIA & CARREIRA]

Ao narrar as origens e a história das listas dos Melhores Ambientes de Trabalho, Robert Levering aponta para as evidências do fato de onde quer que tenham sido introduzidas, as listas tiveram um impacto para elevar a qualidade do ambiente de trabalho.

Há 25 anos, eu não imaginava que haveria uma lista dos Melhores Ambientes de Trabalho na América Central e no Caribe. Foi em 1982 que comecei a trabalhar na primeira destas listas, As 100 Melhores Empresas para Trabalhar nos USA. Hoje, há listas comparáveis dos Melhores Ambientes de Trabalho em 30 outros países em todo o mundo, da América do Norte e do Sul até a Europa, Ásia e Austrália. A lista da América Central e do Caribe que está para ser publicada acrescentará mais de meia dúzia de países no total.

Existem várias razões pelas quais essas listas de Melhores Ambientes de Trabalho eram inimagináveis há um quarto de século. A mídia, incluindo a imprensa de negócios, praticamente ignorava o ambiente de trabalho como um tema naquele tempo. A maioria das histórias sobre o ambiente de trabalho concentrava-se naquilo que havia de errado. Sei disso porque trabalhava como jornalista da área trabalhista em São Francisco durante os anos 1970. Portanto, escrevi muitos artigos sobre ambientes de trabalho ruins – sobre greves trabalhistas, sindicato que organizavam passeatas e ações legais impetradas por funcionários que não estavam contentes com seus empregadores.

Minha própria experiência pessoal como funcionário e as de meus amigos e famíliares confirmavam minha percepção de que a maioria dos ambientes de trabalho era desagradável. Embora algumas pessoas gostassem de seus empregos, em geral não gostavam das empresas para as quais trabalhavam e/ou de seus próprios chefes. Não podia imaginar que existisse algo como um Great Place to Work®. Assim, quando uma editora de livros telefonou-me em 1981 e perguntou se eu estaria interessado em escrever um livro intitulado As 100 Melhores Empresas para Trabalhar nos USA, achei que ela estivesse brincando. Eu não achava que existisse nem 10 bons ambientes de trabalho no país, muito menos 100. Eu então sugeri um livro que pensava ser mais qualificado para escrever: "As 100 **Piores** Empresas para Trabalhar nos USA". Ela riu e disse que sua empresa não tinha advogados suficientes para defender um livro como este e insistiu para que eu considerasse escrever o outro livro. Concordei, mas estava cético a respeito do que eu descobriria.

Nos três anos seguintes, eu e Milton Moskowitz, coautor, cruzamos o país em busca de excelentes ambientes de trabalho. Visitamos 150 empresas que nos haviam sido recomendadas por diversos jornalistas, professores de faculdades de negócios, entre outros. Essas empresas estavam em todas as principais áreas de atuação, desde bancos de investimentos em Wall Street até desenvolvedores de software no Vale do Silício, desde empresas de produtos florestais no Noroeste do Pacifico até cadeias de supermercados na Flórida, desde empresas de petróleo no Texas até fabricantes de automóveis no Meio-Oeste, de varejistas

As listas dos melhores ambientes de trabalho tornam possível para as empresas medir comparativamente suas próprias melhores práticas.

a empresas de seguros. Em cada uma das empresas candidatas, entrevistamos grupos de funcionários e também gestores, inclusive os CEOs, quando disponível. Para nosso deleite, encontramos dezenas de empresas onde os funcionários elogiavam a direção de suas empresas e descreviam práticas muito diferentes e incomuns no ambiente de trabalho. Logo após a publicação em 1984, nosso livro figurava nas listas de *bestsellers* nacionais.

Devido ao intenso interesse no livro, muitas pessoas perguntavam-me o que essas empresas tinham em comum. Decidi então escrever um livro para responder essa pergunta. Para tanto, examinei cuidadosamente as 20 empresas das "100 Melhores" que eu considerava exemplos muito melhores. Originalmente, achava que elas compartilhavam certas práticas progressivas de recursos humanos (RH). Mas encontrei exemplos contrários demais. Por exemplo, a distribuição de lucros era uma prática comum entre as "100 Melhores", mas muitos excelentes ambientes de trabalho não tinham distribuição de lucros, enquanto muitos ambientes de trabalho ruins a tinham. Claramente, era necessária outra abordagem.

À medida que examinava os dados mais de perto, notei que os funcionários nessas empresas frequentemente usavam a mesma linguagem para descrever seus ambientes de trabalho. Em particular, percebi que eles usavam frases semelhantes para expressar sua crença e confiança na direção: eles sentiam que era possível acreditar na direção e esta era competente e tinha integridade, acreditavam que a direção os tratava com respeito profissional e pessoal e os tratava de forma justa tanto em termos de salários e benefícios como na disponibilização de oportunidades para crescimento e desenvolvimento. Essas afirmações contrastavam fortemente com o que os funcionários diziam nos ambientes de trabalho ruins sobre os quais eu lia quando era jornalista da área trabalhista. Ou seja, em ambientes de trabalho ruins, os funcionários não confiavam na direção. Consequentemente, percebi que a confiança era a chave. Em meu livro "*A Great Place to Work®: What makes some employers so good and most so bad*", defini um "excelente lugar para trabalhar" como aquele onde você "confia nas pessoas para quem trabalha, tem orgulho do que faz e gosta das pessoas com quem trabalha". Desde sua primeira edição em 1988, tenho visto essa percepção de que a confiança está no cerne de um excelente ambiente de trabalho sendo repetidamente confirmado.

Em 1992, fundei o Great Place to Work® Institute juntamente com Amy Lyman, ex-professora da University of California, em Davis, especializada em questões relacionadas aos negócios famíliares. A missão do Instituto era "Construir uma sociedade melhor ajudando empresas a transformar seus ambientes de trabalho". Desenvolvemos uma pesquisa com funcionários, chamada Great Place to Work® Trust Index©, que mede especificamente o nível de confiança entre funcionários e direção.

A década de 1990 testemunhou várias mudanças importantes no mundo dos negócios que tiveram um impacto dramático no ambiente de trabalho. As mulheres começaram a participar da força de trabalho em maior número, o que levou as empresas a oferecer uma série de novos benefícios, chamados "familiares", como por exemplo, horário flexível e creche. Ao mesmo tempo, o boom de alta tecnologia aumentou o prêmio sobre trabalhadores mais altamente qualificados. Um mantra ouvido por todo o mundo era "atração e retenção", indicando a necessidade de contratar os melhores talentos e mantê-los no barco. E, finalmente, a globalização levou à competição mais intensa no mercado. Os executivos tornaram-se muito mais conscientes da ligação entre a qualidade do ambiente de trabalho e a inovação e produtividade. Ou, nas palavras de Dan Warmenhoven, CEO da Network Appliance, "nós vemos nossa cultura como uma força competitiva".

Como resultado de todos esse desenvolvimento, os gestores passaram a se interessar muito mais pela qualidade do ambiente de trabalho do que jamais haviam se interessado antes. Portanto, é perfeitamente natural que as revistas de negócios se interessassem em classificar as empresas de acordo com a qualidade de seus ambientes de trabalho. Em 1997, a Fortune nos telefonou para perguntar se estaríamos interessados em fazer uma lista anual das 100 Melhores Empresas para Trabalhar. Naquele mesmo ano, fomos contatados por uma grande revista de negócios do Brasil para fazer uma lista semelhante no maior país da América Latina. Este ano, então, marca os 10 anos das duas primeiras listas dos melhores ambientes de trabalho com importantes mídias.

É importante ressaltar que, ao compilar nossas listas, nosso Instituto utiliza a mesma metodologia em todo o mundo: a pesquisa com funcionários Trust Index© e o Culture Audit©, um questionário sobre as políticas e práticas de pessoas da empresa. Descobrimos que a essência de um excelente ambiente de trabalho, principalmente o grau de confiança, é um conceito universal, não apenas nos diferentes países, mas também entre as diferentes indústrias. Em outras palavras, o que os funcionários consideram como um excelente ambiente de trabalho é basicamente o mesmo, esteja a pessoa em um banco em El Salvador, uma petrolífera nos Estados Unidos, um varejista na Holanda ou uma empresa de equipamentos eletrônicos na Coreia. Temos hoje o equivalente a mais de uma década de dados de pesquisa com mais de 3 mil empresas anualmente que demonstram conclusivamente a universalidade do desejo por confiança, orgulho e camaradagem no ambiente de trabalho.

Também descobrimos que essas listas dos melhores ambientes de trabalho realmente têm um impacto na elevação da qualidade do ambiente de trabalho. Em primeiro lugar, essas listas conscientizam sobre a existência de ambientes de trabalho genuinamente excelentes que existem atualmente em um país. Essa consciência torna possível para as empresas medir comparativamente suas próprias práticas com as melhores. E a competição por um lugar nas listas significa que as empresas tentam ativamente melhorar seus ambientes de trabalho.

Vemos esse processo se repetir em cada país onde introduzimos as listas das Melhores Empresas para Trabalhar. Estamos ansiosos para ver essa nova lista na América Central e Caribe ajudando a elevar a qualidade da vida profissional dos funcionários nessa importante região do mundo. A melhora nos ambientes de trabalho será boa não apenas para os funcionários, mas também para os negócios, a qual deve aumentar sua produtividade e inovação no mercado global cada vez mais competitivo. Mas o mais importante de tudo, é boa para a sociedade como um todo, pois a maior parte de nossas horas são passadas no trabalho.

2009

SUSTENTABILIDADE E OS MELHORES AMBIENTES DE TRABALHO DA EUROPA

Por **Sandrine Lage**

[ANUÁRIO DE RH]

Este artigo foi originalmente publicado no Anuário de RH. Sandrine Lage, Fundadora do Great Place to Work® Institute Portugal, mostra quantos Melhores Ambientes de Trabalho da Europa estão contribuindo para uma sociedade mais sustentável.

Empresas líderes estão gradualmente se transformando em principais agentes de mudança, bem como seus funcionários, para melhorar o ambiente de trabalho. Os Melhores Lugares para Trabalhar recebem cada vez mais o apoio de seus funcionários em questões relacionadas à sustentabilidade. Elas dão os primeiros passos ao reduzir o desperdício ou promover a reciclagem. E elas enfocam a implementação de eficiência energética, a preservação de edifícios ou o aumento do uso de transportes energeticamente eficientes. Nas regiões em que se permitem, os funcionários estão até mesmo ganhando bicicletas.

Algumas empresas vão mais além: elas fazem lobby no governo sobre questões ecológicas. Internacionalmente, a maioria das pessoas valoriza a prática de amarrar a Responsabilidade Social Corporativa (RSC) ao reconhecimento dos funcionários e aos pacotes de remuneração. A meta é que todos façam parte da agenda socioambiental em suas vidas cotidianas – inclusive das preocupações com a mudança climática. Para a elite da Europa na lista de Melhores Ambientes de Trabalho com as habilidades para construir equipes e a liderança para entender os desafios estratégicos de adotar a sustentabilidade ou mesmo a responsabilidade social é, portanto, a ordem do dia.

De acordo com a avaliação do Great Place to Work® Institute, há organizações que lideram o mercado na formação e liderança em sustentabilidade, as quais não apenas ganharam o prêmio de Liderança e Formação em Sustentabilidade, mas também receberam o prêmio especial de Saúde e Bem--estar e foram indicadas para a lista dos melhores ambientes de trabalho.

Os ganhadores mantêm o compromisso de minimizar o impacto ambiental que pode resultar de seu negócio: normalmente, a empresa tenta fazer que sua atividade comercial exerça um impacto neutro de carbono na qualidade do ar. Para honrar esse compromisso, a Google, por exemplo, investe em uma abordagem de três passos.

A gigante aposta em esquemas de compensação de carbono para contrabalançar as emissões que eles não reduziram diretamente, ao mesmo tempo em que trabalham no aumento constante da eficiência energética em suas próprias operações. Eles também recorrem a fontes limpas e renováveis de eletricidade.

Externamente, a empresa prioriza o lobby com formuladores de políticas internacionais. Buscando acelerar o desenvolvimento de tecnologias de energia renovável, a Google privilegia as pesquisas para encontrar um custo energético eficiente que seja eficaz. A meta é reduzir as emissões que causam o efeito-estufa.

A empresa envolve e incentiva a equipe a adotar um estilo de vida saudável e a pensar – em suas vidas cotidianas – em alternativas de transporte que sejam amigáveis com o meio ambiente. A organização ofereceu (em 2007) um "hot wheels" – uma bicicleta da Google – a cada funcionário (na região EMEA [Europa, Oriente Médio e África]).

A empresa traduz a relevância de colocar a sustentabilidade no topo da agenda corporativa: não se limita a trabalhar efetivamente em um nível macro. O esforço abrange até o nível micro, ao apoiar cada funcionário na adoção de práticas que tenham o menor impacto possível sobre o meio ambiente. Além disso, o compromisso com os principais públicos de interesse é consistente no que concerne às questões relativas à sustentabilidade, uma ação que estabelece um valioso precedente no mercado.

"Políticas verdes passaram da fase do "eu também" e estão gradualmente sendo reconhecidas como benefício de valor agregado para o negócio. Líderes reconhecem que não apenas têm a obrigação de promover políticas sustentáveis em suas próprias organizações, mas também têm de tomar medidas proativas para educar os consumidores e influenciar os governos para criar uma mudança real", disse uma pessoa da Google, cujo lema informal, "não faça o mal", levou ao apoio de mais políticas sustentáveis. Seja oferecendo refeições orgânicas no restaurante ou entronizando líderes indígenas no cenário mundial a fim de proteger a Bacia Amazônica, eles dão um exemplo verde a todos os *Googlers*, inspirando mudanças simples no estilo de vida das equipes que podem fazer toda a diferença.

Fazendo a diferença dentro e fora das portas

Organizações destacam-se quando o lema é "fazer a diferença". Uma forte tradição de responsabilidade social corporativa, um ingrediente essencial para fazer negócios, motiva as pessoas, que se tornam mais comprometidas e produtivas quando respeitam as organizações para as quais trabalham. A RSC é, portanto, um elemento com importância cada vez maior.

No caso de uma empresa britânica, o esforço para assumir um compromisso com os públicos de interesse e o fato de eles levarem em conta o impacto de sua atividade em áreas-chave de seu negócio fazem a diferença. Entre os exemplos das melhores práticas nessa área estão: conduzir o negócio com base em princípios globais que estabelecem requisitos para fornecedores, de modo a cumprirem as leis nacionais e internacionais; a colaboração com o *Marine Stewardship Council*, apoiando a venda somente de peixes aprovados pela avaliação ambiental da empresa; e a substituição de 99% das embalagens de PVC para os produtos alimentícios que comercializam.

Os valores também são integrados em todos os níveis, que presume o envolvimento dos funcionários com iniciativas na comunidade. Oferecer uma oportunidade a mais de 2.500 pessoas que enfrentam obstáculos ao procurar um emprego, incluindo os sem-teto, pessoas com necessidades especiais, jovens e pais de crianças pequenas, faz parte do programa "Marks and Start" da Marks & Spencer, considerado o maior esquema realizado por uma organização para proporcionar experiência profissional.

Mais de 90% daqueles que participaram desse programa no primeiro ano disseram que uma atuação na Marks & Spencer, mesmo que por pouco tempo, mudou suas vidas e gerou a confiança que precisavam para retornar ao mundo do trabalho. Os participantes encontraram empregos permanentes seguros – nas lojas da Marks & Spencer ou em áreas como educação, contabilidade ou segurança. Durante um ano, cerca de mil funcionários da empresa assumiram o papel de mentores e desenvolveram habilidades como *coaching* e comunicação – simultaneamente ao seu dia de trabalho.

Procura-se ética no DNA das organizações

Estas são as organizações que o Instituto procura e avalia em mais de 40 países há mais de 25 anos. Empenhado em encontrar empresas cujo perfil incorpore em seu próprio DNA a busca por gestão comprometida com a melhoria e a excelência, o Instituto decidiu recentemente reforçar o reconhecimento das organizações para as quais a ética e a inovação sejam as palavras de ordem. Em Portugal e no Reino Unido, destaca organizações por sua Formação e Liderança em Sustentabilidade e pela Responsabilidade Social. Iniciativas adotadas com a missão de reverberar as melhores práticas e modelos de referência para todo o mundo. Esperamos um efeito multiplicador nos diferentes mercados.

2005

ROUPA SUJA E
ROUPA LIMPA

Por **Milton Moskowitz**

[STRATEGY + BUSINESS]

A Enron enganou muita gente, inclusive eu. Por dois anos seguidos, 2000 e 2001, a ex-estrela da energia esteve na lista das 100 Melhores Empresas para Trabalhar nos USA da revista Fortune. Esta lista, que ajudei a desenvolver, baseia-se em uma pesquisa anual com funcionários. Os funcionários da Enron tinham entusiasmo por trabalhar lá, motivo pelo qual a empresa entrou na lista. Visitei a Enron pouco antes de ela implodir e também falhei em detectar qualquer coisa de errado.

Certamente, é diferente para os de fora entender as engrenagens internas de uma corporação de grande porte. Mesmo os mais astutos que estão dentro frequentemente não veem o transtorno chegar, especialmente quando os problemas têm a ver com cultura e comportamento. Note que a diretoria da Enron, à medida que o barco afundava, incluía Robert K. Jaedicke, ex-reitor da faculdade de negócios da Universidade Stanford, John A. Urquhart, ex-vice-presidente sênior de Sistemas Industriais e de Energia da General Electric e

Assim como muitos outros, fomos enganados pela Enron. A empresa esteve na lista das 100 Melhores da Fortune por três anos, de 1999 a 2001, ano em que ruiu. Neste artigo, Milton Moskowitz considera a Enron e duas outras empresas que já apareceram em nossas listas (Disney e Nike) em uma discussão sobre a situação da ética corporativa na era pós-Enron. O artigo foi publicado no periódico trimestral "strategy + business" da Booz & Company em 2005.

Lord John Wakeham, ex-secretário de estado de energia do Reino Unido durante o governo de Margaret Thatcher. Hoje, quase quatro anos depois de a Enron declarar a maior falência da história dos Estados Unidos, ainda são sentidas as repercussões desse tremor financeiro. Estamos sob uma avalanche de livros, filmes e ensaios que tratam não apenas das violações éticas e do mau comportamento de executivos, mas também da responsabilidade social corporativa (RSC). Enquanto isso, tem havido um surto de relatórios corporativos abrangentes sobre a performance social de grandes empresas influentes.

Com o comportamento corporativo cada vez mais em evidência, as regras do jogo mudaram. As corporações não podem esconder suas ações ou verdadeiro caráter, e alguns escritores estão usando roupa suja de anos recentes para manter as empresas em um padrão ético muito mais alto. Outros livros que registram em crônicas as histórias de implosão sugerem que a natureza humana, manifestada no caráter dos líderes da empresa, é o fator crítico. E alguns poucos escritores (incluindo alguns que falam em nome de empresas) estão articulando padrões éticos para a iniciativa privada que poderiam representar uma mudança significativa do passado.

Joel Bakan, autor de *A Corporação - A Busca Patológica Por Lucro e Poder* e um americano na faculdade de direito da Universidade de British Columbia, acredita entender exatamente o que aconteceu à Enron. Ele atribui o colapso às características comuns a todas as corporações: "obsessão por lucros e preços das ações, ganância, falta de preocupação com os outros e uma inclinação para violar regras legais". Tais características, diz ele, são um resultado direto do sistema no qual as corporações são legalmente obrigadas a colocar o lucro à frente de todas as outras metas.

Em seu livro, publicado em 2004 simultaneamente com o lançamento do documentário (também disponível em DVD), o Sr. Bakan argumenta que a corporação é constitucionalmente incapaz de agir em interesse público. Apenas a regulamentação pelo governo amplamente expandida pode "[colocar] as corporações sob controle democrático e [assegurar] que elas respeitem o interesse dos cidadãos, das comunidades e do meio ambiente".

Este é um ponto de vista que se pode considerar atraente depois de mergulhar em três novos livros de repórteres investigativos tarimbados que registraram em crônicas as tribulações da Enron e da Walt Disney Company.

Os autores entrevistaram centenas de funcionários e ex-funcionários e mergulharam em imensos volumes de documentos que emergiram em decorrência de ações regulatórias, processos de falência, indiciamentos criminais e – na Disney – o contínuo litígio.

As histórias, que nos deixam estupefatos, mas não são exageradas, mostram as pessoas que dirigem essas empresas comportando-se de maneira vil, maliciosa, mesquinha, egoísta e infantil. Embora as odiosas práticas na Enron e a rivalidade invejosa na Disney tenham vazado para a imprensa, o gênio do mal está sempre nos detalhes. Vale a pena ler esses livros simplesmente para entender a força total da falta de pudor e da cobiça que se permitiu crescer como ervas daninhas no jardim corporativo (o professor Bakan diria que essas ervas daninhas crescem naturalmente).

Andrew Fastow, CFO da Enron, fez parcerias extraoficiais para fazer acordos, primordialmente com os ativos da Enron, escondendo as dívidas da Enron e ganhando dinheiro para si mesmo e para seus amigos. Ele levou para casa mais de $60 milhões antes de ser pego! Jeffery Skilling, um

> As regras do jogo mudaram. As corporações não podem mais esconder sua roupa suja.

aluno da Business School de Harvard e da empresa de consultoria McKinsey, que se juntou à Enron em 1990, era o cérebro por trás da transformação da Enron de uma operadora de dutos de gás natural em uma empresa livre de ativos físicos que negociava contratos futuros de gás natural da mesma forma que os banqueiros de Wall Street negociavam títulos. A ideia: parar de produzir, fazer acordos espertos e securitizar tudo o que não estivesse amarrado em acordos. Em suma, os negociadores da Enron viam-se como Mestres do Universo, assim como retratado na paródia de Wall Street de Tom Wolfe, *A Fogueira das Vaidades*.

O Sr. Skilling disse uma vez a um colega: "pensei muito sobre isso, e tudo o que importa é o dinheiro. Você compra lealdade com dinheiro".

É provável que os leitores sintam a mesma repugnância por corporações que sentiram lendo os livros sobre a Enron ao lerem *Disney War - A Guerra pelo Controle da Maior Empresa de Entretenimento do Mundo*. James B. Stewart, que era advogado no escritório de advocacia Cravath, Swaine & Moore com sede em New York antes de se tornar escritor, tem um jeito "advocatício" de dispor fatos e histórias para tornar sua narrativa vívida. Mas esta não é uma história como a da Enron. A Disney tem uma reputação a zelar, construída ao longo de décadas, que a Enron nunca teve. Seus clientes e o público em geral veem tudo o que ela faz: cinema, televisão, publicações ou os parques temáticos. E os executivos da Disney moldaram comportamentos destrutivos, o que levou não ao fim da empresa, mas sim à destituição do CEO, Michael Eisner. Robert A. Iger, há muito tempo à frente da rede ABC, cuja dona é a Disney, sucedeu o Sr. Eisner em 1 de outubro de 2005.

Enquanto narra o crescimento da Disney e suas conquistas, o Sr. Stewart nos leva para detrás dos panos para descrever como o Sr. Eisner presidiu um negócio repleto de sórdidas discussões, trapaças, politicagem, espionagem, brigas por território, mentiras e depreciação de colegas de trabalho. O Sr. Stewart expõe inúmeras outras rixas que são inacreditáveis por sua frequência e ferocidade. Depois de ler esse livro, sai-se com a impressão de que não há ninguém com quem Michael Eisner tenha trabalhado a quem ele não oferecia primeiro elogios e promessas e, mais tarde, ofensas e insultos.

Mas a destituição do Sr. Eisner não se tratou de uma questão de desempenho financeiro. Quando assumiu como CEO em 1984, a Disney estava quase moribunda, vivendo de sua glória passada em animação e seus dois parques temáticos, a Disneylândia e a Disney World. Em 1983, o estúdio lançara apenas três filmes; o faturamento anual foi de $1,6 bilhão. Em contraste, em 2004, a Disney faturou $30 bilhões. Sua biblioteca de filmes havia crescido de 158 para 900 títulos. O estúdio ganhara 140 Oscars. Possuía a ABC e canais de TV a cabo como ESPN e o Disney Channel. Tinha o Disney Resort Paris a uma pequena distância da capital francesa. Esse livro nos faz imaginar o que o comportamento de Michael Eisner custou para os acionistas da Disney e como restringiu oportunidades de criação de valor.

Certamente, os escândalos e o comportamento descarado que abalou Wall Street e o mundo dos negócios globalmente nos primeiros anos do século 21 fazem lembrar o primeiro *crash* do mercado de ações, no século XVIII, quando uma "bolha do Mar do Sul" marcou a súbita ascensão e a queda do preço artificialmente inflado das ações de uma empresa comercial exportadora britânica. A corrupção e o excesso nos negócios são reincidentes. Consequentemente, cada geração tem seus cães de guarda dedicados a expor o mau comportamento corporativo e, assim, envergonhar empresas para se tornarem melhores e para suas regulamentações manterem o caprichoso comportamento corporativo em cheque.

Que as corporações podem ser forçadas, empurradas, envergonhadas ou pressionadas para serem boas e fazerem o bem tem sido uma preocupação minha há 37 anos. Com base em minha própria experiência, concordo com os argumentos montados no livro *Corporations and the Public Interest* de Steven Lydenberg que sugerem estratégias para elevar o comportamento corporativo por meio de uma combinação de fiscalização regulatória e novos padrões voluntários e sistemas de relatos.

Nesse pequeno livro, o Sr. Lydenberg traça o crescimento e o impacto da RSC e do investimento socialmente responsável (SRI) – ambos inspirados pela noção de que a responsabilidade pública leva a um melhor comportamento corporativo. Ele também desenha um mapa para um mercado que recompensa corporações pela busca de criação de riqueza em longo prazo, o que ele descreve como uma "criação de valor que continuará a beneficiar os membros da sociedade mesmo se a corporação fosse dissolvida hoje".

Enquanto eu escrevia esta revisão, veio à tona outro exemplo de relato voluntário – reforçando a visão do Sr. Lydenberg (e minha) de que a responsabilidade pública está ajudando a mudar o comportamento corporativo. Por muitos anos, a Nike foi detestada pelos ativistas que deploravam as condições de trabalho em fábricas contratadas, principalmente na Ásia, onde são feitos praticamente todos os produtos da Nike. Inicialmente, a Nike combateu esses protestos, alegando que levavam empregos urgentemente necessários a países em desenvolvimento. O "Relatório de Responsabilidade Corporativa" da empresa de 2004 mostra uma reviravolta completa. A Nike agora tem um forte código de conduta que rege as condições nessas fábricas, um amplo programa de monitoração, sistema de graduação e staff de conformidade interna com 90 funcionários em período integral que fazem visitas aleatórias de inspeção. A descrição detalhada de não-conformidade com os padrões da Nike são apresentados no relatório deste ano. Por exemplo, 25% a 50% das recentes auditorias nas fábricas mostraram trabalhadores sendo pagos abaixo do mínimo legal.

Para criar esse relatório, a Nike envolveu um comitê de pessoas de fora, incluindo um líder sindical, o diretor de responsabilidade da CERES, um consultor de direitos trabalhistas no campo das ONGs e outros ativistas sociais. De início, a empresa foi contra divulgar os nomes de fábricas específicas porque, disseram, isso deixaria as operações transparentes demais para os concorrentes, expondo informações sensíveis como, por exemplo, novos estilos de produto ou volume de produção. Mas a Nike agora posta em seu site na Internet os nomes e endereços de 731 contratadas em 52 países. Aproximadamente 625 mil funcionários trabalham nessas fábricas – incluindo 200 mil em 124 fábricas na China e 84 mil em 34 fábricas no Vietnã (a rival Reebok já publicou uma lista de suas fábricas de calçados em seu site na Internet). Ao apresentar o relatório da Nike, o fundador e *chairman* Phil Knight até mesmo admitiu ter dado uma "resposta áspera original" aos ativistas, "um erro pelo qual o seu foi verdadeiramente responsável".

1983

TROMBETEANDO OS NOVOS VALORES

Por **Milton Moskowitz**

[COMMUNICATION WORLD]

Milton Moskowitz escreveu este artigo em 1983, quando as empresas apenas começavam a redigir suas declarações de valores, uma prática que, desde então, tornou-se lugar comum. Suas reflexões sobre o que é preciso para uma boa declaração de valores são tão relevantes hoje como há um quarto de século quando ele as escreveu. A revista Communication World é uma publicação bimestral de uma associação de profissionais de relações públicas corporativas, a Associação Internacional de Comunicadores de Negócios.

Os negócios americanos de repente descobriram que pagam para ter valores.

Oh, lá no fundo, especialmente quando se sentam em um banco de igreja no domingo de manhã, líderes de negócios sempre sabiam que os valores eram importantes. Mas eles conseguiam pendurá-los na porta na segunda-feira de manhã. Seu comportamento ilustrado em um recente cartoon de Charles Addams no The New Yorker: Um chefe diz a um de seus subordinados: "Admiro sua honestidade e integridade, Wilson, mas eu não tenho lugar para elas em minha empresa".

Hoje, muitas empresas estão tentando encontrar espaço para valores como "honestidade" e "integridade". O sinal mais certo de que elas estão fazendo esse esforço está nas crescentes vendas do livro *In Search of Excellence* de Thomas J. Peters e Robert H. Waterman, Jr. Esse manual de "lições das empresas mais bem gerenciadas nos USA" vendeu mais de 500 mil cópias em capa dura, a

$19,95 cada, para grande surpresa de sua editora, a Harper & Row, que tinha uma primeira edição pequena, e do New York Times, que deixou de fazer a crítica do livro até que se tornou um bestseller. O motivo para uma venda tão fenomenal é que as empresas estão fazendo pedidos para que seus executivos o lessem. Charles Brown, *chairman* da American Telephone & Telegraph, prestes a ser desmembrada, supostamente comprou uma grande quantidade deles para suas pessoas. E por que não? Se estiver começando a vida como uma nova corporação, é bom você estar pensando em quem você é – e é bom você descobrir o que funcionou para outras corporações.

A mensagem da literatura recente que está sempre se repetindo é que as empresas com fortes culturas vencem. Elas têm um zelo pela qualidade dos produtos. Em vez de engessar, elas estimulam seus funcionários imaginativos (e muitas delas são contra chamar suas pessoas de "funcionários"). Elas dão às pessoas que trabalham para elas um interesse no negócio. Elas enchem seus clientes de gentilezas. Elas são sensíveis às necessidades das comunidades onde operam. Elas recrutam, treinam e favorecem minorias e mulheres. Elas ouvem seus funcionários. Como reconhecem Peters e Waterman, muitos desses achados parecem "paternalistas" ou "lugares comuns". A diferença está na intensidade com a qual esses ideais são praticados. Isso separa as boas empresas das ruins, os empreendedores daqueles com desempenho abaixo do desejável.

Se você trabalha para uma empresa que tem um forte senso de valores – que tem espaço, se preferir, para a "honestidade" e a "integridade" – você provavelmente sabe disso. Você sabe por várias maneiras: pelas oportunidades que você tem de se expressar, pelo modo que a direção se dirige a você, pela qualidade do almoço no refeitório, pela

quantidade de furtos que ocorre, pela variedade
– ou pela falta – de benefícios oferecidos pelos
funcionários. Estive entrevistando pessoas por todo
o país para um livro pretensamente intitulado "As
100 Melhores Empresas nos USA para Trabalhar"
e os funcionários que trabalham para as boas
empresas frequentemente me contam que o
que os impressionou em um primeiro momento
foi o caráter das pessoas que os entrevistaram.
Eles sabiam que queriam trabalhar ali porque as
pessoas que os entrevistaram eram inteligentes,
afetuosas e abertas. Burocratas enfadonhos nunca
entusiasmarão ninguém. Contudo, se sua empresa
se preocupar com a questão da "gestão por
valores", cedo ou tarde ela provavelmente terá de
confrontar a pergunta: "Precisamos colocar isso
no papel? Deveríamos ter uma declaração formal
expressando nosso sistema de crenças? Ou será
que basta praticá-lo?"

A julgar pelo número de códigos de ética e
declarações de valores que estão sendo emitidas
ultimamente pelas empresas americanas, mais
e mais corporações estão optando por colocá-
-los no papel. Alguns benefícios óbvios fluem por
ter uma declaração escrita. O que você acredita
passa a ser conhecido por seus funcionários
e pelo mundo exterior. Você considera essa
área suficientemente importante para ter uma
declaração escrita. Ela é uma referência. Tem
funcionado muito bem para a Johnson & Johnson,
que tem há 40 anos uma declaração de valor
impressa chamada "Nosso Credo". Está incluída
em manuais de recrutamento. É dada a todos os
novos funcionários. E aparece de diversas formas
dentro da empresa. Em 291 palavras, o Credo da
J&J deixa claras quatro responsabilidades que
a empresa tem, colocando em último lugar "a
responsabilidade com nossos acionistas" (clientes,
funcionários e comunidades vêm antes).

Em um perfil da J&J dois anos atrás, a Fortune descobriu que esse código "tem uma influência mística, mas mesmo assim palpável na empresa". Para começar, como os acionistas vem em último lugar na ordem hierárquica, um gestor da Johnson & Johnson pode sacrificar os lucros para satisfazer os clientes. A Fortune observou, por exemplo, que a J&J parou de fazer propaganda de seu óleo para bebê como um agente bronzeador em face das crescentes evidências de que a superexposição ao sol poderia causar câncer de pele. E a J&J não deu muita atenção ao custo em 1982 quando tirou das prateleiras das lojas e balcões de remédios para consumidores cada pacote de cápsulas de Tylenol Extra-Forte depois que sete pessoas na área de Chicago morreram em virtude das cápsulas de Tylenol envoltas em cianeto, a empresa creditou a seu Credo ter ajudado a reagir rápida e decisivamente na crise do Tylenol. O *chairman* James E. Burke disse que o Credo possibilitou à empresa decidir logo "que o bem-estar e a proteção do consumidor devem vir em primeiro lugar e todas as outras considerações devem ser secundárias".

O maior perigo em tentar colocar no papel seus valores é que você acaba por fazer uma declaração minúscula que não parece verdadeira. Você então pode acabar com um pedaço de hipocrisia em suas mãos. Uma importante medida tomada por algumas empresas é interrogar os funcionários. Pergunte-lhes como eles acham que a declaração de valor corporativo deveria ser. A Atlantic Richfield seguiu essa rota em meados de 1983 quando o jornal da companhia, o AcroSpark, trouxe um aviso de página inteira intitulado "Prezado Sr. Kieschniek". William Kieschniek, que sucedeu Robert O. Anderson como CEO da ARCO em 1982, tentava articular os valores para a empresa. Estes incluem "aspiração pela

> "Sem pessoas temos apenas fábricas ociosas e lojas vazias".

excelência" e preocupação com a "qualidade de vida em nossas comunidades". Kieschniek então mudou de rumo e pediu aos funcionários para escrever-lhe. "Estou pedindo seus pensamentos sobre o estilo e os valores da ARCO", disse ele. Havia um formulário que os funcionários podiam destacar e terminar esta frase: "Quando penso no estilo e nos valores da ARCO, sinto que...". Mais ou menos 125 pessoas na empresa responderam a esse convite – e as respostas, em alguns poucos casos, foram cartas de quatro ou cinco páginas.

A Borg-Warner também se consultou com pessoas antes de confeccionar uma declaração de crenças. Em 1981, em uma conferência dos 100 gestores mais importantes da empresa, o *chairman* James F. Bere pediu-lhes para definir os princípios básicos da empresa. Eles foram solicitados a pensar sobre o que a empresa representava e depois enviar seus pensamentos a Bere em Chicago. Assim eles fizeram – e alguns foram posteriormente entrevistados. Mesmo depois de passar por esse processo "democrático", redigir uma declaração de valor não é fácil. Dá trabalho encontrar as palavras para dizer precisamente o que o nome da empresa significa sem soar incoerente ou falso ou pomposo ou todas as alternativas anteriores. As pessoas de comunicação da Borg-Warner trabalharam durante muitos meses antes de chegar à declaração final em maio de 1982, intitulada "para ir além do mínimo". É uma expressão oportuna de valores por declarar em linguagem simples e fácil de entender no que a empresa acredita.

Por exemplo: "Para a Borg-Warner ter sucesso, devemos atuar em um clima de sinceridade e confiança, no qual cada um de nós confere livremente aos outros o mesmo respeito, cooperação e decência que buscamos para nós mesmos."

Por exemplo: "Embora possamos ser melhores hoje do que éramos ontem, não somos tão bons quanto o que devemos nos tornar."

E por exemplo: "A Borg-Warner é uma federação de negócios e uma comunidade de pessoas... a verdadeira união é mais do que uma mescla de interesses pessoais; resulta quando valores e ideais também são compartilhados. Alguns de nós somos claros nessas afirmações de crença. Outros incluem a fé em nossa herança política, econômica e espiritual, o orgulho em nosso trabalho e nossa empresa, o conhecimento de que a lealdade deve fluir em muitas direções e a convicção de que o poder é mais forte quando é compartilhado".

A Borg-Warner tem de estar à frente do jogo por ter colocado no papel essas edificantes declarações de crença.

Não tão feliz foi a mais recente declaração, "O Caminho para Ser Premier", emitida por outra empresa de Chicago, a Hartmarx. Esta é a empresa que costumava ser conhecida como Hart Schaffner & Marx. Tendo mudado seu nome, agora está registrando sua filosofia. É uma declaração muito mais longa que "... para ir além do mínimo". É um livreto de 12 páginas que cobre a linha d'água, misturando habilidade de vendedor com diplomacia. Está cheia de hipérboles. Aqui estão alguns excertos:

"A HARTMARX é suas pessoas. Pessoas fazem a diferença. Elas são a empresa. Sem pessoas, temos apenas fábricas ociosas e lojas vazias.

"Fazendo mais do que o exigido por lei, empenhamo-nos para ter condições de trabalho físico que facilite o conforto e a segurança dos funcionários. inclusive uma área de trabalho limpa e atraente – consistente com o uso laboral daquela área. Escritórios limpos. Fábricas limpas. Lojas limpas. Cintilantemente limpo!"

No final, "O Caminho para Ser Premier" acaba dizendo tudo para todos. Diz que a empresa está "comprometida com sistemas que mantenham os custos baixos" e diz, na mesma página, que o "capital humano é tão vital quanto o capital financeiro". Promete a seus acionistas "um fluxo contínuo e crescente de dividendos", enquanto também se compromete a ser uma líder beneficente não apenas em "dar, mas também em servir a sociedade".

"Toda a nossa clientela deve nos ver como um negócio de qualidade, operado por pessoas de qualidade, que vende produtos de qualidade e presta serviços de qualidade. Somente benefícios. Classe o tempo todo. Premier". E depois diz: "Existimos para ganhar lucros".

Confecciona-se uma declaração de crenças por se quer que as pessoas que trabalham para a empresa as vivenciem. Portanto, é preciso ser possível acreditar nessa declaração. Isso significa que é preciso dedicar muito tempo para descobrir quais são as crenças da empresa (nem toda empresa é exatamente como a outra) e para então articulá-las na linguagem mais clara possível. Quando bem feita, ela serve bem a empresa.

A mensagem da literatura recente que está sempre se repetindo é que as empresas com fortes culturas vencem. Elas têm um zelo pela qualidade dos produtos. Em vez de engessar, eles estimulam seus funcionários imaginativos.

1997

O ESPÍRITO

Por **Milton Moskowitz**

[MOTHER JONES]

Quando os Packers de Green Bay venceram o Super Bowl de 1997, foi um triunfo da alma. Os Packers têm raízes profundas na cidade de Wisconsin onde foram fundados em 1919. Foram batizados com o nome de uma fábrica local de processamento de carne, a Indian Packing Company, que pagou pelos primeiros uniformes. A partir dos anos 1920, a Green Bay Football Corp. fez uma série de ofertas públicas de ações. Em 1950, cada um dos 1.900 moradores locais investiu $25 por ação para comprar a equipe. Eles e seus descendentes continuam sendo os donos. Ninguém possui mais de 200 ações do fundo público dos Packers. E este não paga dividendos – cada centavo volta para a equipe na forma de salários ou para melhorias nas instalações. O resultado é um espírito de comunidade – e de equipe – não igualado a nenhuma outra cidade na Liga Nacional de Futebol Americano. É por isso que os jogadores que fazem um *touchdown* jogam-se sobre as arquibancadas para realçar os espectadores [e de graça]. É por isso que os fãs no campo Lambeau cantam "Amazing Grace" durante os intervalos. Também é por isso que

Alguns meses antes de a Fortune publicar a primeira lista das 100 Melhores Empresas para Trabalhar, Milton Moskowitz redigiu este artigo para a Mother Jones, uma revista considerada de esquerda nos Estados Unidos. Milton levanta a questão de se uma empresa pode ter uma "alma". Várias das empresas às quais ele se refere haviam aparecido na edição de 1984 ou de 1993 das 100 Melhores Empresas para Trabalhar nos USA: Ben & Jerry's, Whole Foods, Patagonia, Digital Equipment e Herman Miller.

uma equipe da cidadezinha de Green Bay no norte do estado foi capaz de bater todas as grandes e endinheiradas equipes, de New York a Los Angeles. Os Packers têm alma.

Agora, a alma está em alta. O San Francisco Chronicle recentemente a chamou de "frase de efeito dos anos 1990", em uma manchete para uma matéria de primeira página relatando que apareceram 322 citações para a palavra na edição atual da publicação *Books in Print*. É quase quatro vezes o número de citações em 1990. A noção já permeia até mesmo os comerciais de TV. Milhões de espectadores foram expostos no final do ano passado aos espalhafatosos comerciais da Nissan Motor que apresentava o automóvel Infiniti Q45 Luxury de 1997 com o slogan "Tudo muda, menos a alma". E este ano a Ford Motor está promovendo seu top de linha Lincoln Continental como um carro que "entra na sua alma, e não em seu bolso".

Portanto, não é de surpreender que forças invocando um despertar da espiritualidade estejam agora avançando para território inimigo: o mundo dos negócios. Se há algo que poderia ser considerado uma antítese da elevação da alma é o comércio enfadonho, frio e mais interessado em dinheiro. Observe a longa lista de vilões dos negócios na literatura, no teatro e no cinema (dê uma olhada em *Um Conto de Natal* de Charles Dickens ou *A Morte do Caixeiro Viajante* de Arthur Miller.)

Mas hoje, um particular mal-estar – uma sensação de que os negócios esmagam o espírito e impelem os trabalhadores a subjugar seus sentimentos – tornou-se uma oportunidade para os gurus da espiritualidade, os quais propõem trazer a alma para o ambiente de trabalho.

Houve um tempo em que esse esforço concentrava-se em transformar empresas em cidadãs corporativas mais responsáveis socialmente. O movimento surgiu das lutas pelos direitos civis e da contracultura dos anos 1960 e acabou por produzir uma nova safra de empresas (Ben & Jerry's, Tom's of Maine, Odwalla, Stonyfield Yogurt, Just Desserts, Aveda, The Body Shop) e um novo grupo de organizações (Social Venture Network, Business for Social Responsibility, Students for Responsible Business, Social Investment Forum) dedicadas a colocar as corporações em movimento ao longo do caminho da responsabilidade social.

A nova iniciativa, porém, assume uma conduta diferente. Parece-me ser uma questão de transformação pessoal do que de transformação corporativa. É um chamado às pessoas para não sacrificarem suas almas pela corporação: Elas são incitadas a trazer seus pensamentos mais íntimos. Ao fazê-lo, claro, elas podem muito bem mudar o modo como o negócio é conduzido. Mas a literatura que vi e as conversas que ouvi são muito restritas quanto a mudanças prescritivas.

O que fazer com tudo isso? Antes de tudo, esta é uma nova variante de um tema antigo. A sede que as pessoas sentem hoje por coesão, por alguma sensação de pertencimento, por propósito – uma sede refletida no estouro de vendas dos livros do psicoterapeuta Thomas Moore e do psicólogo James Hillman – tem sido há muito tempo o subproduto da civilização industrial moderna. Os negócios sempre tiveram uma má reputação entre moralistas, e os esforços para reformá-lo remontam a tempos antigos. Jesus Cristo deu apenas um conselho aos mercadores: abandonem seu trabalho e sigam-me. Teólogos católicos da Idade Média e da Renascença consideravam amplamente a atividade comercial como estando "além dos limites morais", segundo David Vogel, um professor da Faculdade de Negócio Haas da Universidade da Califórnia em Berkeley. Apenas com a Reforma o Ocidente encontrou sanção teológica para o mundo prosaico, quando a ética

> Se há algo que poderia ser considerado uma antítese da elevação da alma é o comércio enfadonho, frio e mais interessado em dinheiro.

protestante conferiu ao mercado um posto de graça divina.

Mais recentemente, críticos marxistas levaram uma teologia diferente ao trabalho e ao comércio, defendendo uma subversão do capitalismo. Mas essa ideia foi desacreditada e, certamente, nenhum dos novos reformadores tenta desmantelar a ordem comercial – eles apenas querem abrir os corredores do comércio para a espiritualidade.

A maioria das pessoas com quem converso, porém, é cética quanto às chances do movimento. Elas veem os negócios ainda abrindo caminho para a motivação do lucro acima de tudo o mais. Em um simpósio sobre "Arte Afro-Americana e seu Público", realizado no último outono na Universidade de Washington em St. Louis, Tricia Rose, professora assistente da Universidade de New York afirmou: "As corporações não têm uma visão para a sociedade, exceto o de um espaço lucrativo onde operarem de forma tão livre quanto possível. Elas não têm um sistema de valores. Elas fingem ter, quando são pressionadas. Mas não têm realmente um sistema de valores".

As visões expressas por certos capitães do comércio confirmam o pessimismo de Rose. Em uma entrevista na edição de outubro de 1996 da revista Fortune, Don Tyson, à frente da empresa do Arkansas classificada como a maior fornecedora de frangos do país, disse: "se dá dinheiro, expandimos. se não dá, cortamos sua garganta". Na mesma edição, a revista relatou que Doug Ivester, presidente da Coca-Cola, diz para seus gestores seguirem as palavras do fundador do McDonald's, Ray Kroc: "O que você faz quando seu concorrente está se afogando? Dê-lhe uma mangueira viva e prenda-a em sua boca". Agora são algumas vozes autênticas de negócios. E cuide-se, a Coca-Cola acaba de inscrever-se como membro da Business for Social Responsibility.

Há cinco anos tenho carregado em minha mente uma observação feita pro Alan Parker, diretor de relações com investidores da sorveteria Ben & Jerry's. Em um artigo para a edição do século 20 da publicação trimestral *Business and Society Review*, para a qual lhe pedi que colaborasse, Parker escreveu: "Há um ditado a favor entre os capitalistas da 'Nova Era' que diz que os negócios são a força mais poderosa da sociedade. Eles querem dizer que os negócios, ao unir criatividade e dinheiro, podem criar uma mudança positiva tremenda em nosso mundo. Se os negócios são de fato a força mais poderosa da sociedade, por que a cantata de Bach pode nos emocionar até as lágrimas, mas um balanço saudável não?"

Recentemente, perguntei a Parker se ele achava possível para um negócio ter uma alma. "As pressões comerciais estressarão a alma", diz ele, "mas ainda assim é possível preservá-la. Se as pessoas trouxerem suas almas para o negócio, ele terá uma alma".

Fiz a mesma pergunta a James Mackey, CEO da Whole Foods que tem sede em Austin, Texas e é a maior operadora do país de lojas de produtos naturais. "Os homens de negócios esquivam-se de falar sobre essa responsabilidade porque não querem ser considerados não sérios", diz ele. "Eles querem parecer durões. Mas os negócios têm de fato um propósito maior, um propósito mais profundo do que ter lucros. Ter lucros é como respirar. Você precisa respirar para viver. Mas temos um propósito ligado aos produtos, às pessoas, à comunidade, ao meio ambiente e aos *stakeholders*".

Mackey rapidamente acrescenta, porém, que o espírito corporativo é inseparável da saúde corporal. "Mesmo se você tiver uma alma, um espírito, isso não significa que estará a salvo das viradas no mercado. Você pode ter certa essência, uma realidade que é maior do que o resultado final, mas isso não o torna invulnerável à mudança".

A Patagonia, uma empresa de roupas para atividades ao ar livre com sede em Ventura, Califórnia, talvez seja a empresa mais ambientalmente consciente do pedaço, com políticas familiares exemplares como creche dentro da empresa e licença remunerada de oito semanas para novos pais. "Nós, como empresa, definitivamente temos alma, mas não costumamos ser explícitos a esse respeito", diz o CEO David Olsen. "E seria difícil, se não impossível, mantê-la, se não fossemos uma empresa". Olsen ressalta que na Patagonia, a alma manifesta-se de várias maneiras: uma crença de que existem "lugares sagrados" por natureza e precisam de proteção, rigorosas auditorias de campo em fábricas em outros continentes para assegurar que os trabalhadores não estão sofrendo abuso e atenção quanto à degradação ambiental que tem resultado na empresa que usa algodão orgânico para fazer suas vestimentas.

"Não somos impulsionados pelo sucesso comercial", explica ele. "Tentamos criar valor, e sentimos que se você cria valor, você será recompensado". Para Olsen, isso é alma.

No final, acredito, a maioria das mudanças corporativas ocorreu à margem, e as empresas continuam a vender suas almas ao diabo para produzir seus números. Isso é especialmente verdadeiro se sua empresa estiver nas bolsas, com ações negociadas todos os dias no mercado de ações. John Mackey chama os analistas de títulos de Wall Street, com sua perspectiva de curto prazo, "os sumos sacerdotes do materialismo". Mas mesmo empresas conscientes estão em risco com o *ethos* existentes.

Em 1984, quando Robert Levering e eu publicamos *As 100 Melhores Empresas para Trabalhar nos USA*, listamos 10 empresas com política de não demissão.

Hoje, apenas duas daquelas empresas (Johnson Wax em Racine, Wisconsin e Worthington industries em Columbus, Ohio) oferecem esse tipo de segurança no emprego.

Até mesmo as empresas mais cuidadosas às vezes podem demitir trabalhadores de uma maneira rude. Herman Miller, a fabricante de móveis de Michigan, tem longa reputação de tratar bem seus funcionários, em grande medida graças à família De Pree, que fundou a empresa. Max De Pree, filho do fundador, colocou em palavras o humanismo igualitário da empresa em seu livro de 1987, *Liderar É Uma Arte*, no qual ele deixou clara a importância de "relacionamentos pactuais". De Pree escreveu que "palavras como amor, afeto [e] química pessoal" são relevantes para o funcionamento de uma empresa. Lembro-me de presenciar reuniões na Herman Miller sendo abertas com uma oração. Eles ainda fazem isso na reunião anual, mas os últimos cinco anos contundiram o espírito da empresa. Um novo CEO chegou e se foi. Os lucros despencaram e, em 1995, a empresa demitiu 160 pessoas de uma força de trabalho de 6.500 – de maneira brusca e impessoal. Era uma total contradição com a filosofia de De Pree; e, de fato, hoje a empresa admite que aquele corte foi mal feito. Os gestores responsáveis por aquilo não estão mais na Herman Miller e o novo da CEO da empresa, Michael A. Volkema, reafirmou os valores da empresa. "Os móveis são simplesmente uma maneira de sustentar nossas famílias", diz ele.

Tempos difíceis sempre serão um teste para a alma da empresa. Elliot Hoffman, cofundador da padaria Just Desserts em San Francisco, vem lutando com esse problema nos últimos anos. Se existe uma empresa que tem alma é a Just Desserts, a qual se reflete em seu forte compromisso com os funcionários e a comunidade. Ela recebeu atenção nacional por sua afiliação com o Projeto Garden, que emprega ex-presidiários para cultivar legumes e verduras. Mas a empresa enfrentou um aperto financeiro, provocado pela ascensão da cadeia de cafés Starbucks. Dois anos atrás, em uma conversa na conferência da Social Ventures Network, Hoffman contou que as pessoas de capital de risco com que havia encontrado, inclusive aquelas com um suposto interesse em responsabilidade social, não viam os "retornos humanos" como parte do retorno sobre o investimento. "Existem investidores lá fora que valorizam a importância de múltiplos retornos", perguntou ele, "uma linha final múltipla que inclua retornos humanos, comunitários e sociais?"

Todos nós gostaríamos de ter um ambiente de trabalho que abraçasse tais preocupações. Este é um negócio com alma. Mas a alma pode não durar, mesmo em uma empresa com consciência. Em 1985, falei em uma reunião de vendedores da Digital Equipment Corp. e fiquei impressionado com a sessão, que foi aberta com excertos gravados do comovente discurso de Martin Luther King Jr. na Marcha em Washington em 1963. Aquilo certamente engrossou as tropas, mas não ajudei a direção da empresa a escapar dos cálculos errados sobre o futuro da indústria de computadores. A força de trabalho na Digital caiu de mais de 120 mil para 51 mil e suas ações despencaram de uma constante alta de $199 para seu preço atual de $31. O fato é que, nos negócios, quando você está indo bem, é fácil convencer-se de que a alma é um componente de sua operação.

Indubitavelmente, as pessoas de negócios ficariam desconfortáveis com a intromissão da espiritualidade nas discussões da operação de negócio em andamento. A alma não faz parte da linguagem dos negócios. Não há como lançá-la no balanço. E será preciso certo milagre dos céus para que os executivos de negócios reconheçam a existência da alma. Com certeza, se eles pudessem ser convencidos de que ela realmente ajuda o resultado final, eles rapidamente a aceitariam. Mas não é disso que se trata a alma.

GREAT PLACE TO WORK® INSTITUTE NO MUNDO

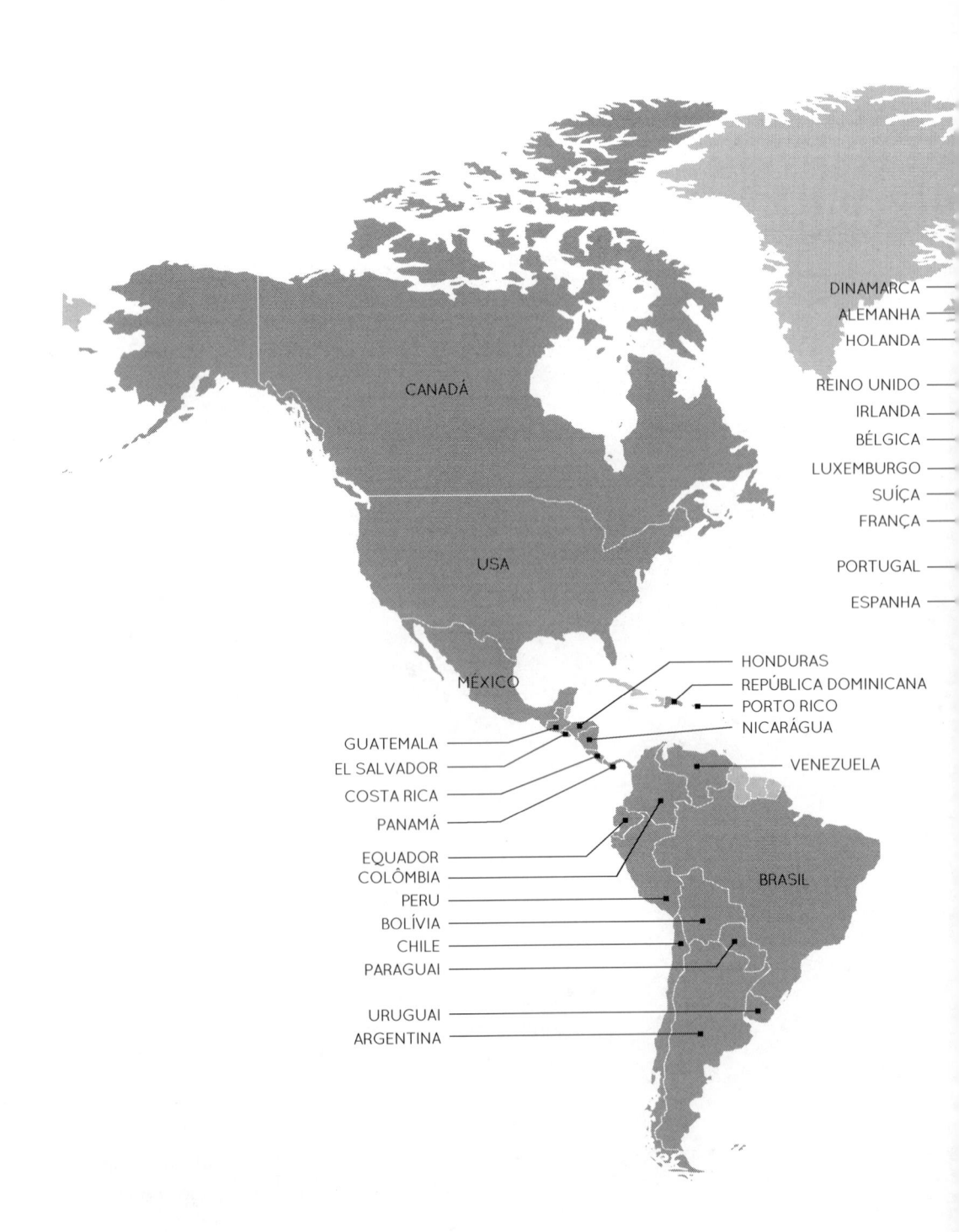

- DINAMARCA
- ALEMANHA
- HOLANDA
- REINO UNIDO
- IRLANDA
- BÉLGICA
- LUXEMBURGO
- SUÍÇA
- FRANÇA
- PORTUGAL
- ESPANHA
- CANADÁ
- USA
- MÉXICO
- HONDURAS
- REPÚBLICA DOMINICANA
- PORTO RICO
- NICARÁGUA
- GUATEMALA
- EL SALVADOR
- COSTA RICA
- PANAMÁ
- VENEZUELA
- EQUADOR
- COLÔMBIA
- PERU
- BOLÍVIA
- CHILE
- PARAGUAI
- BRASIL
- URUGUAI
- ARGENTINA

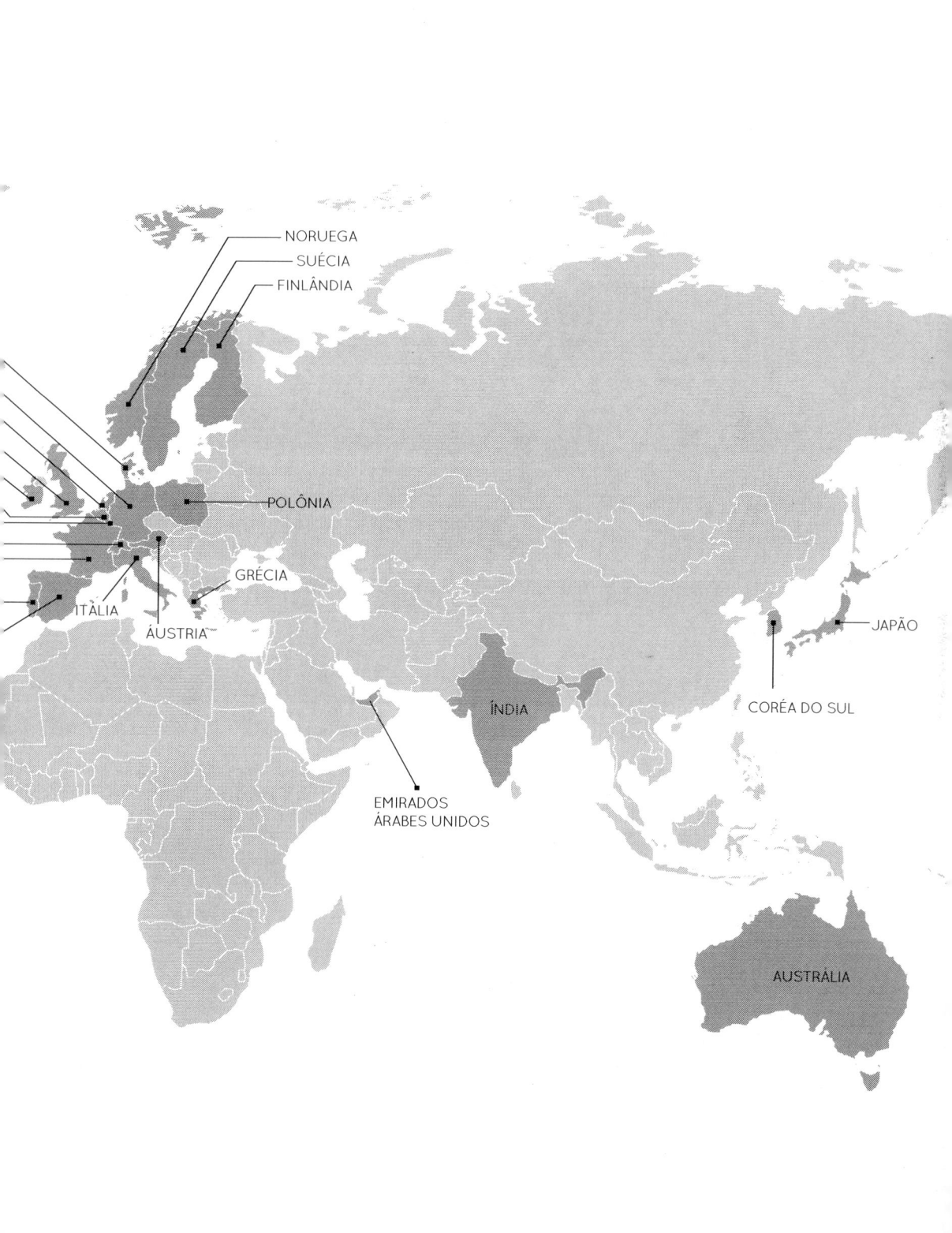

NORUEGA
SUÉCIA
FINLÂNDIA
POLÔNIA
GRÉCIA
ITÁLIA
ÁUSTRIA
JAPÃO
CORÉA DO SUL
ÍNDIA
EMIRADOS ÁRABES UNIDOS
AUSTRÁLIA

ÍNDICE DOS ARTIGOS

17 ONDE TUDO COMEÇOU

18 As 100 melhores empresas para trabalhar nos USA
Robert Levering, Milton Moskowitz, Michael Katz

26 Indo além de boas políticas e práticas
Robert Levering, Milton Moskowitz, Michael Katz

31 Trabalhando para as melhores
Robert Levering, Milton Moskowitz

42 As 100 melhores empresas para trabalhar: um ano depois
Robert Levering, Milton Moskowitz

51 O que torna alguns empregadores tão bons — e a maioria tão ruim
Robert Levering

57 As 100 melhores empresas para trabalhar nos USA (segunda edição)
Robert Levering, Milton Moskowitz

62 A primeira lista
José Tolovi Jr.

66 Amamos nossos empregos, pode nos perguntar
Milton Moskowitz

71 A IMPORTÂNCIA DA CONFIANÇA

72 Até mesmo um presídio pode ser um excelente ambiente de trabalho
Robert Levering

80 Melhores Empregadores da Alemanha
Frank Hauser, Tobias Schmidtner Introdução de Robert Levering

84 Liderança em um excelente ambiente de trabalho
Robert Levering

87 Os desafios da liderança no ambiente corporativo atual
Andrea A. Veras

90   O cuidado e a promoção dos funcionários
Robert Levering

93   Confiança, e não felicidade, é a chave para o sucesso no ambiente de trabalho
Robert Levering

98   Valores, violações e ambientes de trabalho viáveis
Prasenjit Bhattacharya

104   O que faz de uma empresa um excelente lugar para trabalhar?
Ruy Shiozawa

111   Quando a coruja alça voo
Horacio Bolaños

114   Confiança dá medo!
Palle Ellemann

119   Autonomia com responsabilidade
José Tolovi Jr.

122   Nascido para comandar: porque menos é mais
Williams Johnston

127   O vínculo emocional
Ana Maria Gubbins

129   Aonde foi que erramos?
José Tolovi Jr.

135   MODELO PARA A MUDANÇA E PERSPECTIVAS GLOBAIS

136   MODELO GREAT PLACE TO WORK®

137   Cinco estudos de casos
Lisa Ratner

156   Os funcionários de hoje esperam mais: um bom ambiente de trabalho
Robert Levering

160   Muitas das melhores da América Latina são também boas cidadãs
Robert Levering

166   Dinheiro não ganha pessoas, pessoas ganham dinheiro
Raciel Sosa

169   Pequenas e médias empresas dirigidas pelo próprio dono
Prasenjit Bhattacharya

186   Um excelente lugar para trabalhar
Ruy Shiozawa

189   Contratar e receber novos colaboradores: o início da construçãode um excelente lugar para trabalhar
José Tolovi Jr.

194   Respeito, uma das características da confiança
José Tolovi Jr.

199   Como as melhores empresas inspiram os funcionários
José Tolovi Jr.

205   A imparcialidade como catalisadora da confiança
José Tolovi Jr.

209   Credibilidade: uma percepção que faz a diferença
José Tolovi Jr.

214   GIFTWORK®

215   Como as melhores empresas para trabalhar criam "cultura Giftwork®"
Robert Levering

222   O que diferencia os excelentes ambientes de trabalho é o Giftwork®
Robert Levering

228   PERSPECTIVAS GLOBAIS

229   De que forma os melhores ambientes de trabalho na Índia se compraram aos melhores nos USA?
Robert Levering

234   Equilibrando trabalho e família nas Melhores Empresas para Trabalhar do México
Jennifer Amozorrutia

240   Sobre Tolstoy, estratégia de negócios e cultura corporativa
Robert Levering

245   A chave para a transformação organizacional
Adriana Sousa

249   O Chile e as tendências globais nos ambientes de trabalho
Robert Levering

256   O catalizador para a excelência organizacional
Jennifer Amozorrutia

259   Nacionais ou multis?
José Tolovi Jr.

263   "Criatividade difusa" e inovação: lições dos melhores ambientes de trabalho da Itália
Gilberto Dondé

271   CONFIANÇA TORNA AS EMPRESAS MAIS FORTES E MAIS CAPAZES PARA ENFRENTAR OS TEMPOS DIFÍCIES

272   O RESULTADO FINAL

273   Criar confiança: o esforço vale a pena
Amy Lyman

314   Consumidores, funcionários e o barômetro de confiança
Amy Lyman

321   Por que excelentes ambientes de trabalho têm desempenho superior aos dos concorrentes?
Robert Levering

324   Estudo alemão: a cultura conta
Frank Hauser

328   Benefícios para o negócio: uma perspectiva indiana
Prasenjit Bhattacharya

333   **Investimento nas pessoas**
Ruy Shiozawa

336   GERENCIAMENTO EM TEMPOS DIFÍCEIS

337   **Mantendo a confiança em tempos difíceis**
Amy Lyman

341   **Mantendo a lealdade dos funcionários durante tempos difíceis na Austrália**
Trish Dagg and Chris Taylor

347   **Como os melhores ambientes de trabalho nos USA lidam com a demissão**
Leslie Caccamese

355   **Gestão de pessoas em tempos de crise**
José Tolovi Jr.

361   CONSTRUINDO UMA SOCIEDADE MELHOR

362   **Classificando a responsabilidade social corporativa: padrões mínimos X competição**
Robert Levering

367   **Como as listas dos melhores ambientes de trabalho beneficiam a sociedade**
Robert Levering

373   **Sustentabilidade e os melhores ambientes de trabalho da Europa**
Sandrine Lange

378   **Roupa suja e roupa limpa**
Milton Moskowitz

385   **Trombeteando os novos valores**
Milton Moskowitz

392   **O espírito**
Milton Moskowitz

TÍTULO **TRANSFORMANDO A CULTURA DO AMBIENTE DE TRABALHO**
A perspectiva do Great Place to Work® Institute, 25 primeiros anos

©2010, Primavera Editorial Ltda.
1ª edição - 2ª impressão - texto revisado e ampliado

Publicado por PRIMAVERA EDITORIAL

Equipe editorial LOURDES MAGALHÃES E TÂNIA LINS
Conceito do projeto gráfico PAULA PARON
Aplicação do projeto gráfico MARIANA CARBONELL E PAULA PARON
Revisão EQUIPE PRIMAVERA EDITORIAL
Tradução LINK LANGUAGE TRADUÇÕES
Imagem da Capa GETTY IMAGES

Dados Internacionais de Catalogação na Publicação (CIP)
(Câmara Brasileira do Livro, SP, Brasil)

Transformando a cultura do ambiente de trabalho : a perspectiva do Great Place to Work Institute, 25 primeiros anos / organizado por Robert Levering; [tradução Link Language Traduções]. --
São Paulo : Primavera Editorial, 2010.

Título original: Transforming workplace cultures : insight from Great Place to Work Institute's first years.
Vários autores.
ISBN 978-85-61977-20-7

1. Administração de empresas 2. Administração de pessoal 3. Ambiente de trabalho 4. Comportamento organizacional 5. Cultura organizacional 6. Qualidade de vida no trabalho 7. Satisfação no trabalho 8. Sucesso em negócios I. Levering, Robert.

10-08790   CDD-658.4

Índices para catálogo sistemático:
1. Gestão empresarial : Administração executiva 658.4

PRIMAVERA
EDITORIAL

Rua Ferreira de Araújo, 202 - 8º andar
05428-000 – São Paulo – SP
Telefone: (55 11) 3034-3925
www.primaveraeditorial.com.br
contato@primaveraeditorial.com.br

Todos os direitos reservados e protegidos pela lei 9.610 de 19/02/1998. Nenhuma parte desta obra poderá ser reproduzida ou transmitida por quaisquer meios, eletrônicos, mecânicos, fotográficos ou quaisquer outros, sem autorização prévia, por escrito, da editora.

TRANSFORMANDO A CULTURA DO AMBIENTE DE TRABALHO
A perspectiva do Great Place to Work® Institute, 25 primeiros anos

foi impresso em São Paulo
pela gráfica Bandeirantes,
para Primavera Editorial em
setembro de 2010.

Mais uma novidade da
Bandeirantes : QR Code

Se você não possui o leitor de QR Code,
acesse o site: http://get.beetagg.com,
fotografe ou filme o código acima e
entre no mundo digital da Bandeirantes.